Conectados
Pela Lei da Natureza

Dr. Michael Laitman,PhD

Conectados pela Lei da Natureza

Tradução para o Português

William Gomes

Jáder França

Cesar Valério

Bruno Lopes

Coordenação e revisão Andie Sheppard

Pós Produção: Uri Laitman

Primeira Edição novembro de 2014

Sumário

Prefácio

Nossas vidas giram em torno das nossas conexões e relacionamentos. No final, nossas vidas refletem nossos sentimentos uns com os outros. As mudanças em nossas vidas nos levam a entender a importância de nossas interconexões. Quanto mais nos aprofundarmos nesse entendimento e cultiva-lo, mais iremos atingir o amor mútuo.

Se focarmos na conexão entre nós, podemos experimentar uma nova realidade em um mundo novo. Dessa maneira, tornaremos real o pacífico, bom e equilibrado mundo que desejamos.

Devemos estar alertas para o que está acontecendo conosco. Inadvertidamente nos encontramos amarrados ao egocentrismo e ao ódio, incapazes de tolerar um ao outro até dentro de nossas próprias famílias. Nosso estilo de vida atual, nos remove da realidade de amor e consideração mútua.

Todas nossas tentativas de resolver problemas e crises usando ferramentas conhecidas falharam; devemos adquirir agora, a habilidade e a sabedoria pela qual poderemos desenvolver novas sensações e interconexões. A vida está nos levando a examinar nossas conexões e reconstruí-las. De certa maneira, é um renascimento em uma nova realidade.

Unidos pela Lei, a Natureza irá desenvolver em nós uma nova perspectiva, pela qual tentaremos resolver problemas mais profundamente, no nível da interconexão com os outros. Ao resolver cada problema, atingiremos amor, concessões e considerações entre nós e com os outros, como em uma família cheia de amor.

Se abrirmos nossos olhos,
Se abrirmos nossos corações,
Sentiremos como todos nós estamos conectados
Porque nós, e a conexão entre nós,
São as coisas mais importantes na vida.

Introdução

Escravos do Mundo Moderno

Para uma pessoa na sociedade do século 21, o trabalho é centro da vida. A própria sociedade criou essa situação, tanto que até nosso tempo livre, no que concerne atividades sociais e férias, são algumas vezes gerenciados e iniciados pelos nossos lugares de trabalho. Algumas dessas atividades são organizadas pelos nossos lugares de trabalho afim de fortalecer a conexão entre trabalhadores. Atividades como treinamentos, dias de diversão, viagens, eventos culturais e até iniciativas de suporte familiar como creches e acampamentos. É inclusive uma das razões pelo qual o vício em trabalhar tem se tornado um dos maiores vícios, especialmente na classe média.

No passado, as pessoas não se sentiam escravizadas pelos seus trabalhos. Elas se sentiam bem mais livres, se comparadas "à escravidão nos dias modernos". Hoje, a maior parte do nosso tempo é gasto no trabalho, indo para ele e dele retornando. O trabalho se tornou nossa atividade primária e que domina nossas vidas.

Quando conhecemos alguém, nós imediatamente queremos saber sua ocupação e à avaliamos em concordância. Nós não perguntamos "O que você gosta de fazer?" "Do que você gosta?". Ao invés, perguntamos "O que você faz para viver?" Uma vez que o trabalho ocupa papel muito significante em nossas vidas. Por essa razão, uma grande preocupação para muitos de nós, é se seremos despedidos, e se formos, se vamos ser capazes de encontrar outro trabalho.

Hoje, nosso foco é quase completamente em nossos trabalhos. Nós temos medo de aposentar, medo de não sabermos lidar com todo o tempo livre. Não temos ideia do que significa ser livre, e nem o desejo de nos tornar.

Mesmo às vezes, quando estamos em casa após o trabalho ou durante às férias, continuamos trabalhando, checando nossos e-mails e fazendo chamadas telefônicas para nossos lugares de trabalho. A comunicação moderna nos ajuda a estar em contato com o sistema, nos tornando reféns de nossas vidas de trabalho.

Nas últimas várias décadas, nossa abordagem com nossas vidas tem se tornado tais que não nos enxergamos como livres. "Livre" deveria significar que limitamos o tempo dedicado ao trabalho para três horas por dia, nas quais nos dedicamos no necessário para manter nossa sociedade. Desta maneira, podemos fornecer bens à nossa sociedade após fornecer a nós mesmos. O resto do tempo deve ser usado para desfrutar de outras coisas.
Ainda sim, nós não percebemos isso como possível. Pensamos que se não trabalharmos, nós não temos mais o que fazer, ainda que isso seja longe da verdade.

Esta mentalidade de trabalho, trabalho e trabalho, não nos favorece como seres humanos. Estamos arruinando e esgotando os recursos da Terra, e estamos imersos nesse padrão como crianças imersas em jogos até que seus pais às retirem dos mesmos, dizendo "Basta, você precisa mudar de atividade".

No entanto, não conseguimos parar de jogar; estamos viciados. O mundo e a opinião pública nos mantém nesse jogo. A sociedade moderna criou uma realidade baseada em conexões limitadas e intencionais, cuja mira é alcançar objetivos bastante limitados. Ao lado da experiência de conexões limitadas, nós começamos a sentir um sentimento de insignificância nas nossas vidas. Isto está criando uma crise em todos os reinos de nossa vida pessoal e social.

Hoje, estamos no limite de uma revolução. A lacuna entre o ambiente que criamos e as regras da Natureza, está cobrando seu pedágio. Novas condições, em nós mesmos e em nosso ambiente, nos pressionam com intensidade crescente, mudando-nos por dentro e desintegrando os modelos de opressão da sociedade humana. A Natureza está nos empurrando para alcançar um novo estágio de evolução como humanos, para vir enxergar à vida sob uma perspectiva diferente.

A realidade onde o trabalho ocupa maior parte do nosso tempo está à beira de mudar. Quando isso ocorrer, as pessoas não ficarão ociosas, mas começarão a procurar um outro sentido para suas vidas. Isto ocorrerá quando realmente aprendermos o que significa "ser humano". Enquanto as horas de trabalho diminuirão para o mínimo necessário que garanta sustento, nós nos preencheremos com compromissos apropriados para nosso nível de ser humano, compromissos em que sentiremos nossas almas.

Essa mudança radical implica na reorganização da sociedade humana como um todo. Essa mudança é mandatória; nós temos que passar por esse processo através de pressões internas e externas, ou com consciência e iniciativa, para imediatamente começar a pavimentar o caminho em direção ao nosso novo destino. Assim, nossa percepção da vida mudará, nossa economia mudará, e as indústrias diminuirão e mudarão de superprodução para somente o que é necessário para nosso sustento.

O trabalho se tornará nada além do que uma ferramenta necessária para sobrevivência, e a nossa percepção do desemprego crescente mudará. Nosso tempo livre será canalizado em direção ao propósito principal de nossas vidas - para responder à questão, "Por que estamos aqui nessa vida?". Esta questão se levantará na maior parte da humanidade, e se tornará o problema que direciona nossas vidas e todos os nossos compromissos.

Nosso objetivo agora é preparar a infraestrutura para um ambiente alternativo, que ofereça um caminho adicional pelo qual nós conduziremos nossos relacionamentos. Por exemplo, na nossa futura comunidade, quando eu conhecer alguém, não perguntarei sobre sua profissão ou trabalho (o que a pessoa "domina"). Não importará se o emprego é em alta tecnologia, banco ou engenharia mecânica. Ao contrário, estarei interessado no que a pessoa estuda, em suas áreas de interesse e nos círculos sociais que ela participa.

Em outras palavras, me relacionarei com a pessoa à minha frente como um ser humano, ao invés de um escravo preso por seu trabalho. O trabalho perderá seu estado de regulador das pessoas, porque estas se comprometerão apenas no que é essencial à sociedade.

Para nos adaptarmos à esta imagem futura, necessitamos imaginar e planejar como mudaremos da imagem atual para a que projetamos. Necessitamos de uma mudança interna, o que não é uma tarefa fácil. A mudança envolverá revolucionar nossas percepções, sensações e abordagens com a realidade - um redesenho de todos os nossos padrões de pensamentos. Não há revolução maior que esta.

Tal mudança afeta a essência da vida, a razão pela qual acordamos e vamos dormir à noite, os pensamentos que passam por nossas cabeças durante o dia, nossas conquistas e como nos relacionamos com os outros. Até a estrutura da sociedade mudará de acordo, e obviamente, o sistema de educação evoluirá completamente diferente.

Enquanto a Natureza dessa mudança ainda é desconhecida para maioria de nós, é no entanto, nosso futuro. Os pequenos passos que iniciarmos nos preparando para isso, gradualmente movendo nessa direção, nos permitirá a enxergar a direção da mudança, compreender e dar boas-vindas ao processo que está fadado a acontecer.

É similar a uma criança andando no jardim de infância pela primeira vez. Ela não sabe onde entrou. Ela não sabe que é parte de um sistema educacional que o acompanhará durante todo o resto da infância. Da mesma forma, ainda não estamos conscientes do sistema global e dos processos que estão prestes a se desenrolar.

A Natureza demanda que estejamos em "equivalência de forma", quer dizer, "em equilíbrio". Como a Natureza é circular, um sistema completamente harmônico em todas suas ações, assim a sociedade humana deve ser construída - circular e sincronizada em todas as suas partes.

Nós nos beneficiaremos enquanto partes de um estado equilibrado, e as conexões corretas entre nós nos garantirão "a Benção da Natureza".

"Conectar apropriadamente" significa aplicar uma forma integral para todos os reinos da vida, incluindo educação, cultura, vida familiar, nossa atitude com a Natureza e para todos os reinos da vida. Esta é o único caminho que pode ser salvo dos golpes prestes a nos atingir, cujas ameaças já podemos sentir nas tensões das crises globais na ecologia, economia, valores familiares e sociedade.

No entanto, uma nova perspectiva se abrirá para nós, nos colocando no curso, em direção para resolver a grande crise que passamos hoje. No final das contas, a crise é apenas a contradição entre a maneira pela qual nos direcionamos e a essência da Natureza, que representa a si própria integralmente a cada nível de nossas vidas.

Essa realidade da Natureza somente foi revelada no último século. Antes disso, a crise não era abrangente, mas parecia ser parte do processo gradual de desenvolvimento e da prosperidade da sociedade humana. Apenas tardiamente começamos a perceber que a Natureza tem se fechado em nós, se apresentando como uma rede integral, e nos apresentando nossa inabilidade de unir-nos a essa rede.

A direção da humanidade se tornou oposta à da Natureza, e agora sentimos esse contraste como uma crise. Essa é a essência do problema. A solução é simples: precisamos nos equilibrar com a Natureza, nos alinhar com ela. Estes são os objetivos dos estudos que agora estamos oferecendo. Está se tornando claro para nós que, mesmo com toda sofisticação, a Natureza ganhará, e esse entendimento está crescendo claramente em virtude dos problemas que estamos vendo em todos os sistemas que temos construído, que agora mal podemos gerenciar.

Nos próximos anos, o desemprego se espalhará por todo o mundo. O desempregado verá que as chances de encontrar um trabalho serão pequenas, e a distância do mercado de trabalho levará a frustração e desilusão com a vida.

Ainda, este processo terá espaço ao lado de uma mudança que está para acontecer, no qual o tempo livre se tornará qualitativo, e onde os desempregados aprenderão a real "humanidade" - isto é, o que significa ser um ser humano. Toda a humanidade aprenderá a nova informação que ajudará as pessoas a se moverem para o novo estágio de evolução.

Com a ajuda das matérias de estudos integrais, entenderemos nossa situação, o estado do mundo, e as razões para tudo o que está acontecendo. Sem o conhecimento é impossível alcançar o nível de humano. A diferença entre o ser humano e outros animais é que o homem tem consciência: entendemos e conscientemente e voluntariamente participamos da vida. Nós sabemos onde vivemos, como somos operados, e como devemos operar. No final, nós aprenderemos a agir como parte de um sistema de humanidade integral porque a realidade nos comanda.

Os arcabouços do estudo se tornarão os novos arcabouços para todos com tempo ilimitado. As pessoas tratarão esses arcabouços como trabalho, mas diferente de nossos sentimentos atuais sobre trabalho, nos encontraremos nestes estudos, como crianças, em constante rejuvenescimento.

As leis integrais causarão um grande impacto em nossas vidas. Por exemplo, qualquer negócio que operar sem a aspiração de auto sustentabilidade será tratado como uma infecção que deve ser removida. Isto é, o sistema ecológico sugere que mantenhamos apenas o necessário. Esta é a nova abordagem, ao contrário de alguém que diz hoje "Eu quero fazer algo novo porque posso vender". Ao invés, adotaremos a abordagem oposta pela qual quanto menos produzimos e menos vendemos, melhor. Como resultado, tudo mudará.

No futuro imediato, haverá uma inclinação íngreme no desemprego, redução de alimentos, e outros problemas decorrentes de problema ecológicos que nós criamos. Altas taxas de desemprego invocarão revoltas, ocasionando desintegração de governos e então, anarquia. Governos não terão outra opção a não ser colaborar e dividir os recursos existentes. Eles serão obrigados a implementar um plano global inovador, semelhante àquele que estamos apresentamos aqui. Do contrário, a sociedade humana entrará em colapso completamente e acontecerá uma guerra mundial.

Na divisão global de recursos, a participação econômica do homem na sociedade tomará lugar somente de acordo com as necessidades essenciais. Os horários das pessoas serão gerenciados pela Internet de maneira que elas trabalhem em torno de três horas para satisfazer suas necessidades pessoais, dedicando a maior parte de seu tempo, digamos cinco horas por dia, aos estudos acadêmicos, que contatam como trabalho.

O desempregado do futuro não será considerado um rejeitado pela sociedade, mas receberá um salário descente e será recompensado pelo tempo de estudo, no qual ele ou ela dedicará a maior parte do seu tempo. Isto assegurará a contribuição e investimos futuros da pessoa no desenvolvimento da sociedade humana.

Os quadros de tempo não mudarão em comparação com o que estamos acostumados, mas o conteúdo do nosso tempo, como o tipo de trabalho que fazemos, mudará. Não haverá mais tanta ênfase no trabalho, como quando as pessoas pensavam como lucrar e ter sucesso. Contrariamente, o novo arcabouço servirá como um "suporte gentil", garantindo que não seremos jogados nas ruas, mas podemos continuar a ter uma vida descente.

Todo mês, milhões de pessoas perdem seus trabalhos sem nenhum substituto em vista. Elas são ocasionalmente enviadas para treinamentos desnecessários. Mas no novo paradigma de vida, emprego não será oferecido ao desempregado, como no caso de hoje. Ao contrário, será oferecida a eles uma nova abordagem para o mundo, uma que constrói nosso caminho para o novo estágio de nos tornarmos humanos.

O problema é que hoje todos querem ser escravos, exceto por poucos magnatas que desfrutam da sua fictícia liberdade e tempo livre. As pessoas sentem que estar ocupadas com alguma coisa preenche suas vidas. Ao contrário, com o que elas irão se preencher?

Uma pessoa que procura a realização, procura por algo que a ajude a perceber seu potencial. Pode ser educação, cultura ou tecnologia, mas as pessoas querem ser especiais, especialistas em alguma coisa, se sentirem seguras. Elas acreditam que o trabalho fornecerá esta sensação e criará um ambiente social para elas. Nós todos estamos procurando pelas mesmas coisas.

Portanto, as pessoas terão muitas opções para desenvolver esta vivência nova e integral: comunicação, relações humanas, alta tecnologia e qualquer coisa que possa ser usada para unir as pessoas no sistema.

O sistema integral requer quaisquer profissões que possam ajudar as pessoas a treinar e se adaptar ao sistema. As pessoas então se tornam produtivas e criativas com qualquer coisa que aprendem e quer fazer. Ao lado dos novos estudos, uma pessoa imediatamente começa a ascender sua consciência, na percepção geral.

Isto é o porquê precisamos e leis para educação e ocupações obrigatórias. Caso contrário, em um estado futuro, quando 80% das pessoas não terão trabalho mas precisarão de alimentos, elas destruirão os 20% restantes.

O estado financeiro de desemprego não será limitado ao desemprego, uma vez que alimentos, atendimento de saúde, aquecimento e moradia são necessidade que devem ser dadas a todos, não apenas aos desempregados. Caso contrário, haverá o caos. As pessoas estão guardando dinheiro para aposentadoria, achando que viverão dignamente quando aposentarem e sentarem confortavelmente no Caribe pelo resto de suas vidas.

Isto não ocorrerá. Elas mal poderão custear alimentos e medicação.

O mundo não será capaz de fornecer mais do que é necessário para viver. O mundo precisa ser organizado de maneira que todos tenham suas necessidades básicas. Do contrário, isto será apenas fornecido àqueles que adentrarem a nova abordagem de trabalho, assumindo estudo mandatórios e atendendo as necessidades da comunidade.

Em resumo, no novo mundo, as pessoas que pensam apenas em si próprias não serão capazes de competir. Temos que considerar o bem estar de toda comunidade. Esta é a lei da Natureza, que está se manifestando nos dias de hoje. A sociedade tem que cultivar preocupação mútua onde cada pessoa se importa com todos os outros como se fossem parte de um só corpo.

Nós estamos começando a sentir preocupação mútua, um desejo mútuo. Esta é a vida comum - o desejo de união entre nós. Com a percepção que começamos a sentir porque estamos saindo de nossos desejos pessoais e começando a experimentar outros maiores, os do coletivo.

O mundo deve ser construído por um sistema não egoísta e todos os sistemas no estado devem ser direcionar para um objetivo - em direção a um plano único de integralidade e "responsabilidade mútua", que são necessários para a sociedade hoje. Se evitarmos fazer isto, todos nos tornaremos presas do oportunismo e destruição, e teremos um contraste ainda maior com a Natureza. Precisamos nos certificar que vivemos como uma família em uma boa vizinhança, em uma boa cidade, em um bom país, em um bom mundo.

Hoje podemos estudar e compreender o processo que estamos passando. Isto é maravilhoso. Não estamos mais cegamente tateando no escuro e nem fugindo do campo de batalha em todas as direções. Nós podemos nos unir, marchar para frente e sermos bem sucedidos na resolução dos processos pelos quais estamos passando.

A "Educação Integral" trata da estrutura da nova sociedade do novo mundo em três aspectos: o mundo, que é a Natureza; a humanidade dentro da Natureza; e o ser humano como parte da Natureza. Educação Integral também explica como nós chegamos ao estado atual através da evolução do ego, e como devemos proceder doravante em direção a um novo objetivo e futuro comuns.

Capítulo um

Crise ou Renascimento

ESTAMOS VIVENDO O RESULTADO DE NOSSOS ERROS PASSADOS?

Estamos nós vivendo o resultado de nossos erros passados, ou a vida segue uma lei abrangente, uma tendência geral? Ou é tudo um processo inevitável que devemos experimentar e apenas depois obter benefícios?

Na verdade, o termo "crise" não é necessariamente negativo. Apesar de definirmos desta maneira a atual situação – crise econômica, crise na educação ou crise na ciência – todos são aspectos de uma crise integral, global e única, uma crise em todos os reinos dos compromissos humanos. Nós usamos o termo "crise" para denotar um problema, quando de fato a palavra é na verdade "o nascimento dentro de um novo estado", neste caso, o estado de ser.

Nós sabemos, por experiência, que tendemos a nos acostumar e permanecer em posições onde nos sentimos confortáveis. É difícil para nós deixar um trabalho ou decidir qualquer algo novo na vida. Hábitos configuram nosso caráter e – como bem sabemos – são difíceis de morrer, especialmente os ruins. Uma vez que um sistema está estável e não precisamos gastar muita energia para mantê-lo, nos tornamos preguiçosos, tendendo apenas em direção ao que é familiar e seguro.

Se enxergamos um futuro feliz para nós, somos capazes de nos direcionar a ele com confiança e a transição se torna fácil. No entanto, se a transição é difícil e proibitiva, e não enxergarmos um futuro, nossa situação verdadeiramente nos parece trágica.

Então, precisamos primeiramente examinar se nossa situação é ou não de fato trágica. Pense em um feto crescendo no útero de sua mãe. Ele está deitado e protegido em seu abrigo quando um processo desconfortável começa a se desenrolar – o nascimento! Ambos a mãe e o feto sofrem a experiência de um grande stress e pressão acumulada até o ponto em que não suportam um ao outro e o feto deve nascer. Traduzindo para nossas emoções, é como se o feto detestasse o fato estar dentro de sua mãe, enquanto a mesma parece também detestar e já não é capaz de mantê-lo dentro por mais tempo.

Assim, por rejeição mútua, o nascimento ocorre e um bebe nasce em um brilhante e bonito mundo, recebido com honras em uma nova vida em um novo nível. Onde anteriormente existia apenas algumas gramas de carne crescendo dentro de um outro organismo, um ser humano agora se levanta. É pequeno ainda, incapaz de entender o mundo à sua volta, mas é o começo de uma nova vida.

Isto é muito semelhante ao processo que nós, como sociedade, estamos passando. Isto é a razão pela qual nossa situação é a de um trabalho doloroso antes de adentrarmos em um novo mundo.

Anteriormente, as crises não eram tão radicais ao ponto de serem consideradas "nascimento". Nós as definíamos como "passos na nossa evolução". Existiram muitos passos na história do ser humano, mas a crise atual é fundamentalmente diferente daquelas do passado.

Nós temos sempre desejado descobrir o novo estado; o que está por vir (assim que percebíamos que alguma forma de revolução nas nossas vidas era mandatória).

Pode ser uma revolução social, tecnológica, política ou uma revolução que acontece por causa de uma nova descoberta, como os novos continentes, novas armas ou novas tecnologias como a internet, que nos ajudou a desenvolver novas conexões. Ainda assim, até os dias de hoje, não houve revolução que mudasse tão radicalmente cada aspecto de nossas vidas e o todo da humanidade, afetando continente, país, família e pessoa.

Enquanto nós ainda estamos no estágio pré-natal do processo, nós podemos dizer com confiança que é isto que está acontecendo. No entanto, nós já podemos ver que caminhamos em direção ao nascimento. A situação, que iremos definir como "crise pré-natal", aumenta a pressão sobre nós, coletivamente e individualmente. Isto é o porquê nós somos cada vez mais incapazes de manter laços familiares, relutamos ao casamento, e mesmo se o realizamos, cada vez nos separamos mais rápido. Não sabemos como educar nossas crianças, nos parece que não nos encaixamos nos nossos trabalhos ou em nossos laços sociais e geralmente, estamos sendo levados à desorientação e desordem.

A razão pela qual estamos definindo o novo estado como "completa revolução" ou o "nascimento" de toda humanidade – e não o nascimento de um certo país ou sociedade – é porque estamos está se manifestando em todo o mundo. Está nos mostrando o quanto estamos conectados e afetamos um ao outro. Este é um estado global, ocorrendo simultaneamente em todo pais e em cada pessoa. De fato, é uma situação sem precedentes. Mais importante ainda, nós não conseguimos ver para onde está situação está nos levando.

Ao longo da história nós sempre avançamos em direção às sociedades mais desenvolvidas, trocando uma por outra. De fato, essas mudanças aconteceram através de revoluções e guerras em cima de religiões, recursos e territórios. Mesmo assim, nós sempre sentimos que estávamos indo em direção a um melhor estado de existência.

Mas quando, no passado, uma parte da sociedade concordava e recebia a nova situação, outra parte não, ou um país sentia a mudança e outros não. Hoje ninguém tem nenhuma dica em relação à Natureza do estado que está se formando. Isto nunca ocorreu com a humanidade até o presente momento.

Por todo mundo, um eco mudança está tomando forma. Mudanças climáticas anteriores induziram grandes mudanças na humanidade, mudanças que encorajaram revoluções. A era do gelo, por exemplo, forçou as pessoas do Norte a migrar em direção ao Sul, ou se moverem da Sibéria e Ásia para mais perto da Europa.

Outras mudanças resultaram de avanços tecnológicos ou de resistências a certos governos. Mas agora, todas as mudanças estão acontecendo ao mesmo tempo, pela ecologia e pela Natureza do homem. Nós não somos capazes de lidar nem com necessidades básicas como a continuação da próxima geração, ou sistemas necessários para garantir oferta de alimento, aquecimento, família e educação. Nós temos nos tornado disfuncionais. E mais importante, não conseguimos ver o futuro para onde nos direcionamos.

Podemos ver nosso futuro? É possível aborda-lo com razão e entendimento, como humanos? Uma pessoa sábia olha em frente, examina e tenta realizar cálculos. Fazendo isso, uma pessoa faz seu caminho mais simples e rápido, ao invés de tropeçar no escuro como se fosse cego. Especialmente agora que as proporções são globais, o pensamento de falha é alarmante.

Informação sobre o novo e conectado mundo abrirá nossos olhos para ver a realidade sob uma nova perspectiva. Primeiramente, nos apresentará o futuro estado da humanidade e revelará como melhor chegar até ele.

Para tornar a transição prazerosa e suave, nós devemos saber a Natureza das mudanças que temos que nos submeter, por que tais mudanças específicas devem acontecer, as razões para as nossas atuais falhas em nosso tratamento da realidade, e por quais meios nos moveremos para o novo estado.

Podemos nós verdadeiramente narrar nosso estado atual como uma crise pré-natal, com a Natureza sendo nossa parteira, com pressão tanto da nossa Natureza humana e daquela própria da Natureza nos forçando para mudar e chegar ao novo estado? Se nós soubéssemos as respostas para essas perguntas, poderíamos predizer qual estado surgiria no futuro?

As pessoas que viveram na era da escravidão não sabiam que seu próximo estado seria de relativa liberdade. Eles pensavam que a escravidão era o estado mais conveniente. Eles não tinham desejo de pensar independentemente e estavam dispostos a trabalhar em troca de comida e moradia.

Isto é tudo que eles precisavam. O dono da terra assim se relacionava com os escravos para obter lucro com seu trabalho, e os dava teto, comida e tratamento de saúde porque ele obteve com os escravos mais do que investiu. Desta maneira, ambas partes se beneficiavam.

Mas os escravocratas descobriram que eles lucrariam mais se deixassem os escravos serem livres porque, para o escravo, seu trabalho não mais justificava os benefícios. Se a liberdade lhes fosse garantida, os escravos poderiam ainda assim trabalhar; os donos iram continuar recebendo suas partes, sendo mais lucrativo do que continuar com a escravidão. Foi assim que a sociedade evoluiu para sua próxima fase.

Então hoje, estamos nos desenvolvendo em um novo estado. Ainda assim, por que não o vemos? Por que não podemos planeja-lo? Existem muitas pessoas inteligentes e há uma vasta experiência da história e da ciência, por que então tropeçamos como se fossemos cegos e incompetentes? Nós podemos ver a confusão em todas as conferências internacionais, cada instituto de pesquisa e cada universidade. Sociólogos, psicólogos e economistas; todos parecer não ter a habilidade de descobrir a solução para a crise.

Nós sabemos que alguma coisa deve mudar, talvez tudo deva ser mudado, ainda assim não sabemos por onde começar. Estamos, de fato, sem ajuda.
O desenvolvimento social dirige o desenvolvimento político, bem como o desenvolvimento em todo outro reino da vida – família, economia, educação, cultura, ciência e tecnologia. A vida social de hoje começou a se desenvolver incontáveis anos atrás, quando nós percebemos pela primeira vez que não somos capazes de prover todas as nossas necessidades por nós mesmos.

Apesar de termos saído do reino animal, os humanos não vivem em bandos ou em grupos como outros animais vivem. É latente em nós o crescimento, evolução, desenvolvimento do nosso ambiente, aprender sobre a razão da vida e descobrir como podemos melhorar nosso estado de ser. É uma busca egoísta. Todos querem uma vida melhor, mais segura e pacífica.

Nós também queremos ser superiores aos outros. Somos invejosos e procuramos poder, respeito e luxúria. De fato, estas qualidades motivam nossos desenvolvimento e progresso, e são o motivo de o homem levar uma vida social. Enquanto poderíamos viver na floresta, se tentássemos, evoluiríamos como animais. Há casos onde pessoas se perderam em florestas e por lá viveram, crescendo como animais. Sob tais condições, adquiriram a forma de animais, perdendo o ser humano interno a tal ponto que é impossível a restauração de suas habilidades sociais e reintegração à sociedade humana. Assim, por gerações, a direção imperativa tem sido o desenvolvimento da sociedade e nosso ambiente social.

À medida que evoluímos, vemos que o homem não evolui sozinho. Ao invés disso, tudo depende da sociedade. Nós desenvolvemos a sociedade e por ela, nossas próprias vidas desenvolvem. Ambas são interdependentes.

Você pode dizer que hoje cada um de nós depende de milhares de outras pessoas ao redor do mundo. Não há nenhum país no mundo que não disponibiliza coisas para nossas necessidades, de comida, roupas, matérias de construção, aquecimento e resfriamento, até tudo que temos em nossas propriedades. Se não diretamente, recursos são disponibilizados por outros países – um país disponibiliza a matéria prima e outros as maquinas que manufaturam o produto final.

Quanto mais as diferentes especializações tornam o mundo diferenciado, mais cada um de nós tem o seu próprio trabalho. Ainda assim, esse trabalho é conectado e sincronizado com o resto das pessoas do mundo. Desta maneira, podemos disponibilizar produtos diferenciados além da alimentação e roupas básicas, que eram o suficiente no passado.

Com a nossa evolução, aumentamos nossas habilidades para manufaturar comida e roupas. Depois, desenvolvemos maneira de transporte e outras tecnologias, resultando no desenvolvimento das especialidades; economia, agricultura, maquinários diversos, artes, cultura, entre outras coisas mais.

Hoje, existem indústrias inteiras que desenvolvem produtos que não precisamos como esporte ou turismo, ainda assim não conseguimos viver sem os mesmos. Assim, um famoso músico pode ganhar em horas de apresentação o que um pedreiro ganha em um ano ou mais. Nós apreciamos e até veneramos coisas que não são necessárias para nosso sustento, mas que se tornaram necessidades absolutas para nós.

Se calcularmos o que fazemos todos os dias para prover nossas necessidades básicas, comparado com tudo o que produzimos, nós veremos que 90% do que produzimos é atualmente desnecessário para nossa sobrevivência. Ainda assim, nós necessitamos de todas essas coisas porque sem elas, sentimos que nossas vidas não valem a pena serem vividas, uma vez que essas coisas pertencem ao nível humano da existência.

Assim, claramente, nós inevitavelmente dependemos da sociedade. Enquanto poderíamos viver em cavernas se não tivéssemos outra escolha, nossa evolução como humanos nos compele a desejar mais.

Hoje estamos no estágio onde desvincular uma pessoa da sociedade significa sentenciá-la a uma vida infeliz. Tal pessoa pode ser capaz de prover para suas necessidades básicas, o suficiente para não morrer de fome, mas para todo o resto ela necessitará de outras pessoas. Precisamos produzir tudo que a sociedade necessita e assim recebemos o que queremos da sociedade. Isto é a razão pela qual nossa dependência na sociedade é uma predeterminação.

De fato, o que temos feito de errado? Como acabamos em uma situação onde não sabemos como lidar conosco? Estamos experimentando crises na nossa sociedade e em nossas próprias vidas porque estamos atualmente sentindo apenas o lado negativo da crise, apenas as dores e não o nascimento.

Se examinarmos a nós mesmos e nosso desenvolvimento como seres humanos, vamos ver que todo o nosso desenvolvimento resulta de nossos desejos, de constantemente querer mais. Nós já tivemos pequenos desejos. Queríamos viver no campo, com algumas vacas, algumas galinhas e um pedaço de terra. Um homem tinha uma esposa e filhos, ele vivia a sua vida, e ele sabia que isto abrangia sua vida.

Então, maiores desejos despertaram em nós, levando-nos a começar a negociar para o que queríamos. Nós vendíamos nossos produtos no mercado e comprávamos outros produtos em troca. Por exemplo, um agricultor chegava à cidade e via que havia um novo tipo de arado que poderia lavrar a terra de forma mais eficiente. Ele trabalhava mais duro ou pedia dinheiro emprestado para comprar a máquina e, assim, era capaz de produzir colheitas maiores. Foi assim que evoluiu e começou a interconectar como os nossos egos crescentes nos levou a desenvolver.

Toda a nossa história é baseada em tais desenvolvimentos nos desejos humanos. Queremos sempre mais, porque nossos desejos estão em constante crescimento. Progredimos olhando para os outros e invejando-os. Uma pessoa é bem-sucedida em uma empresa específica, enquanto os outros conseguem em diferentes direções. Aprendemos porque somos motivados pela inveja, a luxúria, a busca de honra, e um desejo de dominar. Queremos absorver dos outros o que vai nos beneficiar, e ser tão bem sucedido como eles são, porque os nossos egos não querem que a gente se sinta como perdedores.

O desenvolvimento dos desejos humanos causou cada mudança e a revolução na história humana. É esse desenvolvimento que iniciou guerras por territórios e nações que foram conquistadas. Depois, veio uma época de descobertas de terras, resultando em novas áreas de desenvolvimento. Como a tecnologia e o comércio evoluíram, aprendemos a processar as coisas de novas maneiras. Agora, finalmente, chegamos a fronteira final: o espaço.

E, no entanto, em última análise, o progresso e desenvolvimento nos levaram a um beco sem saída. Isto começou a se tornar evidente na década de 1960, quando ambientalistas e sociólogos começaram a advertir que a humanidade está em um impasse em termos de ser capaz de determinar onde devemos concentrar nosso desenvolvimento futuro. O programa espacial nos ajudou a esquecer sobre isso por um tempo, mas esse programa, também chegou a um fim prematuro.

Nós circulamos a Terra e chegamos à lua, mas e depois? Isso não nos ajuda muito. Para todas as nossas esperanças de encontrar vida extraterrestre, tudo que encontramos foi sem vida - sem plantas, animais, e certamente sem humanos.

Em vez disso, chegamos a uma espécie de vazio. Nós evoluímos ao ponto em que não temos mais para onde ir. Nós não podemos ver onde mais nos desenvolver. A nossa própria Natureza e a Natureza que vemos ao nosso redor pararam de se abrir para nós.

Pensadores e cientistas de diversas áreas estão alertando que chegamos ao final do desenvolvimento humano; na verdade, eles até já escreveram livros sobre o fim do desenvolvimento humano.

O ego humano cresceu, nós evoluímos, e acreditamos que o nosso desenvolvimento era ilimitado, que produziria mais meios de comunicação, veículos e até mesmo nossos próprios jatos pessoais! Mas, no final, aquele que consome todos os produtos permanece com o vazio, descobrindo que isso não entrega a satisfação que havia prometido.

Todo o nosso progresso tinha nascido a partir de nossos desejos inerentes, que estavam crescendo sem parar. No entanto, eles de repente pararam de crescer. Em vez disso, nós sentimos decadência.

Enquanto anteriormente o homem queria uma família grande com muitas esposas e muitos filhos, hoje homens se contentam com uma só mulher e um ou dois filhos. Hoje, a vida tornou-se tão difícil, complicada e complexa que nos países desenvolvidos, as pessoas ficam com seus pais até que estejam com 30 ou mesmo 40 anos de idade.

As pessoas vão para o trabalho e gastam todo seu salário consigo si mesmas. Elas não sentem que precisam de uma família. Elas se sentem livres, se divertindo, enquanto suas mães cuidam delas. Quando os pais se aposentam, elas vivem de uma pensão e Seguro Social, e seus filhos os ajudam, e se sentem felizes fazendo isso.

Nós construímos uma sociedade que evoluiu a tal ponto que você pode comprar comida pronta que você precisa simplesmente de aquecer em um forno de micro-ondas, e a refeição está pronta em poucos minutos. Cada pessoa tem o seu próprio apartamento, que ele ou ela não compartilham com mais ninguém, e quando envelhecemos, temos o Seguro Social, seguro de saúde e hospitais para cuidar de nós. Muitos de nós sentimos que trabalhar duro simplesmente não paga.

Nossos egos têm crescido tanto que não podemos nos conectar com outras pessoas, fazer esforços por elas, ou cuidar delas para que elas queiram cuidar de nós. Nós não sentimos que podemos nos conectar a uma outra pessoa, a menos que tenhamos um interesse comum para ajudar uma a outra.

Cônjuges de hoje conduzem seus relacionamentos como parcerias. Ambos trabalham, ambos participam dos pagamentos, e são iguais. No passado, o homem seria o provedor e a mulher ficava em casa com as crianças.

Hoje, ambos saem de casa para o trabalho pela manhã, deixam as crianças na escola, onde são supostamente educados, e as buscam à noite a caminho de casa. Uma vez em casa, é cada um para si mesmo. Adultos compartilham as mesmas tarefas e deveres, e já não há uma distinção entre o pai e a mãe.

Acontece que temos chegado a um estado em que a família perdeu sua estrutura e tornou-se uma parceria, e, como em todas as parcerias, devemos analisar se vale a pena manter a parceria vai ou terminá-la. É por isso que há tantos divórcios, ou pessoas que não desejam entrar em tal parceria inicialmente. O ego, que tem crescido, está nos dizendo que não é do nosso interesse entrar em uma "parceria de família".

A educação que nossas crianças recebem é muito diferente da que recebemos. A lacuna entre as gerações é tal que muitas vezes são completamente separadas de nós, quase como se fossem uma espécie diferente. Eles recebem uma educação diferente, eles têm interesses diferentes, e dificilmente podemos compreender quem eles são, como eles falam, o que fazem e o que eles gostam. A conexão entre as gerações foi quebrada.

Este estado gera tais pensamentos como: "Por que eu preciso de filhos, se eles não me trazem nenhum prazer e me tratam como uma carteira ambulante? Embora eu possa curti-los quando estão pequenos, quando se tornam adolescentes nós perdemos o contato com eles."

Na geração anterior podíamos esperar de dez a quinze anos, até que tivéssemos netos, que poderíamos mimar enquanto eles eram pequenos, e que nos davam algum prazer. Mas hoje, mesmo isso se foi porque os filhos não querem se casar e ter filhos, por isso não vamos ter netos depois de tudo. Em tal estado, para que precisamos de filhos? Claro, nós não fazemos esses cálculos conscientemente, mas eles existem subconscientemente e levam muitos de nós a concluir que estaríamos melhores sem filhos.
É tudo resultado dos egos desenvolvidos. Demograficamente, nós crescemos muito rapidamente, mas agora a linha tem achatado. De fato, estudos mostram que as taxas de natalidade em todo o mundo estão caindo, e em breve o número de crianças começará a declinar.

Hoje ainda existem algumas civilizações, como os países árabes, com motivações hereditárias e religiosas para ter mais filhos. Mas, na maioria dos países, essa unidade tem facilitado, e em vez de ter dez filhos em uma família, há apenas duas ou três crianças em cada.

Juntamente com a desintegração da unidade familiar e a perda de parentesco, outro interessante fenômeno completamente novo está tomando forma: a nossa sociedade está se tornando conectada. Além da percepção de que os bancos, a indústria e os fabricantes estão todos conectados globalmente, com a compra de matérias-primas e produtos uns com os outros, estamos nos tornando mutuamente dependentes na cultura e na educação. Não se trata de saber através da mídia o que está acontecendo em todos os lugares do planeta. Pelo contrário, estamos nos tornando dependentes um do outro.

Se esse é o tipo de dependência que existe em uma boa família, ela dá a confiança de uma família. Mas se é uma dependência negativa, leva a divórcio, ou pior, a violência.

Mesmo que estejamos crescendo mais odiosos do outro e se repelindo em uma escala global, como podemos divorciar-nos mutuamente quando a Natureza nos fechou sobre esta crosta fina? Estamos, de fato, globalmente interdependentes, e não podemos nem divorciar nem escapar um do outro.

Além disso, a cada dia estamos nos tornando mais interdependentes. Anteriormente, quando estávamos longe um do outro, se houvesse conflitos nós iríamos matar um ao outro, na pior das hipóteses. Mas com as armas que existem hoje, qualquer conflito pode levar à destruição do mundo inteiro. Agora, todo mundo depende de todo mundo para melhor ou para pior.

Este é um grande problema porque, ao mesmo tempo, os nossos egos estão se tornando ainda mais intolerantes e intransigentes. A nossa capacidade de raciocinar é abafada pelo nosso ódio intensifica para com o outro, e muitas vezes tememos que, juntamente com as armas, nossa inveja, a luxúria, a busca de honras e dominação e crueldade, pode acabar destruindo todo o nosso mundo.

Podemos ver como a Natureza é o que nos leva a interdependência inescapável, ao contrário de estar em uma família onde podemos divorciar um do outro.

O que vamos fazer? A única solução é a reconciliação entre todos os "membros da família", entre todos os países. E isso não deve ser feito pela força ou pressão, mas através de um compromisso mútuo de se esforçar para complementar um ao outro - todos os povos e todas as nações do mundo.

Fora essa solução, da qual nossa vida depende, vamos reorganizar nossas vidas sociais e nossas relações apenas como uma família. Temos que ver o que cada um de nós precisa, a fim de complementar as necessidades dos outros. Precisamos descobrir qual o tipo de educação que devemos incutir em adultos e crianças, para a próxima geração torná-la mais fácil para eles participar de um mundo bom quando crescerem, um mundo de suavidade e calor. Ao mesmo tempo, devemos ver como podemos impedir as pessoas de incitar contra os outros.

Muitos estudos científicos têm mostrado que o mundo se tornou "circular", conectado e interdependente, e que não podemos fugir dele. Na verdade, verifica-se que não é inevitável só nossa mútua interdependência, mas a cada dia as pessoas e as nações estão se movendo em direção de colaboração ainda maior.

É cada vez mais claro que o isolacionismo corre contra o processo que temos sofrido desde o início da evolução humana até hoje. Resistir as leis da Natureza nunca funciona. Neste caso, é até perigoso, tanto para o país isolacionista como para o resto do mundo.

Se eu conheço as leis da Natureza, mas não as guardo, eu me prejudico imediatamente. Toda a tecnologia e a ciência se esforçam para imitar a Natureza. Desenvolvemos ferramentas para descobrir o que mais Natureza tem guardada para que possamos usá-la para nosso benefício. Assim, quanto melhor nos conhecermos e empregarmos as leis da Natureza, especialmente as que dizem respeito a sociedade e a psicologia social, mais vamos ganhar. Caso contrário, teremos de iniciar um processo de divórcio, o que acabará por se manifestar em uma guerra mundial.

É importante entender o que queremos dizer quando dizemos que, se mantivermos corretamente as leis da Natureza no nível humano, psicológico, vamos ter sucesso. Estas são as leis que operam dentro de nós, como seres humanos, incluindo a psicologia humana e a psicologia da sociedade e da família. Psicologia é sobre a compreensão da Natureza humana e as relações humanas.

Quanto melhor conhecer a Natureza humana e como conduzir nossos relacionamentos, melhor seremos capazes de construir uma sociedade onde todos são felizes, e onde todo mundo faz concessões para os outros.

É verdade, todo mundo quer ser "rei da montanha", mas podemos mostrar que nós ganhamos mais por tratar os outros como iguais, ajudando e apoiando-nos mutuamente. Se nós mostrarmos isso, as pessoas vão acolher as concessões mútuas, compreensão que não existe qualquer outra forma de um sistema em que todos são interdependentes. Desta forma, vamos estabelecer uma sociedade onde todo mundo estará feliz.

É claro, os nossos egos constantemente nos leva a resistir à mudança. O ego sempre quer governar, mas a opinião pública vai nos ajudar a lutar contra isso. Vamos ver como o ambiente social afeta e educa uma pessoa, como pode manter nossos egos em xeque. De fato, a opinião pública pode nos impedir de deixar nossos egos soltos, prejudicando a sociedade. E uma vez que controlamos nossos egos, vamos ver que há muito a ganhar usando o ego de forma socialmente favorável, e com o ego até mesmo os benefícios de tal interação social.

Nosso ponto de vista da sociedade e da sua influência deve ser o dominante, convincente, decidindo o elemento aqui. Precisamos aprender que é o homem, que é o meio ambiente, e em que medida eles influenciam um ao outro. Essas relações são as leis da Natureza, e nós somos uma parte da Natureza. Temos que aprender a ser nossos próprios analistas e analistas da sociedade humana. Dessa forma, nós vamos ser capazes de compreender as relações interpessoais e como conduzi-las com sucesso.

Precisamos aprender quem nós somos, por que evoluímos como evoluímos, e se podemos ou não resistir a este desenvolvimento. Parece que a Natureza está nos conduzindo em direção a algo novo e melhor; só precisamos entender por que, em seguida, ir junto com ela.

Nós também precisamos entender por que nós não podemos ver a imagem do futuro. Afinal, nós sempre vimos isso e evoluímos através da nossa condução para descobrir, para subir, para crescer. Hoje em dia, este não é o caso. Pelo contrário, estamos murchando, desesperados, e perdendo o nosso desejo por qualquer coisa.

Parece que este estado também é necessário para o próximo nível de desenvolvimento surgir. Isso significa que temos que deixar o estado atual e subir para um outro completamente diferente.
A razão para o nosso desespero, fadiga e desamparo é a nossa falta de vontade de manter a situação atual. Mas, ao estudá-la, estamos aparentemente deixando-a, lavando-nos, nos vestindo em roupas novas, entrando em um novo mundo, e perdendo o contato com o antigo, o que nós fizemos de sujo, e onde nós prejudicamos a nós mesmos e aos outros.

Se examinarmos o que podemos tirar do nosso mundo atual para o mundo ideal, veremos que não podemos tomar nada dele, nem a unidade da família quebrada, nem as nossas relações com os nossos filhos, nem as nossas amizades, e nem o nosso trabalho, se é que temos um. Quando refletimos sobre nossas vidas, nos damos conta de que elas estão realmente em um estado de desespero.

Estamos em desespero porque não podemos ver o que temos aqui e agora. Nós não podemos ver uma solução que possa surgir a partir do estado em que estamos por dentro. É assim em todos os países: todos nós estamos vivendo de momento a momento, e mais e mais pessoas a entendem que é assim que as coisas são, que nasceram e portanto, vivem.

Estamos em uma situação muito especial. A pesquisa está mostrando que estamos nos movendo para longe da forma como as coisas estão acontecendo atualmente em direção a um novo nível de existência. Na verdade, estamos pulando em um novo grau e nascendo em um mundo novo.

É um mundo de regras diferentes, que a Natureza já começou a se apresentar para nós. Estas são as regras integrais, as leis de dependência mútua, o mundo "circular", um mundo de igualdade e unidade. Estas são as leis pelas quais vivemos como uma família saudável.

Mas será que apenas achamos que estamos caminhando na direção de um mundo assim? Será que estamos apenas sonhando com isso, ou isso é o estado que realmente esperamos – a humanidade que somos obrigados a atingir, seja voluntária e conscientemente ou por forças que vão nos impulsionar? Se esta é a situação, certamente vai valer a pena estudar as leis do mundo integral porque então saberemos como será a mudança para esse estado agradável e confortável.

Temos que estudar essas leis, porque em nosso estado anterior de desenvolvimento, nós evoluímos pelo impulso da Natureza por trás, através de novos desejos que a Natureza evocava dentro de nós. Hoje não é assim. Estamos em um beco sem saída. Não temos novos desejos para pavimentar o caminho para nós, por isso devemos estudar nosso próximo estágio, por nós mesmos, para sabermos a sua finalidade e determinar como podemos realizá-lo.

Quando abrirmos a porta para a nova vida vamos ver o que está diante de nós. Também teremos que aprender o que significa podermos chegar a esta nova vida. Ao contrário do desenvolvimento instintivo que tivemos em todas as gerações anteriores de mudança de estado para estado, de um nível social para outro, e, em seguida, a diferentes formas de sociedade, agora temos que evoluir conscientemente. É por isso que devemos estudar as leis da Natureza. Então, junto com a realização dessas leis, por compreendê-las e conhecer a nós mesmos e a nossa sociedade humana, vamos mudar para o novo estado.

É como se estivéssemos dando à luz a nós mesmos. Desta vez, temos que levantar-nos e olhar para nós mesmos, para nossa situação e para a situação que vamos atravessar. No passado, nós seguimos sempre com o fluxo, tomando as chances que vieram em nossa direção, nos revoltamos e revolucionamos nosso governo e nossa sociedade. Hoje, temos que elevar o nosso nível de consciência acima de nossas próprias vidas e ver a Terra e a sociedade humana a partir de uma perspectiva global. Então, a partir dessa perspectiva, temos que continuar a evoluir.

É a primeira vez que a Natureza exigiu que cada um de nós soubesse claramente quem somos, o tipo de mundo em que vivemos, e o estado para o qual estamos desenvolvendo. É a primeira vez que nos é exigido ser "humano", no sentido que conhecemos e compreendemos a essência da vida.

Portanto, precisamos entender que nossos estudos se destinam a nos ajudar a revolucionar nossas vidas e para elevá-las a um novo nível, para a totalidade.

Quando pesquisamos o inanimado, vegetal e animal da Natureza, bem como o homem, que vive dentro deste quadro, encontramos as leis. Avançamos de acordo com essas leis e nós as chamamos de "Natureza". Nós somos parte da Natureza; nós não estamos fora dela; nós somos o resultado da evolução da Natureza.

A psicologia humana, a ciência do comportamento humano, também faz parte das leis da Natureza. É uma ciência que evoluiu recentemente, cerca de 100 anos atrás, porque só então começamos a sentir que poderíamos evoluir em um único modo: conscientemente. Começamos a examinar onde estávamos nos desenvolvendo, quem éramos, como nos relacionávamos com os outros, e por quê.

Até cerca de um século atrás, nós escrevemos livros que descreviam apenas como nós nos comportávamos. Mas desde então, começamos a pesquisar por que tivemos esse comportamento. A psicologia é o estudo das leis que afetam a humanidade. Assim, é um campo muito importante de pesquisa, pois nos ajuda a entender quem somos, quem os outros são, e como podemos construir uma vida feliz através de nossas conexões com os outros.

As leis da Natureza no nível inanimado são chamadas de "física", no nível vegetativo, "botânica", e no nível animal, "zoologia". No nível humano, as leis da Natureza são chamadas de "psicologia".

As crianças se desenvolvem de ano para ano, porque sua Natureza está se desenvolvendo dentro de si. Todos os anos, a criança se desenvolve no entendimento, consciência, comportamento e fisicamente, psicologicamente e mentalmente. Esta é a Natureza da "Lei de Desenvolvimento".

Podemos definir o que uma criança precisa saber em idades específicas, e qual sua competência física deve ser em cada idade. Sabemos estas coisas porque já sabemos a lei do desenvolvimento. Sabemos a dinâmica e o processo, e não podemos agir de outra forma, porque as nossas ações estão enraizadas dentro de nós e evoluem dentro de nós.

Nós somos parte da Natureza. Dentro de nós há um "motor" que se desenvolve em cada um de nós individualmente ao longo de nossas vidas, e em todos nós juntos ao longo da história. Em retrospecto, podemos tirar conclusões a respeito do porque nós evoluímos de uma certa maneira e o que nos motivou.

Pode-se comparar essa evolução com a de uma criança, na qual existem bits de dados que se desenvolvem constantemente, ou de um filhote de animal, cujo desenvolvimento podemos antecipar. Da mesma forma, a sociedade também tem leis de desenvolvimento. Chamamos essas leis "Sociologia". Tudo em nosso mundo é construído por leis. Nós realmente não as entendemos porque elas são todas ciências novas, mas quanto mais aprendemos, mais vemos que as leis da sociedade são como qualquer outra lei.

As pessoas se desenvolvem tanto pessoalmente como socialmente. Todos estes desenvolvimentos decorrem dos dados incorporados em nós. As leis dirigem como vamos construir a sociedade, bem como a forma como vamos construir a nós mesmos. Conforme o tempo afeta esses dados, nós desenvolvemos em conformidade.

Alimente a criança e cuide dela, e você vai ver como ela se desenvolve de um ano para outro. Mas não é o alimento que desenvolve a criança. A comida só permite que se desenvolvam, mas são os genes que transformam a criança em um adulto.

Quando um recém-nascido se desenvolve a partir de uma única célula em uma criança, não é porque os pais decidiram que isso deve ocorrer; nem é acaso. Os pais sabem de antemão que a célula se tornará uma criança, e que a criança acabará por se tornar um adulto. Tudo vem de um gene de informação - determinados dados que estão presentes lá. Estes dados recebem "alimento" do lado de fora e se desenvolvem. Tudo acontece por leis, assim como tudo o que acontece na sociedade humana.

A Natureza é algo que evolui e leva o inanimado, vegetativo, animado, e o homem ao seu desenvolvimento. Estamos todos em evolução: primeiro evoluiu Terra, em seguida, vieram as plantas, depois os animais e, finalmente, os seres humanos. A evolução começou com o *"Big Bang"*, e continua através de um processo de união. A montagem das peças os desenvolvem e os tornam mais unidos em quantidade e qualidade.

Primeiro, houve o inanimado. Em seguida, evoluíram as plantas que se desenvolveram e começaram a crescer; havia vida nelas. Em seguida, a evolução chegou ao nível animal, que evoluiu ainda mais, até o ponto onde cada animal evoluiu individualmente. E finalmente chegou o homem.

A pergunta é: "Existe consistência, uma lei por trás deste desenvolvimento?" As leis existem; nós sabemos com base no passado. Nós não podemos compreendê-las, mas as leis assim mesmo existem.

Nós olhamos para a Natureza e aprendemos como ela nos desenvolve como componentes de si mesma. Quem é o homem? Por todo o nosso conhecimento, não somos parte da Natureza? Nós existimos em alguma bolha que chamamos de "universo", e estudamos onde estamos e tentamos descobrir quais leis regem essa bolha.

Não há fim para a sabedoria da Natureza; estamos apenas arranhando a superfície, e que a superfície rasa é a nossa ciência. E, no entanto, não podemos encontrar o nosso caminho, e por isso devemos estudar mais uma das leis da Natureza. É realmente uma sorte que o nosso desconforto está nos empurrando para estudar a Natureza para que possamos melhorar a nossa situação.

Para resumir, pensar na Natureza como uma bolha ou bola. Vivemos dentro desta bola, e dentro dela estão leis absolutas que nos governam. Quando estudamos Natureza, tomamos conhecimento de algumas dessas regras. Esta exploração é chamada de "ciência". No entanto, ainda temos que descobrir a grande maioria da realidade.

Conhecer as leis da Natureza nos ajuda, como coletividade, a construir uma vida melhor. Temos TV, Internet, máquinas de lavar, secadores e outros aparelhos. Todos eles são resultados de estudos que temos feito ao longo dos anos. Em comparação com uma pessoa que vive em alguma aldeia remota, bombeando água de um poço, cozinhando com fogo, e lavando as roupas a mão, podemos fazer estas coisas de forma rápida e sem esforço. Temos todos esses aparelhos em casa e podemos fazer uma miríade de outras coisas que, enquanto vivíamos em uma aldeia em gerações passadas, não éramos capazes de fazer.

Assim, o desenvolvimento tecnológico nos deu tempo livre para nos envolver em todos os tipos de obras, que estão longe de serem as necessidades. A questão é: "Se temos progredido assim na vida, por que terminamos com uma vida tão cruel e vazia, em um ponto de depressão, insegurança e ansiedade?" "o que fizemos com o tempo livre que a tecnologia e desenvolvimento social nos deram?" "por que, em vez da paz e tranquilidade de um país - como fisicamente mais difícil como a vida que foi - já chegamos a um tipo diferente de selva?" "Por que perdemos o nosso tempo e energia na criação de uma vida tão difícil e confusa?"

Talvez tenhamos de chegar a uma forma de vida completamente diferente. Talvez devêssemos abandonar a selva urbana e voltar para a aldeia. Na aldeia de hoje, teremos tudo o que precisamos para suprir nossas necessidades; vamos trabalhar duas horas por dia, e vamos passar o resto de nosso tempo fazendo outras coisas. É possível que possamos revolucionar nossas vidas dessa maneira?

Até agora, nós tentamos dar uma visão geral da nossa história da evolução dos nossos desejos, de nossa situação atual. Os desejos que têm impulsionado o desenvolvimento humano já se tornaram desejos globais, nos aproximando e nos tornando dependentes um do outro. Eles nos fizeram uma família, mas somos uma família em um estado de crise grave, devido à nossa alienação do outro. A crise é claramente uma crise na "família humana". Se criarmos uma nova ordem na família, vamos resolver esta crise. Portanto, não temos outra escolha a não ser descobrir como podemos encontrar o entendimento mútuo em termos globais.

CAPÍTULO DOIS

De Tatear às cegas ao
Desenvolvimento Consciente

O QUE DEVEMOS FAZER PARA SERMOS FELIZES?

A história mostra que nossas vidas mudam de geração em geração. Anteriormente, as pessoas viviam em pequenas cidades e aldeias. Elas viveram e trabalharam no mesmo local e raramente viajaram. Hoje as pessoas trabalham em um lugar, vivem em outro, e muitas vezes viajam em negócios ou férias. As pessoas também mudam com muito mais frequência e não se limitam a gastar suas vidas em um só lugar. Tudo tornou-se dinâmico e sujeito a alterações.

Qualquer um que nasceu na metade do século passado e agora vive no século 21 pode ver como o mundo mudou. Ao contrário de todas as outras partes da Natureza, animais e plantas - que dificilmente mudam ao longo dos séculos, cada geração humana mostra evolução significativa em todos os domínios.

Isso levanta algumas questões: Por que mudar de geração em geração? Não é o suficiente nascer e continuar a espécie como antes? Qual é o objetivo dessas mudanças, deste desenvolvimento?

Embora possamos não ver a necessidade para o desenvolvimento humano ou a sua direção, podemos observar como nós crescemos. Vemos que um bebê recém-nascido tem que crescer, a fim de levar uma vida boa e gratificante como um adulto - de cumprir a sua vontade, mudar a sua vida, ter filhos e legar-lhes as posses adquiridas ao longo da vida. As crianças, então, continuam a vida dos pais. Em certo sentido, eles são extensões da vida de seus pais. Mas para conseguir tudo isso, um bebê precisa crescer e obter o conhecimento, força e percepções que lhe permitam compreender a vida e realizar os seus objetivos.

Talvez, também, sejamos assim. Talvez possamos comparar essas dezenas de milhares de anos de evolução da vida de uma única pessoa, onde cada estágio da evolução é como mais uma etapa no crescimento da criança.

Nós sabemos como os nossos próprios filhos a desenvolvem e como supri-los com o que precisam, a fim de se desenvolver, tal como jogos e exercícios. Em seguida, apresentá-los para uma sociedade que irá desenvolvê-los. Mas, nós mesmos não sabemos de que forma estamos nos desenvolvendo. É por isso que não percebemos a evolução dos nossos desejos, mas consideramos o desenvolvimento como incidental ou aleatório.

É como se os nossos desejos em evolução estivessem acontecendo por acaso. Pode-se comparar com os pais a respeito de seu filho, perguntando: "De onde esta criança veio?" "Por quê?" "Como nós apoiamos a retaguarda dele?" "Que tipo de educação devemos dar?" "Se ele ou ela tem companhia?" devemos matriculá-lo no jardim de infância?"

Nós aparentemente não sabemos nada sobre os nossos filhos. Na verdade, como é que um bebê cresce? Ele evolui por acaso. As unidades dentro dele não são suficientes para conduzi-los em direção às coisas que precisam como seres humanos, porque a Natureza do nosso mundo deriva do nível animal. Portanto, nós o suprimos com conhecimento, sensações, exercício, música, educação, e assim por diante. Dito de outro modo, podemos adicionar a eles o nível humano, o nível de "falante", o que lhes permite crescer no mundo que criamos para eles.

Por outro lado, enquanto a humanidade está evoluindo de geração em geração, não há ninguém que se possa certificar que se desenvolva corretamente. Consequentemente, cada nova geração é mais desenvolvida se torna mais miserável, sentindo-se mais deficiente e vazia.

É certo que queremos mais tecnologia e diversão em nossas vidas, mas, por outro lado, nos sentimos tão vazios que hoje estamos perguntando: "O que é que todos os nossos desenvolvimentos nos deram? O que conseguimos?"

Sim, chegamos ao espaço, naves espaciais enviadas a Marte, e pousamos na Lua, mas ninguém está animado com essas conquistas, mais porque estamos considerando uma conquista. Nós podemos fazer quase qualquer coisa na terra, mas o que dizer de nós? Nós não sabemos como nos comportar, a fim de ser feliz. Nós estamos em uma profunda crise, as famílias estão caindo aos pedaços, as taxas de divórcio estão subindo, as crianças estão sofrendo, os pais estão sofrendo, e a sociedade está sofrendo com o terrorismo e com as drogas. Onde está a nossa alegria, a nossa felicidade?

A depressão é a doença mais comum no mundo. Então, se nós pensamos sobre humanidade como um bebê, parece que não temos muito bons pais para cuidar de nós e nos dar retaguarda corretamente.

Se examinarmos a Natureza, vamos ver que ela tem uma grande preocupação para o correto desenvolvimento de cada elemento. Nós, como pais, temos um grande amor para os nossos filhos; queremos lhes dar o melhor. Colocamos toda a nossa vida para ele, desenvolvendo para eles todos os tipos de sistemas. Na verdade, o mundo inteiro só funciona para promover as crianças, para que elas tenham uma vida melhor.

Mas nós não estamos tendo sucesso, embora a Natureza nos proporcione todos os meios para o fazer. Natureza nos deu amor, sem o qual não prestaríamos atenção aos nossos filhos, mas nós os amamos instintivamente, como os animais amam a sua prole. Em outras palavras, a Natureza tende para o desenvolvimento de cada elemento e uma criação de uma maneira muito especial. Mas, enquanto isso os leva a crescer de forma segura e boa, para que a Natureza inspire nos pais amor instintivo pela sua prole e os obrigue a cuidar deles, nós, seres humanos ainda estamos deixando de dar-lhes uma vida boa e segura.

Se examinarmos um fruto em uma árvore, veremos que inicialmente pode parecer desagradável e não saboroso. Mas à medida que cresce e amadurece, torna-se bonito, perfumado, e delicioso.

Talvez nós também sejamos como um fruto em uma árvore passando por formas de desenvolvimento semelhantes, que ainda têm que amadurecer. Talvez nós sejamos como uma verde, dura, maçã ácida, que ninguém sabe que vai se transformar em um belo fruto, a menos que nós o conheçamos por experiência própria.

O mesmo acontece com os seres humanos. Demora pelo menos 20 anos antes que a criança cresça e se torne apta para a vida como um adulto, capaz de aprender, implementar conhecimento, e "fazer sua marca no mundo." Por outro lado, o animal precisa de apenas algumas semanas ou alguns meses para se desenvolver. No entanto, ele não avança tanto e continua a ser um animal, sabendo apenas como cuidar de suas necessidades instintivamente. Isso não muda em si ou do mundo.

Portanto, podemos concluir que o nosso desenvolvimento é gradual, como o de uma fruta que é sem gosto em seu início, mas finalmente cresce doce e saborosa. E quanto mais longos e maiores estágios de que necessita para se desenvolver, mais complexo será o seu desenvolvimento final e maiores as suas conquistas.

De tudo o que podemos aprender com a Natureza, podemos concluir que estamos passando por um desenvolvimento muito especial: De geração em geração, estamos evoluindo como uma única criatura ainda em seus estágios iniciais de desenvolvimento. É por isso que parece tão "azedo" e sem sucesso. No entanto, na conclusão do nosso desenvolvimento estão garantidos ser "doce" e saudável.

Dos quatro níveis de realidade, (inanimado), vegetativo, animado e humanos – a espécie humana está no topo. O homem é o ápice da criação. É por isso que o seu desenvolvimento é o mais longo, e as etapas que ele percorre - desde o início de seu desenvolvimento até o fim - são tão extremas que a versão final parece ser uma espécie completamente diferente do original. Se considerarmos a direção que a Natureza está nos levando, nós seremos capazes de tirar a conclusão correta sobre nós mesmos e da "atitude" de Natureza em relação a nós, mas só se pudéssemos ver, desde o início, como isso vai acabar.

Se víssemos a maçã em seus estágios iniciais de desenvolvimento, nós pensaríamos que seria completamente inútil. Só no final é que vamos ver uma grande sabedoria da Natureza em desenvolvê-la em uma fruta tão bonita e deliciosa.

Seguindo a Lei de Desenvolvimento, nós, também, estamos sob o mesmo padrão de desenvolvimento, e o propósito do nosso desenvolvimento é, sem dúvida, para nos conduzir a um estado bom, saudável, doce e perfeito.

Agora, o que pode ser o estado perfeito? Se a Natureza nos desenvolve gradualmente, de modo que em cada geração adquirimos mais sensações e mais percepções, adquirimos mais e mais da Natureza da Criação, elevar-nos acima dela, e tornar-nos capaz de absorver e governá-la, então o nosso desenvolvimento final vai realmente alcançar o mais alto grau de realidade.

Então, como vamos evoluir, através do que? Quais são as forças que nos desenvolvem? Bem, o desenvolvimento pode ser semelhante ao de uma criança evoluindo através de suas unidades naturais. Na ausência de estímulos humanos externos, a criança vai crescer como um animal, sem saber como fazer as coisas que a humanidade já inventou para ela. Se não colocar uma criança na companhia de outras crianças, não vai saber como estar na companhia de seres humanos, como jogar com elas, como se conectar com elas, como ajudá-las, e como ser ajudado por elas.

Mas se construirmos em torno dessa criança uma sociedade como a creche, a escola, os educadores, os jogos, e os pais que constantemente tentam promovê-lo, podemos acelerar significativamente seu desenvolvimento. Essa promoção não deve ser através de impulsos naturais, mas através de estímulos do ambiente que a puxa para a frente em direção ao desenvolvimento. Podemos ensinar as crianças a música, pintura, escultura, dança, computadores e assim por diante, e, em seguida, o seu desenvolvimento é através destes meios, em vez de através meios naturais.

Assim, existem duas forças de desenvolvimento. Uma forma de desenvolver é através de uma força que empurra por trás. Esta é a força da Natureza. A outra é uma força que empurra antes. Uma criança é afetada por essa força, se ela está no ambiente certo.

O mesmo princípio se aplica a nós. Se entendermos que desenvolvemos, como o fruto da árvore - de estados ruins para os bons, então talvez através da construção de um ambiente, nós mesmos vamos nos empurrar para a frente, vamos evoluir rapidamente e agradavelmente através de nossos estágios de desenvolvimento. Nós não teremos que ser empurrados por trás através de golpes e sofrimento. Em vez disso, vamos desenvolver meios favoráveis, tais como jogos, explicações e outras influências agradáveis.

Hoje estamos em uma situação trágica, uma crise abrangente que a humanidade não sabe o que fazer. Somos como os bebês que estão no meio da sala, sentindo-se perdidos e abandonados, sem saber o que fazer ou para onde se virar para pedir ajuda.

Com crises nas famílias, na educação, na cultura, nas relações conjugais, relações pais-filhos, drogas, divórcios, na ciência e, especialmente, as crises econômicas e ecológicas, não podemos ver nada e olhar para frente. Pelo que sabemos, em duas semanas, poderia haver um furacão que nos deixaria sem energia e nos inundaria na água. Nós simplesmente não sabemos o que esperar mais.

Em tal estado, como podemos construir nossas vidas, para que possamos nos desenvolver tão bem e tão depressa quanto possível? Nosso desenvolvimento depende do ambiente, e podemos construí-lo de tal forma que nos desenvolva mais rapidamente. Levou milhares de anos de desenvolvimento para que fosse possível de oferecer jogos de crianças, computadores, música, dança, natação, esportes e assim por diante. Agora entendemos que seria bom se nós lhes déssemos estas coisas, então talvez nós também devêssemos fazer o mesmo para os adultos.

Se quisermos desenvolver algo mais rapidamente, precisamos construir um "aparelho" que acelere o desenvolvimento.
Pense em uma incubadora de ovos. Não espere até que choquem. Em vez disso, coloque-os em uma incubadora e obtenha lotes de pintos saudáveis sem ter que esperar pela galinha para produzir os mesmos resultados.

Em outras palavras, nós podemos nos fornecer desenvolvimento rápido, de forma correta, evitando todos os tipos de golpes ao longo do caminho, e nos desenvolver bem, como uma criança em uma família que pode dar-lhe as coisas certas no momento certo. Assim, a criança não vai ter quaisquer problemas à medida que cresce e nosso problema só será entender como podemos desenvolver melhor.

Aqui é onde nós chegamos à solução. A atual crise é global e integral. Isto significa que, por um lado, uma crise, uma situação, está se formando ao redor do mundo. Ao mesmo tempo, esta situação está, na verdade, proibindo uma demonstração da nossa falta de desenvolvimento.

Hoje, os nossos estudos mostram que estamos totalmente interdependentes, e nossa incapacidade de nos conectar é a fonte de todos os nossos problemas. Esta incapacidade torna a nossa vida miserável, insegura, e assustadora. Algo está nos impedindo de nos conectar corretamente, embora a conexão eliminaria a maioria dos nossos problemas.

Também podemos ver no processo de desenvolvimento que nós passamos. De geração em geração a humanidade aumentou sua integração, cooperação e interdependência na educação e cultura, indústria, e assim por diante. Agora chegamos a um estado em que não estamos apenas dependentes uns dos outros para os nossos modos de vida, somos dependentes uns dos outros de uma forma humana. Ao mesmo tempo, temos vindo a um ponto em que não podemos nos conectar um ao outro, e que a desconexão entre nós nos impede de estabelecer uma vida melhor e mais segura.

Em certo sentido, somos como uma família vivendo sob o mesmo teto, mas não podemos conviver. No entanto, ao contrário de uma família, não podemos nos divorciar porque não temos outra Terra para colonizar.

Estudos publicados sobre este tema mostram que o caminho desejável para nós desenvolvermos é através da conexão. Se toda a humanidade chegasse a um estado de conexão abrangente, estaríamos todos felizes. Isso torna o que o que devemos fazer muito claro: é preciso construir um ambiente que nos ensine como nos conectar corretamente.

Na tentativa de estabelecer para nós mesmos o ambiente adequado, somos como crianças sábias que entendem que eles devem crescer bem e corretamente e, portanto, criar um ambiente adequado para si. Estes sábios vão para os vizinhos e dizem: "Nós vamos mostrar-lhe com agir para estar conectado, e, assim, atrair todos nós para a conexão. Sabemos que, se as outras crianças verem os exemplos irão crescer corretamente, por isso queremos nos salvar de nossa situação".

Outro exemplo: Se eu quero ser um músico, mas eu não tenho um desejo forte o suficiente para estudar música, eu devo ter alguém me estimulando, me convencendo de que a música é linda, grandiosa, especial. Então eu posso pagar alguns músicos para tocar para mim, constantemente falar sobre música, deixar-me estar entre os instrumentos, compor algo na minha presença, e assim me impressionar. Isso vai me dar a profunda impressão de que a música é uma grande coisa, que a sua colaboração e a harmonia em suas músicas são muito significativas e importantes. Como eu os assisto, eu, assim, construo um ambiente através do qual eu possa desenvolver.

Não importa se eu os pago ou não; o que conta é o resultado. É como estar em um time de futebol e ser impressionado pelos outros jogadores. A coisa mais importante para nós é a sociedade.

Podemos criar a sociedade por nós mesmos, mas é melhor se for criada para nós por pessoas que sabem como fazê-lo. Há muitas pessoas inteligentes, incluindo cientistas que entendem o desenvolvimento humano, e nós só precisamos seguir suas sugestões. Eles dizem que devemos construir um ambiente que afete a todos nós, e pelo qual vamos avançar em direções positivas de uma forma favorável, gradual. Então, vamos ser como uma fruta que amadurece antes que surjam dificuldades e obrigue-nos a crescer pelo sofrimento. Vamos adiantar nosso desenvolvimento, assim como um ovo desenvolvido em uma incubadora.

Se examinarmos o desenvolvimento do homem ao longo de milênios, veremos que nossa situação atual não é boa. E, no entanto, sabemos como podemos sair dessa situação, em vez de esperar que aconteça qualquer coisa. Em vez de esperar que possamos ouvir aqueles que dizem que precisamos de um bom ambiente para nos desenvolver, que nos trará ao estado perfeito da fase de desenvolvimento por etapa, favoravelmente, de forma fácil e suave.

Assim, tudo o que precisamos é de um bom ambiente. Com um bom ambiente, eu começo a sentir o que é ruim em minha própria Natureza, que eu sou um egoísta, que eu não quero me conectar, que eu sou preguiçoso, insensível e indiferente. Existem muitas qualidades em mim que eu não quero desenvolver. Mas, precisamente por reconhecer o mau dentro de mim, acabo entendendo que devemos criar uma sociedade melhor.

E, no entanto, nós não precisamos desenvolver qualquer ambiente. Precisamos criar um que cuide de todos e de cada um de nós, para que ninguém permaneça inativo e "fora do jogo". Assim como as crianças crescem mais inteligentes e mais fortes, participando de jogos, vamos alcançar a nossa forma perfeita e ter uma boa vida através de nossos próprios jogos em uma sociedade que nos promova.

Nesse estado, o ambiente vai refletir o oposto das crises de hoje. Não haverá divórcios, e as pessoas vão terão boas relações com os outros. As crianças vão se dar bem com os pais, as relações internacionais serão tranquilas, não haverá guerras, sem armas, sem terrorismo, sem drogas e sem dívidas. Devemos construir uma sociedade funcional-modelo para que ela possa nos influenciar. Precisamos de seus valores para que nos convencer, ou nos "reprogramar", para tornar-nos semelhante a ela.

Agora, estamos entrando em um caminho que nos obriga a nos desenvolver. Até agora, temos evoluído através de "empurrões" da força da Natureza, e não fomos capazes de controlar o ritmo ou a maneira em que nos desenvolvemos. Agora, tanto o ritmo como o método dependem de nós. Eles dependem de nossa consciência, na medida em que entendemos que devemos ser como no futuro. Então devemos nos concentrar em direção a esse objetivo.

A crise é global. Já parou de se desenvolver e permanecerá paralisada até que entendamos que em cada uma das próximas etapas do nosso desenvolvimento é preciso primeiro estar ciente do cenário e, em seguida, cultivar o desejo por ele. Em outras palavras, a partir de agora o nosso crescimento não será mais instintivo. Em vez disso, ele irá ocorrer, aumentando a nossa consciência em cada etapa.

Este é o significado de "ser humano na fase de desenvolvimento", o grau "falante". Algo novo está evoluindo, uma compreensão da Natureza, a nossa nova meta, e nossa necessidade de compreender e integrar as partes do sistema da Natureza em nossa evolução.

Nesta última etapa do desenvolvimento da humanidade, o "fruto", ou seja nós, deve adquirir a doçura, cor e fragrância da maturação. Todas essas qualidades vêm da própria fruta, de acordo com o amor da Natureza para isso. A Natureza nos desenvolve como uma mãe cuida de seu filho. Temos que conseguir o mesmo vigor de amor, doação, e responsabilidade mútua. Devemos alcançar a conectividade global entre nós e também com a Natureza.

Essa conexão acontece apenas pela consciência, quando entendemos e sentimos este desenvolvimento, e como nós o experimentamos. Não podemos garantir uma boa vida para pessoas sem primeiro elevar os seus níveis de percepção e sensação. Devemos adquirir consciência; devemos saber o tipo de mundo em que vivemos, e descobrir toda a Natureza.

A humanidade não vai avançar sem que cada pessoa se torne sábia, sem saber por que ela nasceu, a compreensão da Natureza que está nos promovendo, e para qual finalidade. Caso contrário, apenas terá sofrimentos.

Para resumir, a Natureza está nos admitindo dentro do estado perfeito, em etapas. Até agora, temos avançado através de uma força irresistível. Mas a partir de agora, podemos avançar apenas se nos conscientizarmos sobre a forma correta de nos desenvolver. Podemos melhorar, adoçar, e apressar o nosso desenvolvimento a partir de agora com o meio ambiente, assim como temos feito em qualquer outro domínio, até agora.

As crianças se desenvolvem através do ambiente; adultos se desenvolvem através do ambiente; tudo muda através do ambiente. Tome grupos como Alcoólicos Anônimos, por exemplo, ou centros de reabilitação, ou de grupos de observação de peso. Assim como eles, devemos construir a influência do meio ambiente sobre as pessoas, e, em seguida, iremos nos desenvolver como bons garotos que crescem em um bom ambiente. Além disso, vamos construir um bom ambiente para os nossos filhos para que eles, também, cresçam e se tornem, indivíduos saudáveis e felizes. Os pais gostariam de levar seus filhos para um lugar onde o calor e boas relações os ajudem a conectarem-se com os outros, e incentivá-los a serem abertos e confiarem um no outro, sem medo de violência ou crueldade. Não há nada como isso em nosso mundo, um lugar que lhes permitam desenvolver tranquilamente.

Em tal ambiente, as crianças crescem com a capacidade de absorver informações e tornarem-se perceptivas. Elas poderiam desenvolver imensas capacidades. E não sentir devem proteger-se constantemente em um ambiente hostil.

Nós adultos não entendemos o que significa viver em um ambiente positivo. Ele pode ser comparado com um bebê nos braços de sua mãe, não ver ou sentir nada, mas sentir conforto e segurança. Só esse tipo de sentimento pode dar a uma criança a força para se desenvolver. Nós não temos esse sentimento, e é por isso que paramos de evoluir.

Por um lado, uma crise pode ser uma quebra. Por outro lado, é como renascer. Assim, o que precisamos para ser feliz? Precisamos de um ambiente positivo que nos leve a um estado de nos sentir bem, seguros e confiantes. Precisamos de um ambiente onde nós sentimos que o mundo inteiro quer o nosso melhor e cuida de nós. Então, vamos cuidar dos outros em um lugar que é acolhedor e agradável, um mundo de amor.

C APÍTULO TRÊS

Homem como Um
Produto do Ambiente

ATÉ QUE PONTO TEMOS
LIVRE ESCOLHA?

A humanidade está no meio de um processo evolutivo, mudando à medida que se desenrola. Através de nosso desenvolvimento, de geração em geração ao longo de milhares de anos, chegamos a uma situação muito especial: agora existimos no planeta como uma sociedade global, conectada. Como nós evoluímos, adquirimos conhecimentos, capacidades e o poder de obter sensações e percepções que anteriormente não possuíamos.

Nós ainda estamos no meio do desenvolvimento e não vemos o seu fim, mas esperamos que em breve experimentaremos um resultado positivo. Portanto, vamos tentar ver o que há de tão especial sobre a nossa situação, e o que devemos fazer para garantir que passaremos por uma transição suave para um estado iluminado de confiança, prosperidade e boa vida.

Enquanto evoluímos, nós experimentamos muitos estados diferentes que não podemos controlar. Mudamos nossas vidas de acordo com esses estados, e tentamos torná-los mais convenientes. Vamos mudar a sociedade, a vida familiar, a educação, a cultura, e as relações humanas. Tentamos fazer com que a nossa vida seja tão boa e tão confortável quanto possível, porque na raiz de cada um de nós existe um desejo de desfrutar.

Evoluímos gradualmente usando qualquer meio que esteja à nossa disposição em cada etapa. Quando queremos mudar as nossas vidas, nós evoluímos através da ciência. Estudamos a Natureza e tentamos aprender com seus exemplos, para que possamos modificar a nós mesmos em conformidade. Tentamos aprender mais sobre as leis da Natureza, a fim de nos proteger.

Por exemplo, podemos estudar climatologia para entender as implicações de cada estação e clima. Estudamos nossos próprios corpos, também, para que possamos preparar medicamentos para nossas doenças. Estudamos também a Natureza humana e, consequentemente, desenvolvemos eletrodomésticos para facilitar nossas tarefas de lavar, secar, assar, e assim por diante. Assim, nós nos esforçamos para ter máquinas tão boas e tão confortáveis no melhor ambiente possível. Desta forma, tentamos escapar dos nossos sofrimentos pessoais minúsculos, bem como o sofrimento mundial gigantesco.

Além disso, tentamos avançar em direção a uma vida melhor e fazer o melhor de cada situação. É da Natureza humana a luta por isso, e tentamos usar todos os meios para implementá-los.

Nós nos desenvolvemos através de unidades que surgem dentro de nós. Em cada momento, cada fase, um novo desejo evolui dentro de cada um de nós, e nós seguimos esse desejo. Se examinarmos a nós mesmos, veremos que somos como crianças, querendo coisas diferentes a cada instante. Queremos comer, beber, talvez olhar para algo interessante, e dormir. Infelizmente, a maioria de nós deve trabalhar para viver.

Estamos constantemente nos desenvolvendo sob a influência de forças. Por exemplo, não existe uma força que nos empurre, de modo convincente, tal como para trabalhar ou executar algumas tarefas. Nada vem fácil para nós; prazeres não vêm até nós e nos satisfazem como nós queremos. Em nosso estado futuro, isso será possível, mas ainda não descobrimos tal realização.

De onde vêm nossos desejos? Alguns deles vêm de nossa própria fisiologia, a partir das necessidades do nosso corpo de comer, descansar e preencher o meio-termo com algo interessante.

Dividimos nossos desejos em comida, sexo, e família sem a qual, nós como membros do reino animal, não existiríamos. Além disso, precisamos de coisas que dizem respeito à espécie humana, tais como dinheiro, respeito, poder, conhecimento, cultura, educação, religião e muitos outros que desenvolvemos, e que são tão importantes para nós como comida, sexo e família.

Estamos, no entanto, muitas vezes dispostos a sacrificar muito do nosso desejo por comida, sexo e família em favor de mais educação, cultura e ciência. Há pessoas que estão dispostas a fazer grandes sacrifícios para obter dinheiro, respeito, ou poder. Elas se preocupam muito pouco com comida, sexo ou família, e satisfazem essas necessidades apenas quando necessário.

Os desejos por comida, sexo, família, dinheiro, respeito, poder e conhecimento existem em todos nós, em medidas diferentes, e cada um de nós tenta realizá-las da melhor forma possível. A medida em que se está disposto a seguir certos desejos, e a forma como se persegue, dependem do meio ambiente e da educação. O equilíbrio entre a realização das tendências naturais no nível físico e a atualização das tendências do ser humano no nível "falante", também dependem do ambiente. Isso afeta quais as tendências que vão se desenvolver mais, e quais as que vão se desenvolver menos.

Se colocarmos uma criança em um determinado ambiente, como gostar de ciência, enquanto a criança ainda é "uma lousa em branco", ela vai aprender com o meio ambiente sobre a importância da ciência e como é respeitável é fazer o bem. Enquanto cada pessoa tem um certo grau de desejo pela ciência, o meio ambiente pode incentivar essa tendência em particular. Ou seja, o ambiente pode mudar o equilíbrio dentro das tendências de um indivíduo e se desenvolver um pouco mais do que outros.

Se os pais querem que seus filhos se desenvolvam em uma certa direção, eles vão colocá-los em um ambiente adequado, como um time de futebol ou uma escola de música. Mesmo que a criança não goste de música, vai aprendê-la, compreendê-la e apreciá-la para o resto de sua vida.

Isso acontece em todas as áreas. O desenvolvimento de uma criança vem através de seu ambiente, e as habilidades dos pais para o desenvolvimento da criança, eventualmente, determina a direção de seu desenvolvimento, estimulando certas tendências mais do que outras, e até mesmo suprimindo alguns desejos. Assim, à medida que crescemos, a nossa liberdade de escolha torna-se limitada, projetada pelo ambiente em que nascemos e fomos criados. Como adultos, nós prosseguiremos nessa direção para o resto de nossas vidas.

Quanto à questão: "Até que ponto temos o livre arbítrio?" Nós temos uma pequena quantidade de livre escolha, mas no final, mesmo o pouco que temos vem do ambiente. Estamos afetados por tendências ou amigos que "aparecem" e estão em torno de nós, incutindo todos os tipos de valores e preferências em nós.

Temos que entender que as "lembranças" das experiências que tivemos em nossas vidas anteriores também aparecem em nós. Essas lembranças são pedaços de informações de vidas passadas, ou "encarnações", através da qual se desenvolvem. Assim, não só estamos vivendo em uma sociedade mais avançada em cada tempo de vida, mas também as novas tendências evoluem dentro de nós, em cada geração, devido a essas lembranças através da qual se desenvolvem.

Nós sentimos que vividamente, especialmente hoje, que nossas crianças, estão ávidas por novas tecnologias muito mais que nós, adultos. É como se elas tivessem nascido com os preparativos pré-existentes, escrutínios, e qualidades que lhes permitem perceber o mundo e ter sucesso na vida moderna. Elas rapidamente aprendem a operar os telefones celulares, computadores e outras novas tecnologias, enquanto as pessoas mais velhas têm mais dificuldade, em tudo. É como se esta nova geração nascesse preparada para olhar tudo de acordo com a sua Natureza interior. Elas se aproximam dessas inovações e as compreendem como se fossem crianças prodigiosas, como se elas se desembarcassem do espaço em nosso mundo.

De todo o exposto, podemos concluir que dentro de nós existem "lembranças", genes de informação que evoluem de geração em geração. Nós os chamamos de "encarnações". Isto não é misticismo. Pelo contrário, é uma descrição de um estado em que estamos todos interligados, como estamos descobrindo agora.

Como existem campos de força física, tais como campos eletromagnéticos ou campos de força gravitacional, existe um totalizante campo do pensamento, um desejo que conecta a todos nós além do tempo e da distância, e estamos nesse campo. Isto é como nós transmitimos um ao outro as informações que adquirimos, de geração em geração. Nossos corpos, que estão neste campo, absorvem as informações, tornando a próxima geração preparada para a vida no novo estado, a nova era.

Todo o nosso desenvolvimento se dá através do ambiente. Se não fosse pelo meio ambiente, nós não estaríamos em desenvolvimento, apesar de nossas lembranças de vidas anteriores.

Mesmo nossos corpos estão altamente dependentes da sociedade em que se desenvolvem. O homem é muito adaptável em comparação aos animais. Os gatos ou cães, que estiveram com os humanos por milênios e se acostumaram com a companhia do homem, ainda mudam muito pouco. É verdade que eles não podem viver como selvagens, eles já têm uma Natureza diferente, transmitindo aos seus descendentes uma atitude diferente para com o homem e para com o meio ambiente. No entanto, eles não são tão versáteis como os seres humanos. As pessoas que se misturam em um determinado ambiente e estão impressionadas com ele se acostumam com isso de uma forma muito mais substancial.

Devido sermos todos dependentes do ambiente, esta é a primeira coisa que devemos observar na educação, o meio ambiente como uma causa no próprio desenvolvimento, uma vez que a totalidade do seu futuro depende disso. Se nós, como pais, mudamos o ambiente social de nossos filhos, ou até mesmo o nosso próprio meio social, mudamos a nossa Natureza, nossos desejos e nossa visão da vida. Portanto, devemos examinar com cuidado e pensar sobre onde vamos, com quais amigos, em que círculos passamos nosso tempo e para quem nós "nos entregamos".

Portanto, é preciso ensinar para as pessoas sobre todos os tipos de círculos, diferentes ambientes em seu redor, e na medida em que dependerem de um deles, poderão gerir suas vidas através deles. Se, por meio de todos estes exemplos, vemos que o homem é realmente um desdobramento do ambiente, então é muito importante para nós a criação de ambientes saudáveis para toda a humanidade. Eles devem ser configurados oferecendo tal variedade que qualquer um será capaz de caber em um ambiente ou em outro, de acordo com as tendências individuais e personalidade. Desta forma, uma pessoa será capaz de se desenvolver, da melhor forma a tornar-se um ser humano completo. É por isso que na nossa educação, devemos cuidar para que tais sociedades estejam disponíveis para todos nós.

Se examinarmos mais profundamente, veremos que existem condições internas dentro de nós, os genes com que nascemos, e várias tendências adquiridas durante os primeiros anos de nossas vidas, quando estamos perto de nossas mães, e, mais tarde, do ambiente. É por isso que nós precisamos ter jardins de infância, aulas de pós-escola para crianças e escolas e aulas de pós-escola para crianças mais velhas. Isso garante que cada criança tenha realmente uma escolha de classes e meios sociais para tornar real o seu potencial em todos os aspectos. Nós ainda precisamos assegurar que as crianças tenham meios para desenvolver as tendências nas quais possam se destacar, para que se tornem indivíduos internamente ricos. Portanto, elas devem aprender música, literatura, teatro e educação.

A pessoa também precisa ter uma família, educar os filhos, para saber como se relacionar com o cônjuge e os próprios amigos corretamente, e como lidar consigo mesma no trabalho e na sociedade como um todo. Devemos dar exemplos de pessoas que mostrarão como se comportar, utilizando o ambiente certo. Em seguida, eles se descontrairão e, finalmente, irão prosperar e ter sucesso. Dois elementos nos conduzem a cada momento da vida: as nossas tendências naturais e principalmente o meio ambiente e seus efeitos sobre essas tendências naturais. Tudo depende de como somos ensinados a escolher os ambientes que nos levarão aos estados mais desenvolvidos, em que vamos adquirir mais confiança e conforto, e atingir o melhor nível possível de existência. É assim que nós nos desenvolvermos continuamente.

Deste modo, a forma pela qual podemos estar certos de que os nossos filhos terão uma vida melhor que a nossa, que a próxima geração vai ser melhor, com um futuro mais seguro, é cercando nossos filhos com um ambiente que os crie e eduque. Esse ambiente vai transformá-los em pessoas que melhoram suas boas inclinações e não suprimem os menos favoráveis, mas sim dá condições para que se aperfeiçoem.

Cada um de nós possui tendências para atuar desfavoravelmente em relação aos outros. Ações favoráveis ou desfavoráveis são determinadas por nossa atitude em relação a nós mesmos e para com o nosso ambiente. No que diz respeito a nossa atitude em relação a nós mesmos, devemos ensinar às pessoas que evitem prejudicar a nós mesmos, principalmente fisicamente, porque embora nós naturalmente nos protegemos, nós também possuímos inclinações auto destrutivas.

Também precisamos definir corretamente nossa atitude para com o meio ambiente, em direção ao inanimado, vegetal e animal - ambiente em que vivemos e que devemos manter. Vivemos dentro da Natureza. O inanimado, vegetativo, animado e são fundamentais para nós, porque recebemos deles tudo o que temos e precisamos. Nós comemos os alimentos da Natureza e somos dependentes do clima. É por isso que temos que ensinar as pessoas a preservar a ecologia em seu ambiente. Além disso, é preciso ensinar as pessoas como se relacionar com a sociedade humana. Se nós afetamos a sociedade favoravelmente, essa atitude reflete, em última instância sobre nós e cria um ambiente favorável ao nosso redor. Além disso, precisamos aprender uma profissão para que os indivíduos possam beneficiar os outros e ter uma vida respeitável.

Assim, a principal coisa que precisamos desenvolver é a educação, a nossa visão da vida. Precisamos nutrir constantemente um ambiente que nos mude para melhor, e permita que crianças e adultos melhorem a si mesmos. Sozinhos, não podemos induzir as alterações favoráveis em nossas vidas, a menos que a sociedade nos obrigue. Se a sociedade ajuda e apoia uma pessoa, se ela muda os próprios valores e determina o que é bom e o que não é, os desejos dessa pessoa mudam de acordo, e estabelecerão novos objetivos pessoais.

Segue-se que o nosso futuro depende unicamente da escolha do ambiente e como construí-lo. Especialmente hoje, quando chegamos a um ponto em que somos completamente interdependentes e integralmente conectados. Assim, as pessoas de todo o mundo determinam o futuro de cada um. Se um país maltrata outro país, ou se a sociedade nos trata de uma maneira ameaçadora, que afete todas as nossas vidas, nós temos que agir contra a influência adversa.

Precisamos entender que a dependência mútua requer nossa construção e concepção de educação global. Devemos, primeiramente, ensinar a nós mesmos e aos outros que, no final, o nosso futuro depende inteiramente de nossos ambientes.

Saber se temos ou não qualquer liberdade de escolha em nossas ações é muito importante. Na verdade, vemos que realmente não temos essa liberdade. Até agora, temos nos desenvolvido através de nossas unidades de genes que nasceram com e através do ambiente externo - pais, jardim de infância, escola. Como adultos, nós escolhemos como vamos mudar, mas a realização da mudança sempre terá lugar através do ambiente, através de uma escolha mais ou menos seletiva de estar sob este ou aquele ambiente. Então, nós temos o livre arbítrio, mas acontece somente através do ambiente.

Há uma conclusão ainda mais importante a respeito da nova geração ou a nova era que está dentro. Nós estamos firmemente conectados e interdependentes no mundo todo. O ambiente tornou-se uniforme. Por exemplo, se afetar o tempo em um lugar, poderia desencadear um terremoto e um tsunami em outro lugar. Ou se uma guerra eclode em um só lugar, ela imediatamente afeta outras áreas.

E porque estamos conectados, não precisamos nos colocar simplesmente dentro desta ou daquela sociedade, ou este ou aquele círculo. Em vez disso, precisamos criar uma educação geral, global, integral para todos. Se estamos todos conectados, precisamos de educação e meio ambiente como fatores que afetarão os mesmos valores em todos nós, para que possamos entender um ao outro. Enquanto nós precisamos manter a liberdade pessoal, no final, somos tão interdependentes que precisamos entender e sentir um ao outro, para estar mais perto uns dos outros.

Todo o nosso problema é que nós não entendemos um ao outro. É como em uma família onde há queixas constantes: "Ele não me entende", ou "Ela não sabe como me sinto". Isso acontece por causa da incongruência entre as pessoas. Eles não receberam os valores, ideias, perspectivas sobre a vida que dão preferência à compreensão do outro, mesmo que a outra pessoa não seja conhecida. Isso também requer educação para que esse estranho, o outro, não pareça ser tão estranho.
Se estamos tão perto e interdependentes em todos os sistemas, como a cultura, a educação, ou a economia, temos que desenvolver a educação global e internacional através de uma organização internacional. Isso irá garantir que todas as pessoas no mundo tenham algo em comum com todos os outros - em perspectiva e nas atitudes perante a vida, a cultura e a educação. Dessa forma, as pessoas vão saber aceitar e apreciar uns aos outros.

Este sentimento de aceitação vai tornar a vida de todo mundo mais segura, e nos permitirá chegar a acordos que reflitam sobre questões internacionais, tais como política, economia, e a corrida armamentista. Tudo depende da forma como montamos um quadro uniforme de educação para todos.

Precisamos entender que o nosso ambiente pode ser o problema, ou a solução, para todos os nossos problemas, porque essa é a maneira que é na Natureza. É por isso que quando as pessoas se prejudicam ou a sociedade, em vez de isolá-las na prisão, devemos colocá-las em uma sociedade especial que vai dar condições para que sejam benéficas para a sociedade. Este é o único prisma pelo qual devemos examinar o quanto o ambiente influencia o indivíduo e, consequentemente, liberar a pessoa de volta à sociedade normal somente após a correção necessária ter sido feita.

Com as crianças, devemos sempre analisar, classificar e combinar com o ambiente adequado para cada nível, faixa etária, caráter e tendência. Ao avaliar como diferentes ambientes influenciam indivíduos diferentes, cada um de nós pode perceber o nosso potencial. Temos uma ferramenta versátil à nossa disposição, com vários tipos de ambientes e sociedades. Devemos sempre nos esforçar para colocar as pessoas no ambiente especial que irá ajudá-las a crescer de forma mais eficaz. Este processo é semelhante ao de uma fruta que cresce em uma árvore. Ela precisa de certas condições, tais como calor e frio, dia e noite, umidade e secura, e uma certa mistura de minerais para prosperar. Há 39 processos diferentes para executar em uma árvore para que ela dê frutos. O mesmo princípio aplica-se às pessoas. Temos que influenciar uma pessoa de várias maneiras para produzir um fruto doce e bom para todos.

É por isso que o ambiente é o único elemento que podemos usar para corrigir o mal que existe no homem e na humanidade. Precisamos apenas tomar essa ferramenta em nossas mãos e configurar o ambiente em uma variedade de formas e possibilidades, de acordo com a cultura, educação e costumes da nação e a civilização que queremos corrigir. É assim que devemos abordar cada seção da sociedade humana em todos os países.

Num futuro próximo, a humanidade vai se livrar de todas as ocupações redundantes, com exceção das que forneçam algo para as necessidades da vida em condições razoáveis. As pessoas vão trabalhar 2-3 horas por dia para atender às suas necessidades, e no resto do dia o tempo será livre.

Este tempo livre será utilizado para projetar nossos ambientes, o que nos afeta e todos os outros. Como cada um de nós irá afetar os outros, vamos participar de treinamentos para que em torno de cada um de nós haja influências apropriadas de vários ambientes e sociedades em que vamos crescer continuamente da melhor maneira.

Quando temos as tendências de frutas e vegetais em uma estufa, nós lhes damos todas as condições de que necessitam, e nas combinações certas para crescer bem. O resultado é uma fruta doce e saudável. Vamos ter que aplicar o mesmo processo para nós e nossos filhos. Esta será a principal ocupação do homem na nova era. É por isso que a crise não é negativa, mas sim positiva. É o nascimento de uma nova sociedade, uma nova humanidade. Nela, nós estamos começando a "redesenhar" a nós mesmos em um novo nível de conectividade, a implementação de todo o potencial que existe em cada um de nós.

Estamos nos movendo em direção a união e compreensão mútua, projetando a humanidade como se fosse uma única pessoa, com todos os órgãos em que a imagem coletiva complementa um ao outro. Em algum momento, vamos chegar a um estado em que toda a humanidade será como uma entidade.

Uma vez chegado a esse estado, vamos descobrir uma força em que sentimos que estamos vivendo fora de uma percepção coletiva, e não a percepção interna e pessoal de cada um de nós. Em tal estado, vamos experimentar a vida dos outros, também; todo mundo vai estar perto de nós, e nós vamos entendê-los e senti-los. Vamos integrar-nos com eles.

E então a vida não será mais uma experiência de um único indivíduo. Em vez disso, vai ser como se vivêssemos e respirássemos, juntamente com toda a humanidade. Assim, vamos começar a subir de ser pequeno e fraco em algo grande, o maior na Natureza. Nós vamos começar a sentir a vida de uma nova dimensão chamada de "nível falante", como se nós fossemos uma nova espécie.

A nível geral, a percepção do mundo muda de ser estreito, pessoal e auto centrado para uma ampla e global. Através de nossas novas formas, vamos começar a ver o novo mundo, como se através da lente de toda a humanidade. Quando olhamos para as coisas desta maneira e descobrimos uma vida não depende apenas de nós mesmos, mas de todas as pessoas, vamos transcender em uma sensação de vida fora do corpo. Através desta ascensão, chegaremos a algo muito especial. Mesmo agora que estamos vivendo dentro de nossos corpos. Vivemos em emoções, desejos e pensamentos que recebemos do meio ambiente, e que não são os nossos. Embora estejam em nós, os consideramos "fora do corpo" porque vivemos como nos foi dito que deveríamos viver, pensar, sentir e ser. Não temos conhecimento de como é diferente a nossa percepção do mundo seria se vivêssemos em um ambiente diferente, como em uma floresta.

Vivemos dentro de um padrão que a sociedade nos colocou, enquanto estávamos crescendo e nos desenvolvendo, por isso esta é a forma como vemos o mundo. O ambiente nos dá uma certa visão do mundo, fazendo-nos vê-lo de uma forma particular. Hoje, é difícil perceber que estamos vivendo desta maneira, porque nós estamos muito bem misturados em todo o mundo. No entanto, ainda vemos como os próprios valores mudam de acordo com o local de residência. As pessoas pensam de forma diferente e, portanto, olham para a vida de forma diferente. Elas não veem o que nós vemos, mas percebem a realidade de maneira diferente de nós.

O problema é que nós não entendemos um ao outro. Cônjuges muitas vezes se queixam de que o outro cônjuge "me entende mal". É verdade, nós não entendemos os nossos cônjuges porque não recebemos a educação adequada; que nunca fomos ensinados a ter uma vida familiar.

Quando jovem, por exemplo, eu não fui ensinado o que significa ser uma mulher. Será que ela também tem necessidades? Ela tem seu próprio caráter? Como é sua visão da vida diferente da de um homem? Eu a entendo? Eu quero entendê-la? Sou atencioso com ela? Sou capaz de ser atencioso? Afinal, o mundo da mulher é completamente oposto ao de um homem. Ela está vivendo em um mundo próprio. Porque os meninos não recebem quaisquer padrões internos para compreender as mulheres, eles não podem ser atenciosos para com elas ou entendê-las. Reuniões entre eles são muitas vezes colisões: cada um tenta viver ao lado do outro, mas nenhum realmente entende ou se mistura com o outro. Esta é uma grande falha na nossa educação, como visto nas taxas de divórcio e do número de pessoas que evitam completamente se casar.

O mesmo problema existe quando criamos os filhos. Nós não sabemos como nos relacionar com eles. Vemos como cruelmente alguns pais podem tratar seus filhos, porque eles não entendem. Um pai deve ser um educador, um designer de psique da criança com ela vai continuar ao longo da vida. É por isso que essas coisas devem ser ensinadas.

Por dezenas de milhares de anos, temos evoluído por acaso. Ou seja, nós não fizemos nada para isso. A psicologia, a ciência da Natureza humana, do mundo interior do homem, entrou em destaque apenas cem ou mais anos atrás. Antes disso, ela não cruzou nossas mentes para aprender ou fazer qualquer coisa sobre como nós desenvolvemos. Nós evoluímos, assim como todos os animais - por acaso. Só agora chegamos a uma situação em que não temos outra escolha a não ser estudar a Natureza humana, a sociedade, o meio ambiente, como projetar o homem, e que devemos fazer com nossas vidas.

Portanto, quando se fala sobre a vida fora do corpo, não estamos nos referindo a qualquer coisa mística, mas a valores e perspectivas que recebemos de outros. Quando podemos ver o mundo através dos olhos dos outros, podemos entendê-los. Isso é o que precisamos aprender.

É muito difícil para os homens perceber o mundo através dos olhos de uma mulher, mas porque ainda estamos levando uma vida de família, temos que levar uma boa vida familiar. Temos que preparar as nossas crianças para a vida e ajudá-las a compreender a psicologia do sexo oposto, não apenas como viver juntos, mas a forma de desfrutar da experiência.

Através desta mistura, vamos adquirir outra metade do mundo. Quando adquirimos uma adição fora de nossos próprios corpos, isso é chamado de "viver fora do corpo". É assim que construímos a nós mesmos.

Até hoje, temos evoluído dentro de nossos corpos, em uma vida tão egocêntrica quanto possível, satisfazendo a nós mesmos, tanto quanto possível e ignorando outras vistas, mentes e perspectivas, tanto quanto podemos. Hoje, a crise que todos enfrentamos nos obriga a conviver com os outros e adquirir as suas perspectivas, ou seus "interiores", como se estivéssemos indo para fora de nós mesmos e começando a nos misturar com os outros.

Ao fazer isso, nós viremos a perceber as capacidades do resto do mundo: seus desejos e pensamentos. Eu, assim, torno-me como o resto do mundo, como se saísse do meu próprio corpo e realmente adquirisse uma capacidade de sentir toda a realidade.

Um lugar para uma nova dimensão foi aberto aqui, um lugar para uma sensação completamente nova - de ver e sentir a realidade não pela minha, a percepção estreita pessoal, mas através de sensações e percepções coletivas: um acúmulo de todas as pessoas.

Quando me aproximar de outros, eu serei educado pela totalidade dessa sociedade rica. Eu adquirirei a capacidade de ver a vida através das emoções multifacetadas e intelectos, não só o meu, mas através dos outros dentro de mim. Eu me tornarei incluído neste grupo e verei um mundo muito mais rico do que eu vejo agora. Isso é chamado de "vida fora do corpo", fora do meu ego atual.

Há uma oportunidade especial aqui para cada um de nós para expandir nossas percepções emocionais e intelectuais. Se eu sou uma parte de outros, se sentir o que eles sentem e pensar o que eles pensam, vou expandir minhas habilidades muitas vezes.

Nossa percepção de tudo o que depende inteiramente do número de discernimentos que fazemos de tudo, e na resolução. O número de discernimentos depende da medida em que existam opostos, o contraste que nós detectamos nas coisas, e as formas que podemos usá-los como blocos de construção, como tijolos de Lego.

Assim, podemos analisar como tudo é feito e como essa complexidade difere de outras complexidades. Quando eu absorver as emoções de outras pessoas e torna-las incluídas em mim, estarei enriquecido. Eu me tornarei uma coleção de opostos, por que eu começo a perceber o mundo de uma maneira tão versátil que, em comparação com a minha percepção anterior, superficial, será como se eu tivesse mudado para outra percepção.

Esta é verdadeiramente a psicologia de uma nova percepção, um novo mundo. Com ela, transcenderemos as limitações do corpo, os limites de tempo, movimento e lugar, porque nós nos tornamos incluídos com toda a humanidade, a aquisição das emoções coletivas e percepções de toda a humanidade, uma única inteligência que opera em toda a humanidade.

Começamos por ser incluídos com os outros e descobrimos seus sentimentos e percepções coletivas, o que realmente nos chega da Natureza. Nós temos a capacidade de atingir o que está oculto dentro da Natureza, a partir da qual surgem todos os desenvolvimentos no mundo "coração e mente". Ao fazer o desenvolvimento, voltamos ao mesmo lugar, a raiz da qual emergiu toda a cadeia dos inanimado, vegetal, animal, e a falante (nós). Voltamos para o início da evolução e, assim, completamos o círculo.

É com razão que a Natureza está nos pede a conexão mútua, quase a ponto de perder a nossa individualidade. Na verdade, não estamos perdendo; estamos subindo acima dela! Nossa individualidade é corpórea, animal, e apenas uma preocupação com o corpo para que ele possa existir da forma mais confortável possível pelo tempo que é dado. Mas o propósito da nossa evolução é a subir acima da nossa preocupação com o corpo pessoal, e mover-nos em uma preocupação geral. Essa preocupação geral nos dá ferramentas completamente diferentes para viver do lado de fora do corpo. É por isso que isso é chamado de "sair do meu próprio corpo".

Elevando-nos acima do ego em preocupação geral, eu descubro o projeto e propósito da Criação, a intenção da Natureza. Aqui, nada evolui por acaso, mas tudo ocorre de acordo com um plano. Eu torno-me capaz de ver o plano na hora que eu subir em visão integral, quando eu começar a conectar-me a outras pessoas. Isto é, quando eu começo a perceber a visão integral. É como se eu mudasse meus óculos para óculos "redondos", integrais, onde eu posso ver toda a Natureza.

Não é que eu não recebo da Natureza, nada para o meu próprio corpo, como comida ou descanso. Eu passei esse nível. Agora, eu olho para a vida independente do meu corpo. Eu olho para a Natureza como se eu não estivesse no meu corpo.

Julgo, examino e fiscalizo a vida com a mente e com o coração de toda a humanidade. É um grau completamente diferente daquele no qual existimos atualmente.

No momento, eu sou como qualquer outro animal. Eu posso ser um pouco mais desenvolvido, mas é incerto se é para melhor ou para pior. Mas quando misturando-me com a humanidade inteira, chego a uma nova dimensão, eu qualitativamente mudo a minha percepção do mundo que eu estou, e a mudança se torna o meu mundo real. Eu não olho para a vida através de minha estreita, fenda egoísta, vendo o que há para o meu benefício para que eu possa retirá-lo no meio de uma rachadura na parede, um pouco de comida, um pouco de descanso, alguns outros prazeres, e é isso.

Em vez disso, eu saio por aquela rachadura e vivo lá fora, no mundo. E lá, no mundo exterior, as perspectivas são completamente diferentes. Já não é através de um filtro egoísta de "O que é bom para mim?", Onde tudo o que vejo é, o que é bom para mim ou o que poderia me prejudicar. Pelo contrário, eu vejo o mundo, independentemente de mim. Isso é chamado de "nova dimensão", a "dimensão do falante". Eu descubro a "mente e coração" que existem nesse estado iluminado fora do meu corpo, do lado de fora desta parede. Saio pela fresta e descubro todo o processo, o propósito da Criação.

Atualmente, só descobrimos uma fração do que pode estar além desse muro, como a matéria escura no universo. No entanto, embora não possamos percebê-la normalmente, a matéria escura representa mais de 90% de toda a matéria no universo. Da mesma forma, nós não descobrimos a mente inclusiva e coração do universo.

Os cientistas muitas vezes falam sobre isso, no entanto. Os cosmólogos dizem que esta mente e coração são algo enorme, mas não podemos senti-los. São como sons que não podemos ouvir com os nossos sentidos naturais, porque eles vêm de uma dimensão acima da nossa própria. E ainda, através dos nossos novos sentidos globais vamos descobrir essa dimensão.

Para resumir, podemos dividir o processo que estamos passando em duas etapas. O primeiro é o que temos atravessado, até agora, evoluindo bastante aleatoriamente sem usar o ambiente para monitorar o nosso crescimento. Mas agora que já entramos na fase seguinte, sentimos que não temos outra escolha senão evoluir de uma forma diferente, em direção a uma determinada direção. Sentimos que devemos nos tornar integrais e globais, conectados como um indivíduo, com um coração juntamente com a humanidade.

Isso, na verdade, é "o grau de falante". Nós obtemos esse grau utilizando o ambiente certo, pelo qual transcendemos o grau animado de nossas vidas, e incidentes começam a nos apontar para nos tornar um fruto bonito, alimentado em uma estufa até que amadurece à perfeição. Assim, vemos que tudo depende do meio ambiente, e nosso único problema é como configurar um ambiente tão diverso que também seja adequado para todos, para que todos possam ser educados através dele, expressarem-se da melhor e mais adequada forma, e se conectar aos outros no sistema integral.

Precisamos examinar as pessoas apenas de acordo com a sua vontade de ser incluído em uma boa sociedade e, portanto, "desenvolvendo" a si mesmo. Nosso objetivo é apenas ver como fornecer a cada um de nós um bom ambiente, ignorando como as pessoas podem ser atualmente, mas com foco na construção de um bom ambiente de agora em diante.

Como formos construir o ambiente, vamos ver o quanto nos afetamos uns aos outros, quanto entendemos ou não ao outro, o quanto podemos mudar a sociedade e o meio ambiente, e quanto as nossas relações com os outros a mudam nosso comportamento e humor.

Através desta nova Educação, Integral, vamos saber como construir o nosso meio ambiente para que ele nos coloque em unidade, onde cada um de nós vai encontrar sua expressão perfeita. É por isso que enfatizamos o meio ambiente como a causa do nosso melhor futuro, e espero que esta ideia seja aceita em todo o mundo, para o bem-estar de toda a humanidade.

CAPÍTULO QUATRO

———————

Uma Lei Afeta Todos

O QUE DEVEMOS FAZER PARA
SERMOS ADEQUADOS PARA NATUREZA

Com o tempo, o inanimado, vegetal, animal, e os níveis de humanos foram criados e gradualmente evoluíram. Evoluímos de geração em geração, de ano a ano, e até mesmo dia a dia. Se examinarmos a nossa forma de progredir na vida, veremos que não parece ter uma regra aqui, um mecanismo que desenvolve toda a Natureza em direção a uma maior complexidade e interdependência entre as suas partes. Todas as partes da realidade, tudo o que vemos na Terra, continua a se desenvolver na mesma direção. Parece que há uma única lei que funciona dentro de nós e nos obriga a nos desenvolver em uma direção. E quer queiramos ou não, somos obrigados a agir de acordo com seus comandos. Portanto, devemos estudar essa lei geral que está em toda a Natureza, uma lei que nos inclui e nos afeta. Na pesquisa científica, nós estudamos as leis da Natureza, e sabendo-as teremos sucesso. Aprendemos como evitar situações ruins, como avançar em direção às boas, e como evitar erros. Portanto, devemos saber que a lei geral, que inclui no seu interior todas as leis da física, química, biologia, zoologia, botânica, astronomia, e aquelas que afetam o corpo humano e psicologia humana. Quanto mais pudermos entender essa lei, de que ainda sabemos muito pouco, mais positivo será o impacto sobre nós.

A ciência nos ajuda a melhorar nossas vidas e torná-las mais fáceis. Anteriormente, um homem tinha que trabalhar de sol a sol para ser capaz de sobreviver. Hoje, graças à tecnologia avançada, uma pessoa pode produzir alimentos para milhares de pessoas. E isso é verdade não apenas na produção de alimentos, mas também na construção civil, têxtil, tecnológica, educação e cultura, para citar apenas algumas áreas. A humanidade está tão avançada que hoje poucas pessoas podem suprir toda a humanidade com uma vida boa, razoavelmente sem problemas.

Há, no entanto, um problema: O homem é um egoísta nato. É por isso que não podemos utilizar o nosso vasto potencial, as habilidades que obtemos por conhecer as leis da Natureza. Enquanto existe abundância, poucos possuem poder, dinheiro e instrumentos. Como resultado, muitos não recebem nem mesmo as necessidades mais básicas para se sustentar. Em outras palavras, não há uma causa para a qual não podemos construir uma vida pacífica, boa, conveniente, segura e saudável neste belo, florescente planeta: a Natureza humana egoísta.

É por isso que precisamos estudar a Natureza humana e encontrar o caminho certo para trabalhar com ela. Temos que aprender como podemos tornar nossa vida boa, como podemos corrigir nossa Natureza, para a vida boa e conveniente para nós mesmos e para os outros. Só agora estamos começando a entender que o problema todo é centrado na Natureza do homem. Essa percepção decorre de nossa descoberta da lei geral, que só agora está sendo revelada: a Lei da Força Global, a força que contém em si todas as outras forças. Quer queiramos ou não, e nós geralmente não queremos, essa força está nos levando em direção a mais conexão e nos tornando mais carentes uns dos outros.

Os cientistas escrevem que a Lei da Evolução, nos desenvolve, para nos colocar em uma forma, em que estamos tão conectados que vamos sentir que cada pessoa é, na verdade, dependente de toda a humanidade, e o todo da humanidade depende de cada pessoa. Esta realidade pode parecer distante, mas já está claro que esta é a direção que estamos indo.

No entanto, por ora, esta lei contradiz a nossa Natureza. Não somos construídos para aceitá-la, porque cada um de nós só pensa em si mesmo, não compreendendo que somos todos interdependentes. Se entendêssemos e sentíssemos que, se realmente víssemos que somos dependentes e conectados a todos os outros, teríamos primeiro querido ter certeza que todo mundo estava feliz e que todos se relacionam bem comigo.

O problema é que não vejo como "redondo" e conectado o mundo é. É por isso que estamos em uma crise como essa, de grande dimensão, nos separando da vida que estávamos acostumados ao longo das últimas décadas. Nós nos acostumamos a longas horas de trabalho, a ganhar dinheiro, a desperdiçá-lo e a produzir coisas que não são necessárias, apenas para que possamos vendê-las. Nós acumulamos posses e dinheiro tentando construir uma rede segura, saúde, casa, poupança para ter a certeza que no final de nossas vidas, a nós e aos nossos filhos não vai faltar nada. É claro onde queremos ir, mas parece que a direção que estivemos estava errada. A Natureza está destruindo nossos planos. Mesmo os mais ricos entre nós não podem fazer esse sonho se tornar realidade, muito menos a classe média e baixa, que são a maioria da humanidade. Na verdade, a Natureza está nos levando na direção oposta, no sentido de encontrar segurança, prosperidade e desenvolvimento de boas conexões entre nós.

Através do canal que forja bons relacionamentos, receberemos tudo o que queremos, e não por cada um de nós tentar garantir a sua boa vida particularmente. Podemos ver claramente a mudança que vem da crise abrangente que está acontecendo agora, que está quebrando todas as regras anteriores.

A crise mostra que estamos em um novo mundo. Pela primeira vez, em vez de muitas leis diferentes, aparentemente díspares e desconectados da Natureza, estamos começando a perceber que uma nova lei está operando em nós. De repente, todos nós estamos sob a sua égide, e todos nós somos atraídos para a mesma direção.

Nunca houve um estado na história da humanidade, quando tantos países diferentes enfrentassem uma situação semelhante. América - todos os lugares - Norte, América do Sul, Europa, África, Ásia, Sibéria, e até mesmo na Austrália e Nova Zelândia, todos estão no mesmo processo de declínio. Independentemente da sociedade, a civilização, a religião ou o ambiente em que estamos, uma grande nuvem, de repente, desceu sobre nós, envolvendo -nos todos juntos.

Como os cientistas estão descobrindo, e como estamos nos sentindo com a crise e as conexões entre nós, somos todos dependentes uns dos outros. O "efeito borboleta" está agindo de tal forma que, através de conexões com seis pessoas, cada pessoa sabe sobre qualquer outra pessoa no mundo! Hoje há Estudos que comprovam que até mesmo nossos pensamentos estão afetando o clima, que os terremotos e tsunamis dependem das relações humanas e sobre o modo de vida das pessoas. Acontece que estamos diante de uma lei que está nos forçando a nos unir.

Assim, para ter uma vida melhor, devemos contemplar como nos mover em direção a essa lei, ao invés de fugir dela. Devemos querer nos unir, para avançar em uma direção boa, saudável, confortável, para mover-nos em harmonia com as leis da Natureza, não contra ela. Caso contrário, a Natureza vai achar a maneira e vai, sem dúvida, nos quebrar.

As leis da Natureza são imutáveis. Não são as leis políticas que podemos dobrar, no entanto nós queremos. As leis da Natureza estão acima de nós. Assim como só podemos estudar as leis da física, química e biologia, a fim de saber como usá-las corretamente, as leis da Natureza são absolutas. Segue-se que temos que estudar a lei singular, a Lei da Unidade Integral, e nos juntarmos à ela com toda nossa capacidade, já que a Lei da Unidade Integral é a lei geral de toda a Natureza.

Portanto, o que devemos mudar dentro de nós, para estarmos mais congruentes com a Natureza? Quando estamos nesse estado, não sentimos a pressão da Natureza. Essa pressão pode se manifestar de várias maneiras, tais como mau tempo, terremotos, doenças, guerras, e divórcios.

A busca da resposta para a pergunta do parágrafo anterior leva-nos para o estudo da Natureza humana. A Natureza humana é o desejo de viver, de nos sentirmos bem, para desfrutar. Ou seja, estamos constantemente querendo satisfazer algo dentro de nós chamado de "desejo". Quando queremos dormir, queremos satisfazer um desejo de descanso. Quando nós queremos comer, queremos satisfazer um desejo por comida, e assim por diante. Os desejos humanos se dividem em várias categorias básicas: comida, sexo, família, dinheiro, respeito, poder (dominação), e conhecimento. Todos os outros desejos são realmente "sub desejos" dentro dessas categorias. Todos os nossos desejos são geralmente chamados de "desejo de receber", o desejo de ser satisfeito. Se eu entender que é do meu interesse me relacionar com os outros através desses desejos, por isso estamos todos em congruência com a força da Natureza, que é a lei singular, então eu devo corrigir cada desejo em mim, para me conectar com os outros.

Assim, devo guiar esses desejos para que eles sejam para o benefício de todos. Se eu tentar satisfazer apenas o meu próprio desejo, é considerado um "desejo egoísta". Se eu apontar cada um dos meus desejos para benefício de todos nós juntos, então eu tenho que levar todos em consideração e pensar em todos como um só, como aquela lei singular que me é convincente. Portanto, devo direcionar cada desejo dentro de mim para o benefício de todos.

A pergunta é: "Como isso deve ser feito"?

Os cientistas, economistas, psicólogos, sociólogos, assim como nossas próprias experiências nos dizem que não temos mais escolha, devemos cuidar uns dos outros e agir como um único organismo. No entanto, a minha própria Natureza pensa o contrário. Ela acha que eu deveria receber primeiro para mim, satisfazer minhas próprias necessidades e não cuidar dos outros. E se eu decido cuidar dos outros, é para o meu próprio benefício.

Mas não é o suficiente estar contente. Em uma família corrigida, eu não penso assim; penso em toda a família como uma só, em vez de condicionar o meu comportamento para o meu próprio benefício. Além disso, a Lei da Força Global está nos obrigando a nos acostumarmos a pensar em todos como uma unidade, pensar o mundo como uma única família. Para isso, cada um de nós deve ajudar os outros, construindo, assim, em conjunto, um sistema novo de Educação, Integral, que irá conectar-nos e mostrar-nos que nós realmente não temos outra escolha.

Assim, como podemos nos unir?

Há uma outra lei especial na Natureza pela qual podemos chegar mais perto uns dos outros e superar nossos egos. É chamada "o hábito se torna uma segunda Natureza". Sabemos que, para alcançar resultados satisfatórios, muitas vezes devemos repetir certas ações várias vezes. Exercemos a ação até que se torne um hábito para nós. No entanto, as chances dele se tornar um hábito dependem da medida em que o ambiente nos obriga a fazê-lo, na medida em que todo mundo está fazendo isso, e do grau em que o ato é apoiado por tudo o que vemos ao nosso redor.

Portanto, se montamos a educação e um ambiente de apoio para cada um de nós, seremos capazes de avançar em direção a um estado em que uma pessoa fique impressionada pela forma como as pessoas são atenciosas com as outras. Podemos fazer isso e afetar a opinião pública através dos meios de comunicação e por meio de explicações.

Devemos propositalmente fingir que os outros são seres bons, atenciosos, assim como uma família, e mostrar que nós nos importamos com os outros do mesmo modo que nos importamos conosco mesmos. Temos que manter esse ato todo o tempo, imaginando que a sociedade já está corrigida.

Gradualmente, através do exercício deste comportamento, através da opinião pública, e através da influência do ambiente, vamos realmente começar a pensar nessa direção. Se ficarmos impressionados com isso, iremos adquirir um hábito interno que não poderemos mais prescindir. Assim, apesar de ter absorvido o hábito do lado de fora, depois de termos sido forçados a tê-lo em nós mesmos, torna-se a nossa natureza, assim como a natureza com a qual nascemos.

É por isso que é imperativo que usemos a lei, "o hábito se torna uma segunda natureza". Depende do grau em que estejamos sob a nossa própria pressão e pressões sociais para nos lembrar do jogo.

Você poderia dizer que estamos agindo como crianças aqui. Elas, também, imaginam que fazem algo importante, que estão construindo alguma coisa, enquanto nós sabemos que é um jogo e não a realidade. As crianças cometem erros ao construírem seus jogos, então os destroem e constroem de novo. Mas, precisamente através desses jogos é que aprendemos e compreendemos.

Sem jogos, a criança iria crescer selvagem, como um animal jovem que se torna um animal adulto. É por isso que os psicólogos e outros profissionais constroem sistemas especiais de jogos para crianças a partir de vários materiais e de diferentes formas. Esta é a única maneira pela qual podemos avançar.

Mesmo o nosso desenvolvimento físico seria impossível sem jogos. Nós os chamamos de "esportes". Esportes são jogos onde nos acostumamos através de vários exercícios fazer coisas que não seriamos capazes de fazer sem a prática (jogos), ou seja, a repetição contínua do mesmo ato. Na verdade, podemos realizar grandes coisas através de hábitos.

Nós também podemos ver que as pessoas que vivem juntas sentem o outro e entendem ao outro, mesmo sem palavras. É como um discurso interno, isso é o resultado do hábito, porque, vivendo sob o mesmo teto e sentindo um ao outro, se tornam "incluídos", misturando-se com o outro. No passado, as nações e civilizações inteiras foram construídas desta forma, por misturarem as pessoas que eram desconhecidas até que adquiriam as características de uma nação.

Em outras palavras, a lei, "hábito se torna segunda natureza", é feita especialmente para nós. Com esta lei, até mesmo com nossas formas indesejáveis e não naturais, vamos chegar a um estado em que assumimos as formas que escolhemos contra a nossa natureza e as transformamos no novo formato que já está dentro de nós. É assim que avançamos e construímos a nós mesmos.

Nós nascemos com apenas um desejo egoísta o desejo de receber, não se importar com nada além de nós mesmos, como um bebê recém-nascido que se sente apenas em si e só pensa em si mesmo. São precisas várias semanas para um bebê começar a sentir o mundo exterior, para realmente ver e ouvir, para "conectar" os seus sentidos. Mas o que ele quer da vida, do meio ambiente, é para que suas necessidades sejam satisfeitas, principalmente através de sua mãe. Assim crescemos.

Precisamos entender que nós, deliberadamente, recebemos o desejo egoísta, com o qual nascemos, para que pudéssemos construir acima dele, de uma forma diferente da nossa natureza original, uma forma altruísta de doar e a conexão com a lei, "o hábito se torna uma segunda natureza".

No entanto, estamos a abaixo dela. Somos individualistas. Cada um de nós quer lucrar dos outros, somos completamente imprudentes com os outros. Daí, que estamos em constantemente conflito entre nós.

A Natureza criou deliberadamente essa forma negativa dentro de nós, para que a partir dela construíssemos a forma positiva, a conexão entre nós. Vamos usar todos os poderes à nossa disposição e construir essa nova forma consciente e com compreensão completa. Nós vamos chegar a um estado onde todos nós estamos conectados em semelhança com a Lei Geral da Natureza, que é doação total, bondade e amor.

Então, vamos entender que esta lei não é má, pois todas as forças que atualmente sentimos como golpes não são forças ruins. As famílias em desintegração, as drogas, o terrorismo, o medo de uma guerra nuclear mundial, as crises ecológicas e financeiras, e todas as forças que parecem negativas para nós são destinadas apenas para nos fazer construir forças de amor, doação e conexão. Qualquer coisa que nos acontece atualmente, que sentimos como uma força negativa que nos afeta, é detectada em nós como negativa apenas porque são opostas da lei singular.

Por exemplo, quando estamos diante de insolação ou hipotermia, precisamos saber o que fazer para equilibrar nossa temperatura e trazê-la de volta ao normal. Quando o corpo está sob pressão, quando mergulhamos, ou em grandes altitudes onde há pouco oxigênio, criamos uma espécie de "compensação" que nos traz de volta ao equilíbrio com a Natureza.

Hoje estamos sofrendo golpes por todos os lados. A cada dia, a humanidade está sendo pressionada coletivamente por eles. Existe um instrumento que podemos usar para nos equilibrar com a Natureza?

Tudo o que nos acontece é uma expressão de nossa oposição à Natureza. Portanto, temos que compensar essas oposições. A Natureza está nos apresentando fenômenos adversos, mas ao superarmos a nós mesmos e corrigir a nós mesmos, tornando-nos o mais semelhante à Natureza que pudermos, vamos experimentar essas mesmas forças como positivas porque vamos estar em equilíbrio com elas. Nesse ponto, todas as crises de clima, relações familiares, relações internacionais, e crises econômicas, vão se acalmar e vamos descobrir uma vida saudável, boa em todos os sentidos. Como é que vamos jogar esse jogo? Aprendemos que a Natureza é uma força singular que opera em todos nós, pois ela "quer" que aprendamos a nos equilibrar, porque então nós vamos começar a compreender toda a realidade. Por conexão, vamos entender onde realmente estamos. Podemos obter essa conexão, cultivando bons relacionamentos. Embora ainda não possa querer essas relações, podemos criá-las através de jogos, usando a lei, "o hábito se torna uma segunda natureza".

Para realizar a conexão entre nós, na realidade, precisamos criar a conexão no seio da sociedade, através de nossas atitudes para com ela. Devemos construir sistemas sociais em que cada pessoa se sinta obrigada a tratar a sociedade favoravelmente, onde o bem estar da sociedade, bem como o próprio bem estar, dependa da sua atitude para com a sociedade.

Se quisermos reestruturar a atitude do homem para com a sociedade, porque nós somos dependentes uns dos outros e da sociedade que exige que cada um trate-a adequadamente, precisamos entender o que a sociedade precisa fazer de fato. Para isso, a sociedade deve nos dar exemplos do comportamento correto, como o de uma mãe para com seu filho. A sociedade deve transformar radicalmente o seu impacto sobre cada um de nós, começando com a transformação dos meios de comunicação e do sistema educacional. Estes devem suprir a cada um de nós com um senso de urgência para mudar nossas atitudes para com o outro.

Uma boa sociedade é como uma incubadora, envolvente que aquece seus filhos, um lugar onde podemos nos desenvolver bem e corretamente. Assim como a temperatura, umidade, e todas as condições de uma incubadora são ideais para o filhote se desenvolver no ovo, da melhor maneira, mais rápida e mais saudável, precisamos construir em torno de nós uma sociedade que será a nossa própria incubadora ideal. Esta sociedade vai ser quente, acolhedora, confortável, e nós nunca mais vamos querer deixá-la. Assim como um feto se desenvolve no útero da mãe da forma mais segura, porque o útero é perfeitamente adequado para isso, devemos estabelecer nossa sociedade para que todos se desenvolvam idealmente na mesma.

Nesta incubadora, cada pessoa constrói a sociedade para o seu próprio bem, bem como para o bem de todas as pessoas. Quando todos trabalham assim para todas as pessoas, vamos construir a nossa grande família e todos se tornarão parentes.

Acontece que a nossa atitude para com a Natureza, para a lei singular na qual devemos ser como uma única pessoa, é realizada dentro da nossa sociedade. Na verdade, a nossa atitude com a sociedade e a realização da lei em si é mais importante do que a nossa atitude com a própria Natureza! A única coisa realmente importante para nós é construir nosso ambiente humano. Por este motivo, todos devem estudar essa nova matéria e adquirir uma nova carreira: Tornar-se um ser humano na nova sociedade.

Para dominar esta nova profissão de "ser humano", cada um de nós deve subir para um nível se entenda completamente o que está acontecendo na Natureza, o que está acontecendo dentro de nós, e como devemos nos relacionar com os outros. Estudos mostram que a cada minuto essa consciência começa a afetar todos os membros de uma sociedade, ninguém pode fugir dela. Alimenta-se cada pessoa boa alimentação, e nós mudarmos querendo ou não. Assim como as crianças mudam através da sociedade, bastando observar os exemplos dos outros, somos educados e adquirimos novos modos de comportamento, atitude, e valores simplesmente através da observação de exemplos da sociedade.

Não vamos mais contar os nossos desejos, seja por comida, sexo, família, dinheiro, respeito, poder e conhecimento, ou as centenas de outros desejos derivados deles. Nós não vamos dificultar as nossas mentes conosco, mas sim com a forma como usá-las, ou seja, com a nossa intenção para com a sociedade quando nós usamos os desejos. O que é importante é a nossa intenção quando usamos o "eu", os desejos. Precisamos transformar o uso de nossas habilidades para serem favoráveis à sociedade.

Quando o fizermos, o nosso senso individual de "eu" torna-se "nós" e "nós", que é aparentemente uma coleção de indivíduos, torna-se "um" – "um" que está em conexão, em equilíbrio com a lei singular que nos organiza, e que está em uma conexão positiva conosco.

Assim, o ser humano torna-se verdadeiramente humano, aquele que compreende sua natureza geral. No caminho em direção a ela, ele ou ela aprende muitas regras psicológicas e todas as regras da realidade. Assim, torna-se incluído com tudo o que existe na Natureza e atinge o maior grau - o da força singular que opera em nós e nos leva em direção a ela de uma forma que, atualmente, nos parece como uma crise.

Na verdade, estamos no meio de uma bolha que está nos obrigando a mudar. Estamos cercados por todos os lados e não temos para onde correr. Hoje, estamos cada vez mais descobrindo que uma lei opera em todos os elementos de todos os níveis - Lei geral de equilíbrio em um sistema global - integral. Ela é chamada de "Natureza".

O conceito de "Natureza" diz respeito a todas as leis que operam nos graus de inanimado, vegetativo, animado, e nos níveis humanos. Todas as leis que pertencem ao sistema global integral estão sob uma única lei, a Lei do Equilíbrio, também conhecido como "homeostase", e toda a Natureza é desenhada para ele.

Essa lei existe em física, também. Tudo é atraído para a calma, imobilidade, conforto, um estado estático, a entropia mínima, e os gastos o mínimo de energia. Se um ponto é quente e outro é frio, a distância entre eles desaparecem gradualmente até se igualar. Esta é a "igualdade de pressão". Isto é assim que funciona na Natureza: é a Lei Geral da Natureza, e nós os seres humanos devemos seguir o exemplo. Ou seja, nós, também, devemos tornar-nos equilibrados, como é natural.

É por isso que a crise que estamos vivenciando hoje está no nível humano. Ela nos obriga a ver que estamos todos conectados em um único sistema, que todos nós somos partes da Natureza, embora Natureza no nível humano. Muitos cientistas e acadêmicos já veem o mundo como global e integral, e reconhecem que estamos vivendo em um mundo holístico (da palavra, "todo"). Há apenas uma Natureza. Assim, todas as ciências - física, química, biologia e zoologia, estão conectadas umas às outras.

Cada substância é constituída por elementos, que são, por sua vez constituídos por átomos. As várias conexões entre os átomos criam diferentes materiais. Embora existam muitos materiais, há apenas uma força de operação em todos os níveis, inclusive nos níveis vegetal, animal e humano. Nos átomos e moléculas, a força atua como uma força de atração ou repulsão. Nos seres humanos, é a força que expande ou contrai os pulmões e o coração, ou cria contradições entre fato e ficção. Existem sempre duas forças que atuam em conflito umas contra as outras. No entanto, elas são operadas pela única força que as equilibra, já que a Natureza se esforça em direção ao equilíbrio.

O homem precisa de ferramentas que lhe permitem ver que o mundo é redondo, que todo mundo depende de todo mundo, que todos estão sujeitos a uma influência, e que eles devem obedecer a uma única lei. Esta é a visão sobre a vida, a filosofia, a psicologia e as informações que estamos destinados a adquirir para o resto de nossas vidas. Até que começamos a estudar e compreender esta lei, a nossa vida vai parecer infeliz para nós; não saberemos o tipo de mundo que estamos preparando para os nossos filhos e netos, e não vamos entender por que estamos aqui, em primeiro lugar.

Para perceber a nossa interdependência, precisamos de um bom ambiente que vai nos influenciar. Podemos ver os efeitos da sociedade na vida, na educação, e em praticamente tudo o que fazemos. Através de um bom ambiente, podemos oferecer um remédio antes que a doença irrompa, uma vez que qualquer impacto negativo da Natureza vem porque não estamos sincronizados com ela ou com o ambiente. Cada golpe que experimentamos atesta a um estado de desequilíbrio.

Assim, como eu preciso usar algo quente quando estou frio, preciso neutralizar qualquer desequilíbrio. Se o ambiente nos afeta, então temos que criar um ambiente que nos afete, de forma positiva. Vamos obrigar todos a se comportar gentilmente um com o outro, e expulsar qualquer um que resista a esse comportamento. Afinal de contas, nós queremos levar uma boa vida. Queremos que todos tenham comida, um lar, uma família, saúde, poupança para a velhice, férias e todas as coisas que precisamos.

Se nós queremos que seja desta forma, temos a chance de construir uma sociedade onde todos os cuidados são para todos. No entanto, isso só pode estar em um ambiente onde nós tratamos uns aos outros também desta forma. Esta bondade pode ser obrigatória, mas ao nos acostumar cultivar um bom relacionamento e aceitar que o comportamento como lei, vamos nos acostumar com isso e isso se tornará a nossa natureza.

Até hoje, somos "selvagens" que desejam "consumir" um ao outro. A partir de agora, se nos comportamos favoravelmente em direção ao outro, vamos nos transformar de dentro para fora. Com o tempo, não vamos ser tão selvagem mas, mais "humanos", e a humanidade será completamente diferente. Quando estivermos em equilíbrio com a Natureza, novas oportunidades se abrirão para nós: vamos sentir a Natureza, descobrir coisas novas, desenvolver novas habilidades, criar novos instrumentos, e revolucionar nosso mundo, porque vamos conhecer as leis da Natureza, tornando-nos semelhante a ela. Nós nos tornaremos como o resto da realidade. Vamos agir, porque não vamos ter escolha, e vamos estabelecer boas relações com os outros.

A Natureza sabe precisamente como desenvolver toda criatura da melhor maneira para o seu equilíbrio com o seu ambiente. É a Lei da Evolução, e agora ela está afetando a humanidade, para o bem. Essa lei tem um plano, uma fórmula de desenvolvimento ativado pela Lei da Evolução. A Natureza tem um plano para o futuro, para trazer cada desejo, em cada fase, para o desenvolvimento ideal para o equilíbrio com o meio ambiente.

Para resumir, de acordo com o plano integrado dentro da Natureza, estamos crescendo e nos desenvolvendo, etapa por etapa. Além disso, cada etapa deve ser mais desenvolvida do que sua antecessora. Para isso, temos que conhecer ambas as fases. Portanto, como é que nós, enquanto sociedade humana, levantamos da fase atual para a próxima, felizes e equilibrados com o meio ambiente?

A evolução como nós conhecemos está chegando ao final, e devemos escolher a nossa própria forma para ter um futuro melhor, e, em seguida, levar-nos a ele. É por isso que a crise em que estamos é única, por isso requer intervenção humana. Devemos crescer, perceber a Natureza - sua legislação e direção e construir o nosso desenvolvimento por nós mesmos, usando o meio ambiente. A Natureza é meramente estimulante dentro de nós desejando isso e não podemos adiar ou evitar o desenvolvimento.

Dito de outro modo, para resolver a crise, devemos conhecer o nosso próximo estado, estudá-lo, compreendê-lo, sentir sua necessidade, e construir por nós mesmos a Natureza que nos obriga a desenvolver da forma correta. É factível, porque agora temos que agir, em vez da Natureza. Ou seja, não devemos deixar-nos instigado a desenvolver por trás, onde Natureza vai desenvolver-nos de acordo com sua razão e plano. Hoje, temos que conduzir o plano por nossas próprias mãos, adquirir o conhecimento, construir as forças de desenvolvimento, o sistema de desenvolvimento, a incubadora mencionada anteriormente, e crescer.

Se aprendermos a ser "humanos", chegaremos ao melhor, mais confortável, mais seguro e mais saudável estado possível. Portanto, devemos ser gratos pela situação e pelo momento em que estamos, pois isso nos conduz para a nova era, em um mundo que é completamente bom.

Se começarmos a atualizar essa lei singular dentro de nós, em poucas semanas vamos sentir como ela funciona, como hábito se torna uma segunda Natureza, e que não podemos mais viver em maus relacionamentos com os outros. E devemos esquecer isso, e seremos lembrados do tempo em que ficamos juntos, unidos, quando todos sentiam um ao outro, e como é maravilhoso e desejável aquele estado era. Assim, o estado vai chamar-nos de volta a ele.

Vamos torcer para que, com apoio mútuo, possamos chegar a um estado onde "a ação exterior", o hábito vai nos levar à boa Natureza, ao amor.

CAPÍTULO CINCO

———————————————

Tudo Amarrado

A INTERDEPENDÊNCIA É UM FATO?

Todos os sistemas - na Natureza, na sociedade humana, e em nossas relações pessoais sob a influência mútua. De fato, toda a Natureza age como um mecanismo único. Quanto mais estudamos o universo, mais descobrimos que todos os seus sistemas são interdependentes. Os planetas circulam o sol, e a maioria tem luas que os circulam. Este é um vasto sistema, e quanto mais estudamos, mais vemos que os seus elementos estão em reciprocidade. Eles são tão interdependentes que a nossa Lua, por exemplo, afeta tudo o que acontece na Terra - a nossa saúde, os nossos sentimentos, os movimentos de água nos oceanos, e muitas outras mudanças. O sol também nos afeta. Cada explosão solar nos afeta, e algumas explosões até mesmo representam riscos para os sistemas eletrônicos e de comunicação na Terra. A Própria Terra é uma bola de fogo que queima por dentro. Estamos praticamente vivendo na fina crosta frágil de um vulcão. No entanto, tudo se mantem em um equilíbrio muito sutil. Os biólogos, zoólogos e botânicos, dizem que para criar a vida como a que temos na Terra condições muito especiais seriam necessárias e estas condições não foram encontradas em nenhum outro lugar do universo. A existência de vida requer condições muito específicas, que devem agir em harmonia: gravidade, a quantidade certa de água, pressões, temperatura, e muitos outros elementos. Estas condições se combinam em uma fórmula complexa que permite a criação da biosfera que sustenta a vida apenas se essa fórmula é seguida à risca.

O clima é outro exemplo de elementos externos que afetam nossas vidas. Podemos prever o tempo com uma precisão razoável até uma semana de antecedência. A complexidade das fórmulas tendo em conta a temperatura, umidade, pressão atmosférica, vento e outros elementos exigem computadores muito potentes porque os meteorologistas devem considerar o tempo em todo o mundo. Isso cria a enorme quantidade de dados necessária simplesmente para prever a temperatura de amanhã, a velocidade do vento e a altura das ondas.

No entanto, esta informação é necessária porque não estamos mais sedentários. Nós nos movemos em torno de usar diferentes tipos de veículos e, portanto, precisamos saber o tempo no caminho para os nossos destinos.

O tempo é um bom exemplo das conexões estreitas entre o nível inanimado, que afeta o vegetativo, que afeta o animado, que afeta os seres humanos. Vemos também como o homem afeta os elementos da cadeia. Nossas vidas dependem do nível inanimado porque vivemos do produto da terra. Somos dependentes do nível vegetativo, porque é a nossa agricultura e também cria o oxigênio para nós. Da mesma forma, somos dependentes do nível animal, porque temos criaturas que precisam de comida, sem a qual não iremos continuar vivendo.

Nós, humanos, só podemos sobreviver dentro de uma sociedade em que cada um de nós desempenha um certo papel, e com esse papel ocupamos um lugar específico no mosaico humano. Além disso, estamos nos tornando uma sociedade cada vez mais complexa, e estamos cada vez mais dependentes uns dos outros. Nós transferimos fundos de banco para banco, de continente para continente, e nós enviamos navios com cargas diversas para todos os cantos do mundo.

Se, por exemplo, eu examino a camisa que eu estou usando, eu vou achar que vários países participaram transformando as matérias-primas, com seu processo, corte e costura, venda, transporte, e assim por diante.

Nós já estamos habituados a esta interdependência e é um dado adquirido, mas por agora é principalmente mercantil e não necessita de qualquer participação emocional da nossa parte. No entanto, ultimamente, temos começado a ver que as conexões entre nós atingiram tais profundidades que exigem uma participação mais profunda da nossa parte.

Nós já estamos tão conectados que tudo o que acontece em um país afeta imediatamente os seus vizinhos. É por isso que os países hoje interferem nos assuntos internos de outros países, e podem até exigir a substituição do governo, como se esses países não fossem estados soberanos.

Um exemplo deste processo é a Síria. Países de todo o mundo estão criticando e estão tentando colocar um fim à matança de civis por meio de sanções políticas e econômicas. Esse envolvimento demonstra que a nossa interdependência obriga a todos nós a cuidar uns dos outros. As conexões entre nós estão tão próximas que eles exigem mecanismos internacionais eficazes de comércio, ciência e cultura, sem os quais não seremos capazes de existir. Se quisermos ter uma boa vida, devemos desenvolver culturas muito semelhantes, educação e abordagens para a vida em todo o mundo.

Por exemplo, ao longo das últimas décadas, o turismo tem evoluído muito e hoje nós regularmente viajamos de país em país. Não é por acaso que os países tornaram-se muito próximos no seu modo de vida e visão de mundo. Nós todos somos alimentados pelas mesmas redes de TV e noticiários, e nós temos conexões virtuais através da Internet por aproximadamente 20 anos. Em breve, vamos mesmo ser capazes de nos comunicar sem quaisquer barreiras linguísticas usando programas de interpretação simultânea. Assim, mesmo aqueles que não entendem Inglês, a língua internacional, serão capazes de nos comunicar.

Estudos indicam que hoje estamos tão conectados que, por intermédio de seis pessoas, qualquer pessoa está conectada a qualquer outra pessoa na Terra. É quase como se estivéssemos de mãos dadas com o mundo inteiro.

Hoje, os países não podem fazer o que quiserem, mesmo em seus próprios territórios, pois eles podem alterar o equilíbrio do interior da Terra, o que afetará não só os seus vizinhos, mas os países ainda distantes. É por isso que os países fizeram acordos sobre diversos temas, tais como o Protocolo de Kyoto, que determinou cotas para a emissão de gases de efeito estufa.

Hoje, quase todos os países têm sua própria quota para a pesca, para a emissão de gases de efeito estufa, e para todos os outros recursos naturais que utilizamos. Em outras palavras, nós estamos começando a entender que só temos uma Terra para viver, que é a nossa casa comum, e nela, todos nós dependemos uns dos outros. Por isso, não podemos fazer o que quisermos deste planeta.

Infelizmente, ainda estamos evoluindo. Estamos ainda em uma fase egoísta onde não nos preocupamos tanto com os outros. Um exemplo deste egocentrismo é a corrida para dominar o espaço. Nós enviamos todos os tipos de naves espaciais para o espaço e eles já causaram distúrbios significativos lá. Existem inúmeras "caroços" de tamanhos diferentes, conhecidos como "lixo espacial", flutuando sem vida no espaço. Essas peças poderiam cair e causar danos, ou colidir com uma nave espacial no seu caminho para a Terra.

Houve também alguns fenômenos naturais desagradáveis ultimamente, como a erupção vulcânica na Islândia, afetando toda a Europa, até mesmo a Sibéria, e que ocasionou o fechamento da maioria dos aeroportos do continente. Da mesma forma, em março de 2011 um tsunami atingiu a usina nuclear de Fukushima no Japão, e afetou todo o mundo, fez todo mundo repensar a construção de usinas nucleares e contemplar o fechamento das já existentes.

Claramente, hoje nenhum país pode estabelecer sua política interior, muito menos a sua política externa, sem considerar dezenas ou mesmo centenas de elementos externos. Com cada movimento potencial, cada país deve considerar o seu impacto sobre o mundo inteiro. Isso é verdade mesmo para os países mais fortes, que também têm que calcular suas medidas porque somos todos interdependentes, e qualquer mudança em um país pode afetar todos os outros.

A cada dia, podemos sentir mais fortemente que estamos vivendo em um mundo cada vez mais complexo e interdependente. É por isso que é possível falar de uma lei comum que afeta todos nós: "a Lei da Garantia Mútua". Essa lei não afeta apenas os países, corporações internacionais e relações internacionais, mas cada pessoa está sujeita ao seu impacto.

Este impacto cresce mais claramente a cada ano. Assim, se um banco na Europa ou América vacila, todos os outros países vão sentir, também, especialmente na China e Índia, que produzem e vendem seus produtos para esses continentes. Da mesma forma, um problema na China afetará metade do mundo. A economia, finanças e comércio nos amarraram a ponto de manter o contato e tornaram-se vitais para a nossa sobrevivência, porque a nossa comida, roupa, aquecimento, remédios, eletrônica, e todas as outras indústrias dependem delas.

Hoje não há um país no mundo que supra as suas próprias necessidades. Cem anos atrás, cada país era quase inteiramente autossuficiente. Mas desde que a Inglaterra conquistou a Índia e decidiu que era mais fácil importar frutas e vegetais da Índia, em vez de cultivá-las por si só, uma grande mudança ocorreu. Em vez de agricultura, o britânico desenvolveu a indústria, e sua comida foi importada da Índia.

As pessoas começaram a entender que a diferenciação foi útil, permitindo maior qualidade e menores custos de produção de cada produto, permitindo que as pessoas comprassem umas das outras o que não fabricam a custos mais baixos e de melhor qualidade do que se fizesse por conta própria. Inicialmente, cada fábrica fabricava quase tudo, desde as porcas e parafusos até a máquina completa. Até mesmo a eletricidade para manter a fábrica funcionando era produzida "in house" (no próprio local).

Posteriormente, a indústria começou a dividir a produção entre diferentes fábricas: uma fazia porcas e parafusos, outra fazia peças de metal, e outras peças elétricas e assim por diante. Hoje, a produção de um carro exige uma cadeia de fornecimento de milhares de lugares e numerosos países.

Nos últimos anos esse fenômeno tornou-se ainda mais expansivo. Assim, hoje os carros japoneses são fabricados em qualquer lugar dos EUA até na Índia, com as operações de funcionamento sendo coordenadas a distância pelos japoneses. Às vezes, eles nem sequer são carros japoneses porque mesmo os gestores não são japoneses, e tudo o que resta é o nome da marca.

Como resultado, há tal confusão em todas as áreas que, em sua maior parte, não podemos dizer qual fabricante produziu o quê e onde. Em muitos países, podemos ver muitas fábricas diferentes, às vezes até mesmo postos de gasolina ou barracas de comida rápida, de outros países. Hoje, em cada setor há proprietários estrangeiros que entram no negócio. Os governos não interferem no processo porque eles lucram com isso: os cidadãos têm empregos, o governo recolhe seus impostos, e todos se beneficiam.

Uma vez que os países desenvolvidos progrediram suficientemente, eles começaram a desenvolver outros países do "terceiro mundo", África e Ásia. Eles construíram usinas e fábricas que eram necessárias, educaram os moradores, e assim as escolas se estabeleceram nesses países, enquanto os países ocidentais começaram a colocar os estudantes desses países em universidades europeias.

Desta forma, o mundo tornou-se conectado por meio da educação, cultura, ciência e indústria. As conexões globais tornaram-se tão fortes que os americanos costumavam brincar que "para fazer uma chamada de telefone de Nova York para

Boston, você teria que fazê-la através do centro de comunicação na Índia". Assim, as linhas de comunicação conectam todo o mundo, tornando a distância e localização irrelevante. Se olharmos mais fundo, vamos ver que todo o nosso planeta está conectado através de uma vasta, diversificada e multifacetada rede. Hoje é impossível fazer qualquer coisa sem obter o equipamento, conhecimento e recursos humanos de todo o mundo.

E, no entanto, hoje a rede global não está funcionando como deveria. Há muitas razões para isso, e sociólogos, especialistas em ciência política e economistas têm todos os seus pontos de vista. Mas, ao final só há uma razão para a nossa disfunção social: nossas conexões se tornaram tão fortes que exigem aprofundamento em nossas relações com os outros.

Para continuar o nosso desenvolvimento, temos que nos relacionar mais de perto, para que possamos entender o conceito de "responsabilidade mútua". Devemos vir a perceber que somos todos interdependentes, porque todos nós estamos vivendo no mesmo planeta, e não temos outra escolha a não ser sentir-nos como uma única família.

Nosso desenvolvimento começou quando começamos a negociar e enviar uns aos outros máquinas, alimentos e roupas. Posteriormente, começamos a colaborar na produção, finalmente, foram estabelecidos o Banco Mundial e outras instituições financeiras internacionais. Os mercados de ações começaram a usar computadores e a Internet, e hoje as pessoas podem negociar em Tóquio, Alemanha, Moscou e Nova York sem sair de suas mesas, porque todos os mercados de ações funcionam da mesma maneira. Tudo o que precisamos fazer é decidir onde e quanto investir.

Além disso, o dinheiro não tem que ser transferido realmente, para algum lugar. Ele está conectado eletronicamente. O dinheiro em si poderia ser colocado em qualquer país do mundo; o que conta é a ordem de transferência do dinheiro que está sendo enviado por e-mail e cabeado em todo o mundo. Como já dissemos, ultimamente temos sentido que as conexões entre nós não podem continuar como antes. Podemos ver muito claramente na Europa: Por um lado, este é um continente desenvolvido, mas, por outro lado, é o mais segregado de todos. Há uma falta de congruência entre os países, enchendo-os de mal-entendidos e desconfianças, porque as pessoas não podem compreender plenamente que todos eles pertencem ao mesmo sistema.

Eles devem perceber que não é o suficiente manter um mercado comum apenas para as necessidades econômicas. Pelo contrário, é importante unir os países através de uma conexão muito mais próxima. Eles devem estar mais próximos no espírito, na percepção das suas situações, em reconhecer que eles não podem viver sem essa união.

Aqui, no entanto, encontra-se a dificuldade. Agora, todos os vinte e sete países da UE têm que aprender que a interdependência entre eles é necessária. O problema é que, embora os tomadores de decisão, políticos, cientistas e pessoas comuns entendam a situação, eles ainda estão relutantes em desistir de seu orgulho nacional.

No entanto, eles não precisam abrir mão de seus modos de vida, hábitos, cultura ou folclore. Em vez disso, eles precisam superar essas diferenças e se conectar com os outros em garantia mútua. Apesar de sermos diferentes, temos que nos comportar como uma família.

Evidentemente, isso não é simples. Por exemplo, se eu tenho os pais e o mesmo acontece com a minha mulher, e esses pais tem outros filhos, e tanto ela quanto eu temos irmãos e irmãs, assim como os nossos próprios filhos, de alguma forma, temos que ser atenciosos com os outros, porque, quer seja para o bem ou para o mal, nós dependemos uns dos outros. Nós não temos nenhuma intenção de mudar a nós mesmos, nem temos a intenção de forçar a mudança em qualquer outra pessoa. Nós entendemos que somos todos diferentes, que todos nós temos nossas prioridades, mas estamos determinados a viver juntos.

Com esta decisão conjunta, nós realmente concordamos, mesmo que de forma não verbal, em construir nossas vidas juntos, reconhecendo que nem sempre pode ser um jardim de rosas. Temos consciência de que podemos ter que fazer concessões e compromissos, mas nos conectamos a fim de construir nossas famílias, a geração futura, e para isso temos que apoiar um ao outro.

Essa educação, que nos prepara para viver juntos, está faltando em casais jovens de hoje. Eles não são ensinados como se darem bem, apesar das diferenças e divergências. Enquanto temos a liberdade de escolher os nossos parceiros, nossas escolhas muitas vezes falham.

A falta de educação sobre como viver juntos traz desintegração das famílias e divórcio, um problema sério. Metade da população mundial, especialmente os jovens, está permanecendo solteira até idade avançada, ou optam por não se casar ou ter filhos. Eles veem que eles não podem sequer cuidar de si mesmos, muito menos assumir a responsabilidade pelos outros. Esta crise, que começou há cerca de trinta anos atrás, só está piorando.

Podemos comparar a situação de famílias de hoje com a situação entre os países. Cada país é ao mesmo tempo um receptor e um doador em termos de suas relações com outros países. Por isso, na diplomacia, também, temos que aprender a fazer concessões e como unir acima das diferenças e lacunas. Nós nunca fomos ensinados a fazer concessões, mas, no final, somente por comprometer-nos não podemos esperar que algo bom aconteça.

Estamos atualmente no meio de uma crise que está nos ensinando a necessidade de garantia mútua, na qual nos tornamos "responsáveis" uns pelos outros. Estamos esperançosos de que essa necessidade seja sentida em toda a humanidade e não termine em "divórcio" porque um divórcio entre os países significa guerra. Precisamos entender que não temos escolha a não ser mostrar contenção com o outro. Foi por isso que a ONU foi fundada, para ser um lugar onde as nações poderiam aparentemente se unir e discutir a paz.

É também por isso muitas outras organizações foram estabelecidas, abordando temas como educação e saúde. Eu fui uma vez, à Genebra, para dar uma série de palestras, e fiquei surpreso com o grande número de organizações que existem lá. Ruas inteiras estão cobertas com sedes de organizações, algumas das quais eu nunca tinha ouvido falar. Uma organização atribui frequências de rádio e televisão de todo o mundo para que as estações não interfiram com as transmissões das outras. Outra organização define padrões para produção de medicamentos. Outra organização de saúde determina os padrões de saúde e promove a cooperação entre os países, em favor dos pacientes. Há até mesmo uma organização que determina as cores das bandeiras dos países para evitar o uso das mesmas cores por mais de um país.

Estas organizações estabelecem padrões em todos os temas imagináveis, porque os países tornaram-se tão interligados e próximos que regras comuns devem ser criadas para todos eles. Assim como o parlamento de cada país determina regras em favor de todo o país, para permitir que a vida moderna continue, as regras devem ser determinadas para todo o mundo. Sem essas organizações internacionais, que já existem há décadas, seria muito difícil para nós mantermos a ordem global.

O que é importante hoje não é definir o território de cada país, como no passado. Agora estamos em uma situação onde devemos construir um "telhado comum" para todas as nações. Essa "janela" significa que temos que compreender e sentir que estamos todos juntos, aparentemente na mesma sala. Nesta sala, vai ser muito difícil ficar juntos, a menos que formemos uma conexão, uma boa conexão. Dentro desse contexto, temos que nos sentir perto um do outro; devemos sentir essa interdependência que nos obrigará a mudar nossas atitudes para com os outros.

Essa imagem, que já podemos ver diante de nós, demonstra claramente quão interdependente realmente somos, quer gostemos ou não. Somos interdependentes em alimentação, vestuário, educação, cultura, tecnologia, indústria, energia, água e energia. Estamos interdependentes até mesmo no ar porque se alguém não mantém normas de poluição do ar, o ar no mundo todo pode se tornar poluído.

As organizações da comunidade internacional são muito importantes porque nos dão uma sensação de dependência mútua que é muito mais completa do que a de seus familiares. Em uma família, uma pessoa pode estar com raiva da outra e até mesmo parar de falar com essa pessoa ou cortar todos os laços. Entre os países, não existe tal prerrogativa. As centenas de países ao redor do mundo são criados em um "mosaico" do qual ninguém pode escapar. Podemos ver que cada vez que um país pretende agir de forma independente, ele falha, e depois de algum tempo, o país abandona a ideia.

Às vezes, os países executam tais atos de separação, mas é mais verbal do que de fato. Hoje, é simplesmente impossível operar independentemente do sistema global.

As conexões entre nós ainda nos obrigam a estarmos conectados emocionalmente, e não apenas por causa do clima, indústria, do sistema bancário global, ou da educação. Hoje temos que estabelecer boas conexões uns com os outros, como fazem os países. Nosso desenvolvimento tecnológico e cultural, de fato, toda a nossa evolução chegou a este estado. Os níveis inanimado, vegetal e animal da Natureza, bem como a nível humano, têm evoluído ao ponto de que estamos nos tornando uma entidade única, aparentemente uma única pessoa.

Isso traz a pergunta: "Como é que vamos fazer essas mudanças em nossas conexões, uma vez que sem uma conexão significativa entre nós, não seremos capazes de sobreviver". Hoje, genuinamente as boas relações entre nós são necessárias simplesmente por causa do estágio de evolução da humanidade. Sem boas relações, não seremos capazes de criar as leis corretas e necessárias para economia, indústria e comércio de hoje.

Na verdade, o mundo está confuso e desorientado. Nós não sabemos o que fazer a seguir. Parece que as pessoas perderam o contato entre elas, porque agora são obrigadas a estabelecer uma conexão mais profunda, mais emocional, que nunca existiu entre elas. Anteriormente degradávamos o outro ou nos conectávamos uns aos outros por falta de opção. Poderíamos até estar muito próximos de uma outra pessoa por causa de interesses comuns, como a indústria, comércio, educação, cultura e saúde. Mas as pessoas e os países nunca foram obrigados a tratar uns dos outros com gentileza.

Hoje somos obrigados a fazer esforços emocionais em nossas relações com os outros, porque o nosso desenvolvimento exige isso. Nós sentimos que, sem essas relações, não vamos ser capazes de continuar a existir juntos em nossa "casa" comum. Se nós tivéssemos vivido juntos na mesma casa porque não tínhamos outra escolha, e cada habitante tivesse seu cantinho, estava ótimo. Mas hoje não temos nosso próprio canto. Pelo contrário, todos nós somos companheiros de quarto, tão dependentes de todos que sem a atitude correta para com os outros, nossa vida será simplesmente horrível.

No ponto atual em que estamos, não temos escolha a não ser partirmos para a "reconciliação doméstica", que na verdade é a "responsabilidade mútua". Devemos estabelecer reciprocidade nas nossas relações, um vínculo em que estamos todos convencidos de que nossas vidas literalmente dependem umas das outras. É como se fosse uma unidade de elite do exército, onde a vida de cada soldado depende dos outros na unidade. Se cada um dos soldados não olhar para os outros, eles podem todos pagar com suas vidas.

Há tais sistemas na Natureza, e há sistemas tecnológicos existentes na dependência mútua. Eles são chamados de "sistemas integrados" ou "sistemas analógicos", em que todas as partes são interdependentes. Se qualquer parte é removida, toda a máquina deixa de funcionar. Parece que depois de toda a evolução da sociedade humana, nós, também, temos chegado a tal estado de forte conexão e dependência mútua completa.

Como é que vamos consertar a nós mesmos, para que possamos viver bem e com segurança? Podemos fazê-lo através da "reconciliação doméstica" através de uma força exterior. Por exemplo, quando um casal enfrenta problemas de relacionamento, eles recorrem frequentemente a um terceiro, um conselheiro profissional, um terapeuta, ou um amigo, a fim de reconciliá-los. Essa pessoa fala com cada um deles, em seguida, fala com os dois juntos. Essa pessoa pode fazer perguntas ou fornecer respostas, mas no final faz com que o casal se abra e se comunique, ajudando-os a compreender a si mesmos e ao outro.

Assim, eventualmente, cada parte vai perceber que é melhor que se comprometer e falar abertamente o que um tem contra o outro. Dessa forma, as pessoas aprendem a perdoar e a aceitar que não gostam de seus parceiros. De fato, existe uma antiga, mas verdadeira máxima: "O amor cobre todas as transgressões".

Devemos entender que nossas "transgressões" em relação aos outros surgem porque todos nós somos egoístas e sem consideração quando se trata de família, filhos, negócios, e em todos os domínios da vida diária. No entanto, somos todos feitos desta maneira pela Natureza, por isso não temos escolha, mas devemos descobrir o que pode nos ajudar a nos conectarmos.

É um método psicológico que diz que temos que nos abrir para o outro e nos familiarizar com a natureza do outro. Não precisamos ter vergonha do que somos; devemos simplesmente reconhecer e construir nossas conexões acima de tudo isso.

Precisamos não oprimir ou admoestar alguém por quem ele é. Na verdade, todos nós temos os nossos defeitos, mas podemos construir conexões acima disso, porque "O amor cobre todas as transgressões". As transgressões estão dentro de cada um de nós, mas de forma gradual, por amor, nós podemos parar de vê-las.

É como uma mãe que acredita que seu filho é o melhor e mais bonito do mundo. Ela não consegue encontrar nada de errado com ele, porque ela é cega de amor e pode ver apenas as virtudes de seu filho, e não os seus defeitos.

Mas se você perguntar a uma mãe sobre o filho do vizinho, ela iria dizer exatamente o oposto. Ela iria ver as partes ruins, não as boas, porque ela não teria amor pela criança do vizinho. Se ela amasse aquela criança, também, ela veria apenas as suas virtudes.

Mesmo que apontasse uma característica ou comportamento negativo em seu filho, ela não aceitaria isso. Ela justificaria seu filho inteiramente, e diria que esse comportamento se justifica, ou ela não concordaria que um atributo tão negativo ainda existisse em seu filho. Ela não seria capaz de vê-lo. Esse é o significado de "O amor cobre todas as transgressões".

Portanto, precisamos conseguir a "responsabilidade mútua" de tal maneira que nós começemos a aprender sobre as conexões entre nós, mesmo antes de nos aproximar. O estudo precisa ser desde o início, com o único objetivo de criar melhores conexões, um laço de amor que ultrapasse as nossas transgressões. Ou seja, logo de cara, vamos ter que começar a nos preparar para fazer concessões porque essa é a única maneira que podemos unir ao nível emocional e sentir-nos perto um do outro. Então, o mundo será, certamente, mais seguro e mais tranquilo.

Em tal estado que não teremos medo de deixar nossos filhos saírem sozinho à noite, pois qualquer estranho cuidará deles, tanto quanto seus pais, e vamos cuidar de outras pessoas da mesma maneira. Teríamos genuinamente uma boa sociedade, ao manter a lei da "responsabilidade mútua".

Atualmente, a cada ano nos encontramos em crises mais profundas. As crises não são apenas na economia. Fomos experimentando crises não resolvidas ao longo de décadas, como os problemas de abuso de drogas, depressão, crises na ecologia, educação, e a desintegração das famílias.

Devemos, finalmente, entender que a solução para todos os problemas reside em estabelecer as conexões certas entre nós. Tais conexões afetarão tudo em nossas vidas, do relacionamento familiar às relações nacionais e internacionais.

Portanto, conhecer a importância de construir as conexões certas entre nós é obrigatório e rege o estabelecimento de bons relacionamentos. Isso não quer dizer que nós assinamos tratados e contratos com os outros, como tratados de paz, pactos comerciais, e assim por diante. Quando um casal se casa, faz um acordo e o assina, mas isso é só no papel, não necessariamente em seus corações. Quando eles começam a viver juntos, se eles não formaram um vínculo entre eles, depois de algum tempo eles não podem sustentar o relacionamento e assim se separam.

Para evitar levar o mundo a uma guerra mundial após outro surto de nossos egos, devemos levar cada pessoa a ver a conexão entre nós como ela é. Cada um de nós deve perceber como é crucial que nós estabeleçamos conexões sinceras e genuínas entre nós.

Na Natureza tudo é muito bem organizado. Todos os recursos naturais, todas as partes da Natureza, a partir de maiores galáxias para as menores partículas são conectadas em um único sistema. Quanto mais a ciência avança, mais descobrimos a conexão, a integralidade e a reciprocidade que existem na Natureza. Nós sabemos que se danificarmos uma espécie, milhares de outras repercussões no mundo e em nossas vidas tomarão lugar.

Devemos entender que a conexão existe também na sociedade humana, e hoje muito isso é visível. Por isso, o nosso sucesso depende da construção da conexão correta entre nós, o que é chamada de "responsabilidade mútua". Neste contexto, cada um deve sentir depende de todos, e todo mundo depende de todo mundo.

Portanto, devemos estabelecer novas leis sociais e internacionais. As relações entre os cônjuges e parentes, colegas de trabalho, e as pessoas em locais públicos devem estar todos com base nessa regra. Cada pessoa, mesmo quando está sozinha, deve cuidar de nossa "grande família", a família da humanidade, pois estamos todos em um só lugar, e estamos mais conectados do que parentes que vivem na mesma casa. Essa interdependência dá confiança a todos a sensação de prosperidade e abundância. As pessoas sentem que há boas pessoas ao seu redor, que querem o seu melhor, e todo o mundo se torna família. Desta forma, as pessoas deixarão de ter medo, vergonha ou medo de tudo. Sentirão que "O mundo inteiro é meu; Eu posso respirar fundo e sentir-me em casa onde quer que eu esteja, na rua, em casa, e em qualquer lugar, em tudo".

Para criar essa sensação de confiança e segurança, a educação é a chave. Vendo as coisas como nós acabamos de descrever, resolver nos relacionar desta forma com os outros e trabalhar nessa resolução dentro de nós mesmos, exige muito trabalho. E, no entanto, é o trabalho mais importante que existe. Agora que toda a humanidade está para entrar nesta nova era, vamos ter que fazer este ajuste dentro de nós mesmos para nos tornar não apenas humanos, mas humanitários.

Ser humano significa que somos todos partes da espécie humana, que é realmente uma entidade única da qual todos nós somos partes. Esperamos que com a evolução da Educação Integral, cada um de nós seja capaz de ver as provas da Natureza que somos todos um. A investigação científica, a própria vida, e nosso desenvolvimento apontam para o nosso dever de fazer essa correção de conexão. Se todos estão convencidos a se aderir a essa educação, o novo conhecimento vai ajudar que todos mudem para que possamos estabelecer um mundo melhor.

Atualmente, estamos no limiar deste novo mundo. A beleza da coisa é que, assim que a pessoa começa a se conectar com os outros, ele ou ela começa a sentir o mundo e a vida através dos outros. Quando eu amo meu filho, eu aparentemente experimento a vida junto com ele: eu estou com ele na escola, com seus amigos, e onde quer que ele vá. Eu gosto do que ele gosta e sinto o que ele sente. Da mesma forma, assim que você começar a conectar-se a todo o mundo, você vai começar a receber impressões de todo o mundo. Você de repente vai sentir e saber o que todas as pessoas no mundo sabem. Desta forma, você será capaz de expandir a sua vida a tal ponto que você vai parar de viver em si mesmo e começará a viver em todos os outros. E nesse ponto, você será capaz de tocar o ponto eterno dentro de você, na medida em que você está integrado em todo o resto do sistema de "responsabilidade mútua".

O estudo dos princípios de "responsabilidade mútua" deve ser gradual. Primeiro temos que aprender a psicologia dos indivíduos, em seguida, a psicologia de dois amigos, em seguida, a psicologia de casais, as relações entre pais e filhos, atitude para com os vizinhos, parentes e todas as conexões que geram críticas mútuas. Daí, vamos gradualmente alcançar círculos mais amplos, até mesmo os locais de trabalho. Após, vamos aprender a expandir "responsabilidade mútua" a nível nacional e, finalmente, a nível mundial.

Em outras palavras, deve haver progresso gradual de círculos próximos e acessíveis, que podemos compreender e sentir. Então, à medida que adquirimos experiência e percepções, ele vai se espalhar em direção a círculos mais amplos. Por fim, vamos aprender que os países podem se unir, ainda que parlamentos e governantes possam fazê-lo. Vamos imaginar esses sistemas em sua nova forma e ver o quanto estamos incluídos neles. Assim, vamos entender que as mudanças precisam ocorrer no mundo.

Hoje, parece que os líderes mundiais se tornaram completamente incompetentes. Porque eles nunca foram educados para "responsabilidade mútua", sobre os quais os sistemas integrais ensinam, eles não veem o mundo através desta lente. Eles devem primeiro absorver os sentimentos, emoção, compreensão, e os métodos para a realização da garantia mútua e, finalmente, o amor.
Concessões mútuas devem ser incluídas neste processo educacional. Inicialmente, devemos apontar para estabelecer boas relações, a compreensão de que não podemos fugir um do outro. Quando assinar qualquer contrato ou acordo, tem que estar claro desde o início que não estamos com intenção de quebrá-lo. Conclui-se que em todos os níveis, o problema é realmente apenas de educação.

Existem várias maneiras de chegar a responsabilidade mútua. Uma forma é que as pessoas vejam e sintam, através de muitos exemplos, como conectados e dependentes dos outros elas são, e como é bom estar conectado corretamente. As pessoas precisam ver e sentir os lucros que vão ganhar com isso, bem como o que vão perder se escolher o contrário. Esta é uma maneira de convencer as pessoas a mudar.

Outra forma é através de atividades em grupo. Através de perguntas e respostas, jogos, músicas e filmes, as pessoas vão ser movidas emocionalmente, a experiência de ser a favor e contra união e responsabilidade mútua, e ver claramente o que cada possibilidade lhes trará.

A terceira maneira é usar a lei, "o hábito se torna uma segunda natureza". Se as pessoas se acostumarem a ser atenciosas para com os outros e conectarem-se em pequenos grupos, elas gradualmente vão aprender que a conexão compensa. Então, elas serão capazes de passar o que aprenderam para círculos mais amplos até que eles sintam em relação a todo o mundo como eles se sentiam em relação ao seu círculo fechado.

Tudo é obtido através da influência e persuasão do meio ambiente, através de bons exemplos dos outros, através de filmes, músicas, e tudo o que afeta as pessoas. A influência do ambiente pode fazer uma pessoa fazer quase todas as coisas. Ela pode até mesmo 'reprogramar" as pessoas a odiar os seus próprios filhos e amar os filhos de seus vizinhos. O ambiente é mais forte do que a nossa própria natureza, pois opera no nível humano, enquanto que a nossa natureza opera no nível animal. Por isso, devemos usar o poder do ambiente, porque ele pode nos fazer agir contra nossas qualidades inatas e derrubar completamente quem éramos antes de entrar no ambiente.

Em 1951, o psicólogo Solomon Asch conduziu um estudo que ficou conhecido como o Experimento de Conformidade de Asch, demonstrando como a pressão social afeta o comportamento, visão e crenças de uma pessoa. Usando a Linha da tarefa de Julgamento, Asch coloca um participante ingênuo em uma sala com outras sete pessoas que haviam concordado com antecedência quais seriam suas respostas quando apresentadas com a tarefa de linha. O participante ingênuo não sabia disso e foi levado a acreditar que os outros sete participantes eram também participantes reais.

Cada pessoa no quarto tinha que declarar em voz alta qual a linha de comparação (A, B, ou C) era mais parecida com a linha de meta. A resposta era sempre óbvia. O participante ingênuo sentou no final da linha e deu a sua resposta anterior. Havia 18 ensaios no total e os participantes falsos deram a resposta errada em 12 tentativas.

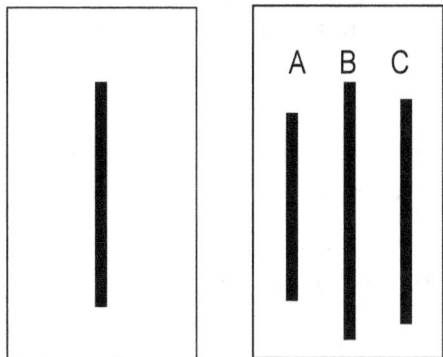

Resultados: Em média, cerca de um terço (32%) dos participantes ingênuos que foram colocados nesta situação eram unidos e conformados com a maioria claramente incorreta. Ao longo dos 18 ensaios, cerca de 75 % dos participantes havia conformado pelo menos uma vez e 25 % deles nunca conformaram.

Assim, a influência do ambiente é a mais forte de todas as influências, mudando nossos hábitos e nossa composição. Também é como nós crescemos e como fomos ensinados. Você pode ensinar uma pessoa qualquer coisa, e o que foi ensinado é muito difícil de apagar. Portanto, o objetivo do estudo é corrigir essa distorção egoísta para que através dos outros, através do ambiente, as pessoas se beneficiem.

No fim das contas, é precisamente na responsabilidade mútua que eles vão encontrar o ganho egoísta mais garantido, porque eles vão ganhar com todos à sua volta para cuidar deles. Para que isso aconteça, todos nós precisamos fazer algumas concessões, mas nós já pagamos por tudo de qualquer maneira. Na verdade, não há nenhuma concessão aqui, porque no momento em que as pessoas se relacionarem bem com os outros com amor, elas também podem desfrutar da doação.

A ideia não é que as pessoas sejam constantemente frustradas, estressadas, e sentirem que não têm escolha, mas sim serem bons para os outros. Em vez disso, devemos usar as influências externas sobre as pessoas, tais como os meios de comunicação para alterá-las para que elas naturalmente ajam desta forma. Dessa maneira, elas vão começar a desfrutar de sua atitude favorável em relação aos outros. Elas vão sentir que elas estão em um mundo perfeito, porque elas estão sendo bem tratadas por todos os lados, e elas tratam os outros da mesma forma. Tudo deve mudar do modo compulsório para o modo voluntário.

Para resumir, a nossa atual crise é multifacetada, apontando para o que falta entre nós – responsabilidade mútua. A crise não está acontecendo porque nós queremos a mudança. Pelo contrário, ela é obrigatória pela Natureza, para nosso próprio desenvolvimento. O primeiro passo para isso são concessões mútuas, seguidas de consideração mútua.

A responsabilidade mútua é a rede que nos une. Na década de 1960 o Clube de Roma escreveu sobre isso, e no início de 1900 os cientistas começaram a falar de nós estarmos conectados através de um conceito conhecido como "Noosfera". Desde então, tem havido numerosos estudos sobre o assunto.

Para poupar a nós mesmos e as novas crises mundiais, temos que aprender a instalar responsabilidade mútua em todos os nossos sistemas de vida. Para isso, temos que construir um sistema de informação que fixe o conhecimento, e um sistema que ensine ética e comportamento, não o conhecimento. Com o tempo, esses sistemas afetarão pessoas, grupos, o ambiente, a nação, e todas as nações juntas até estarmos todos educados pelo mesmo paradigma - aquele que nos ensina a viver juntos com sucesso. Chegamos a uma nova era onde nós temos que mudar as nossas relações de competição egocêntrica para responsabilidade mútua, e de lá para o amor mútuo.

Capítulo 6

Assim Que Sentirmos

DESCOBRINDO AS LIGAÇÕES INTERNAS ENTRE NÓS

Estamos numa situação sem precedentes. Pela primeira vez na história estamos vendo uma compreensiva crise engolindo cada reino da vida. Muitos especialistas em vários campos afirmam que a raiz da crise é a falta de conexão entre nós.

Ao contrário de antes, mudando um paradigma social ou econômico não resolveremos a crise por si mesma, mesmo desenvolvendo novas tecnologias. Este movimento, que sempre nos ajudou ir em frente antes, não nos ajudará nesta crise atual. Hoje, entendemos que mesmo com todas as descobertas tecnológicas que nos permitem desenvolver e produzir o que quisermos, não conseguiremos resolver esta crise, porque não é isto o núcleo do problema.

Em vez disso, precisamos examinar a direção para onde os nossos desejos se desenvolvem. Nós naturalmente seguimos nossos desejos. É mais ou menos como um casal que não se entende mais e quer se divorciar. Mesmo a melhor condição material não mudará como se sentem em relação ao outro. No entanto, se eles se amam e querem estar juntos, estarão contentes vivendo apenas em um quarto simples. Colocando de outra forma, hoje a realidade demanda que consertemos nossas conexões em primeiro lugar, antes de consertarmos qualquer coisa.

As crianças também são atraídas somente para aquilo que acham interessante, bom ou prazeroso. As pessoas seguem os seus desejos, e hoje precisamos examinar para onde nossos desejos estão nos levando.

Viemos nos desenvolvendo através de nossos desejos de geração para geração. No princípio da humanidade, nossos desejos eram bem básicos – comida, reprodução e família. Nossas vidas eram focadas em torno destas questões. Com o desenvolvimento da tecnologia, começamos a nos interessar em ter outras ocupações. Aprendemos a fabricar e vender, a comprar produtos que outros produzem, e desenvolvemos indústria, comercio e ciência. A raça humana começou a produzir superávits, levando as pessoas a gradualmente se desconectarem da terra como fonte de sustento.

E com mais tempo disponível para outros afazeres, fomos atraídos em direção à erudição, escrita e cultura, e a demanda por isto cresceu entre todas as classes. Continuamos a nos desenvolver, nos tornamos mais organizados politicamente em nações, estabelecemos indústrias e descobrimos novas terras. A humanidade se desenvolveu constantemente, sempre querendo mais. No século vinte chegamos ao espaço e penetramos fundo no chão e no mar, alcançando o mais alto, mais longe, e mais profundo que podíamos.

Mas depois aconteceu uma parada, como isto às vezes acontece quando sentimos que tudo que fizemos já não nos interessa mais, e queremos apenas partir e desistir. Nos anos 1960 uma nova geração surgiu. Essa geração desprezou tudo e começou a sentir que todos os outros compromissos não tinham sentido. Eles eram chamados de "hippies". Analistas pensaram que eles estavam apenas cansados, isso não foi muito depois da segunda guerra mundial, e a guerra no Vietnã estava apenas começando. Ou eles pensaram que as pessoas estavam simplesmente entediadas, que elas '' tinham tudo" e foi por isto que se rebelaram.

Mas não eram essas as razões. Isso foi algo mais profundo. Uma vontade mais desenvolvida surgiu nestes jovens. Eles não queriam ter uma vida melhor; eles queriam saber para que a vida servia. Eles ficaram ressentidos em se encaixarem em seus respectivos "papéis" na sociedade, e protestaram contra serem transformados em "robôs" para que alguém pudesse ganhar poder político ou ficasse rico à custa dos outros.

Nossos desejos continuaram a se desenvolver. Hoje, as coisas chegaram a um estado de desânimo e depressão. Mas, além do desespero, podemos ver que há certa direção tomada pela evolução da Natureza: mais e mais pessoas começaram a ponderar sobre propósito da vida.

Hoje muitas pessoas recebem pequenos prazeres da vida, e menos ainda esperança, em vez disso, o humor que prevalece é "o que você pode fazer? A vida é assim". Apesar do fato que estamos vivendo em uma geração que realmente tem tudo, mais e mais pessoas estão caindo em depressão.

O que nos está faltando ainda? Nós podemos aprender qualquer tipo de coisa que quisermos, podemos ser artistas, músicos, podemos ter incontáveis passatempos, podemos viajar pelo mundo. E ainda assim, o desejo que se desenvolve dentro de nós parece que não nos leva a lugar algum. Não temos vontade para nada e até aonde sabemos isto é novo na nossa geração.

Assim, nós chegamos a um beco sem saída por onde nós somente podemos escapar se aplicarmos a atitude certa—para encontrar o significado da vida, e encontraremos isto precisamente nas conexões entre nós. Isto é difícil de responder é o que pensamos, mas a crise em nosso redor e rejeição de tudo que temos na vida, claramente nos mostram que nossos problemas vêm da falta de uma fonte positiva e sólida conexão entre nós.

Vamos pegar a medicina como exemplo. As pessoas estão perdendo a fé nos médicos porque, obrigada pelos nossos egos intensificados, a medicina se tornou um negócio. Hoje, sem médico particular e plano de saúde caro não é fácil sobreviver. Medicamentos viraram produtos, e a indústria farmacêutica está vendendo o máximo que pode deles. Como resultado, somos enviados para inúmeros exames redundantes, alguns deles prejudiciais à nossa saúde, incluindo radiação ou injeção de materiais tóxicos. Em vez, de um devotado médico de família que antes tínhamos e que nos tratava agora nos mandam um médico atrás do outro, como se estivessem evitando a responsabilidade e ao mesmo tempo, apoiam outros rendimentos médicos.

Analisando rapidamente, mesmo que a imagem pintada pareça extrema, não há dúvida que muitos de nossos problemas na medicina atual vêm do seu comércio. Sob esta circunstância, não é surpresa o aumento do orçamento nacional que é passado para o sistema de saúde, o que de pouco adianta do jeito que a saúde pública se encontra atualmente.

Isto é apenas um exemplo da falta de confiança da nossa sociedade. O ego estragou as nossas relações, e o mesmo está acontecendo em todas as áreas da vida – com as autoridades, no trabalho, na fila do supermercado, e geralmente onde houver contato humano. Parece que estamos caminhando contra a correnteza e mais e mais situações onde as pessoas parecem estar "nos caçando", como se eles gostassem de ver os outros sofrerem.

As pessoas estão, em relação às outras somente para lucrar, ignorando o ser humano na sua frente, e considerando apenas a possibilidade de ganhar ou perder a conexão com aquele "objeto". No sistema financeiro, no comércio, e na indústria, nós evitamos os obstáculos porque os considerávamos apenas como ganho em vez de benefício para todas as partes envolvidas. Esta é a razão porque precisamos de várias regulações para nossos interesses públicos.

Ainda pior, organizações gastam milhões, senão bilhões, simplesmente para dificultar os lucros de outros competidores esperando que fracassem para que eles possam lucrar à custa dos outros. A falta de conexões boas entre nós está dificultando a funcionalidade de todos os sistemas. Isto é especialmente conspícuo na educação das crianças. Não há coordenação entre as partes envolvidas na educação das crianças – parentes, professores, e as autoridades responsáveis pela educação das nossas crianças. Cada elemento no sistema tenta promover seus próprios interesses, e o resultado é que estamos em defasagem para com a próxima geração.

Este triste estado está fazendo as pessoas ponderarem porque em primeiro lugar deveriam ter crianças se iriam sofrer neste mundo. Afinal de contas, a situação está se deteriorando diariamente. A segurança pessoal está diminuindo rápido, e até existe já a previsão que dentro de poucos anos o mundo como conhecemos chegará a um fim através de uma guerra nuclear, desastre natural, falta de alimentos ou água ou energia, ou tudo isto citado acima. Com este tipo de situação, para que ter filhos?

As relações entre pais e crianças, e entre pais e avós, está também mudando. Não existe conexão entre as gerações, e as unidades familiares estão se fragmentando.

A nossa atitude para com o lugar em que nascemos também mudou significativamente. Hoje podemos mudar de país ou cidade muito facilmente. Se pudermos superar a barreira linguística, podemos viver onde quisermos. E mais, isso somente aumenta a desconexão. Existem pessoas que levam a vida inteira viajando e sentem que não pertencem a lugar nenhum em particular. Dentro de nós existe a demanda por aconchego, segurança, um lar. É a nossa natureza que quer isso.

Podemos ver que se continuarmos nesse passo não seremos capazes de resolver os nossos problemas. A desconfiança e a falta de confiança entre nós estão no centro de cada crise. Sempre pensamos que devíamos pensar tecnicamente – calcular os lucros, da matéria prima, e dos produtos. Não estávamos nem um pouco preocupados com as pessoas por trás de tudo isto.

Mas agora esta atitude não está mais funcionando. Estamos descobrindo que precisamos colocar aconchego, cuidado e confiança em nossas relações ou tudo vai ruir.

Portanto, além do "seco" cálculo, precisamos colocar uma atitude favorável – mais esforço em nossos relacionarmos, aprender a fazer concessões, e colocar um pouco de "nós mesmos" dentro de nossos vínculos. Sem a mudança de atitude não seremos mais capazes de funcionar por causa de nossos desejos, as coisas que nos fazem agir querem ser preenchidas e satisfeitas.

E mais, não podemos colocar preço na realização. Eu adoro o sorriso do meu filho porque o amo. E não o venderia por dinheiro nenhum também, eu dependo das pessoas perto de mim para cuidar de mim o máximo que elas puderem, e você não consegue comprar estes sentimentos com dinheiro.

Em outras palavras, através de uma vida diária familiar, através do sistema de saúde, através da educação, cultura e economia, do comércio, e da segurança, tudo isso nos mostra que perdemos o contato uns com os outros. Não fomos ensinados a criar e cultivar conexões entre nós.

No passado, estas conexões com as pessoas eram mais naturais, mas hoje percebemos que a conexão é um compromisso que preferimos evitar. Mesmo quando uma pessoa nos trata bem, nós sentimos que essa atitude nos onera. E mais, sem amor uns para com os outros nós simplesmente não seremos mais capazes de viver.

As pessoas antes estavam mais conectadas em suas raízes, cidades, e países. Eram agricultores, patriotas, plantados na terra em seu país de origem. Hoje, essas características se tornaram ofuscadas, e quando perdemos a nossa origem, nossas casas, o que é muito importante para nós nos sentimos sem utilidade.

Não é coincidência que a crise que estamos agora passando compreende todos os reinos da vida. Com certeza a crise começou há muito tempo atrás na vida pessoal, expandiu para incluir a conexão familiar, e a economia. Em todos os anos antes dela irromper na economia, não prestamos atenção a ela. Por anos não nos importávamos em mostrar as nossas emoções. Mas agora não podemos ignorar a situação porque estamos no fim da corda. Se dermos um passo atrás com o aspecto financeiro e olharmos dentro de nossos corações, veremos que se não restaurarmos a confiança não continuaremos a existir.

Nossa sociedade está crescendo compacta, concentrada, e mais ligada. Esse é um processo natural de desenvolvimento. Podemos observar isto, criticar isto, mas isto, no entanto é um fato, e não podemos argumentar e discutir com a realidade. Se queremos isto ou não, isto é inerente ao processo dentro da Natureza que simplesmente deve tomar forma.

Por isso, não temos escolha temos que construir uma sociedade em que as pessoas sejam mais conectadas, calorosas em relação às outras, e tratar cada uma com consideração. Isto se encontra escrito nas escrituras antigas, que nós humanos temos que finalmente começarmos a amar uns aos outros.

As pessoas que vivem perto da Natureza também podem atestar isto. Elas sentem o amor que existe na Natureza, envolvendo tudo, e elas sentem todo o cuidado da Natureza para com tudo que existe nela. Mas quando olhamos a Natureza pelo nosso centrado ponto de vista, é muito difícil ver isto.

Uma vez perguntei a uma primatologista e antropóloga famosa Jane Goodall, que estudou o comportamento dos chimpanzés por muitos anos, o que ela sentia vivendo entre eles nas florestas, com os macacos aceitando-a como um deles. Ela disse "amor, foi o que senti vivendo entre eles". Ela também descobriu esse amor para com as árvores, a floresta, o céu, e a terra.

Inicialmente, ela estava separada da Natureza, então foi muito interessante escutar sobre o processo que ela passou e o que ela encontrou. Uma pessoa que vive por muito tempo na Natureza, e que chegou à floresta através da floresta urbana, devagar descobre que a Natureza é amor.

Pode ser que o longo processo que a humanidade passou foi para que pudesse desenvolver o reconhecimento do amor entre nós, para que pudéssemos nos abrir para o amor e abraçar isto. Apesar de tudo, o amor não pode ser forçado. Podemos fazer as pessoas se comportarem mais educadamente uns com os outros, podemos obter qualquer coisa com dinheiro, mas não podemos comprar o amor.

O amor é um sentimento muito especial, superior a todas as emoções humanas. Podemos desenvolver uma confiança relativa, que conservaríamos enquanto precisássemos uns dos outros. Mas poderia uma terceira parte chegar e nos oferecer um negócio melhor ou nos prometer prazeres melhores. Portanto, somos importantes uns para os outros por aquilo que podemos obter através uns dos outros.

Estamos agora em uma situação muito especial. A evolução nos trouxe para um sentimento muito claro de que somos dependentes uns dos outros e precisamos de uma boa conexão entre nós. Nós precisamos realmente amar uns aos outros ou não teremos a requerida confiança entre nós para estabelecermos uma vida boa.

Mas não é por acaso que chegamos a um ponto onde estamos portando bombas atômicas nas nossas costas. É por uma boa razão que as nossas vidas estão recheadas de crueldades, maldades e frustações. Tudo isto está acontecendo para que possamos entender que nós não temos outra escolha a não ser virar completamente nossas relações para outro extremo.

No meio – entre o amor e o ódio entre nós – está a crise sinalizando; se não mudarmos de ódio para amor e construirmos uma genuína confiança uns com os outros não seremos capazes de sobrevivermos na terra; além da crise financeira, das bombas atômicas e de todas as outras invenções, precisamos ver que estamos vivendo em um sistema fechado, circular, conectado. Independente de se gostamos ou não disso, o sistema presente está carregado com armas e ódio. Então não temos escolha senão nos transformar. A crise está nos mostrando que dentro de um sistema conectado temos que transformar ódio em amor, ou nós chegaremos a um estado onde não teremos nada para comer.

Estes são os problemas que não podemos ignorar como fazemos com a educação. A crise econômica nos tocará "na carne". Muitas pessoas já estão incapacitadas de proverem para si mesmas ou para suas famílias as necessidades básicas da vida. E quando uma nação para de assistir aos seus cidadãos, as pessoas vão para as ruas.

Desconsideração mútua levará a um estado onde nenhuma nação conseguirá lidar com os seus problemas, mesmo se for rica como a Alemanha. Mesmo se tiver uma reserva grande de ouro, o tesouro da nação, eles não serão capazes de proverem uma vida decente para as pessoas por causa de nossa desconsideração para com os outros. Mesmo hoje, metade do mundo praticamente está passando fome enquanto a outra metade está jogando fora o bastante para prover qualquer necessidade das pessoas no mundo. E isto é o porquê senão aprendermos a amarmos uns aos outros nós simplesmente não sobreviveremos.

Porque devemos viver nesse tipo de mundo? Porque terrorismo, guerras, desperdício de energia, e poluição existem? Não será tudo isto por causa de nossa desconsideração de uns para com os outros?

Devemos aprender o que precisa ser considerado e começar a construir um sistema similar no qual tentaremos estabelecer um padrão mais balanceado de vida. Sem estabelecermos relações amorosas entre nós, não seremos bem sucedidos em nada. Devemos estabelecer uma consideração completa entre nós, entendermos as necessidades de cada um e vê-las satisfeitos. Ou de outra forma, a vida como conhecemos na terra terminará.

Se a lei do amor é a lei geral dos homens, como podemos implementar isto? Temos que colocar todos os desejos existentes em nós—quantos forem—de uma forma que não sejam usados para nós, mas para os outros. Cada um de nós tem que estar conectado com o resto do mundo. Isto não significa que nós temos que conhecer cada pessoa no mundo, mas que sintamos que estamos todos juntos, que nos preocupamos com os outros como nos preocupamos por nós mesmos.

Como podemos mudar a nossa natureza egoísta tão drasticamente? Estamos vivendo em uma era especial. Nunca – em todas as circunstâncias, interna ou externa— a Natureza ou o nosso próprio desenvolvimento nos demandou mudança. Nós sempre fomos seguindo junto ao desenvolvimento do ego, explorando o mundo com as melhores de nossas habilidades. Agora, pela primeira vez, temos que virar para nós mesmos e nos provermos com uma educação global integral que nos levará a termos consideração pelos outros, para sermos bons garotos no jardim de infância. Sem essa atitude, nossa grande e azul terra não existirá mais.

Se você perguntar aos sociólogos e psicólogos, eles dirão que o apropriado quadro para esse tipo de processo educacional é um grupo. Portanto, nós devemos organizar grupos onde possamos discutir, treinar atividades, e exercícios onde descobriremos os benefícios de estarmos juntos, vendo o quanto ganhamos por considerarmos as pessoas em volta, e como são boas e proveitosas às coisas que podemos fazer quando trabalhamos em colaboração e apoio mútuo.

Através do nosso desenvolvimento, começaremos a nos engajar no comércio, na indústria e ciência. Se nos reeducarmos no crescimento, não na base do egoísmo, mas na base da consideração mútua e conexão, ficaremos livres de problemas e preocupações com nosso sustento e seremos capazes de estabelecer uma nova indústria. Neste tempo, no entanto, isto será um tipo diferente de indústria que não será baseada em tecnologia, mas no coração. Isto é, uma "tecnologia espiritual".

Até hoje, desenvolvemos tecnologia através do ego, que impulsionou o nosso desenvolvimento; nós desenvolveremos um mundo novo, um mundo interno, cheio de emoções, introspecções, pensamentos, e novos desenvolvimentos e discernimentos. Isto aparecerá não dentro das boas relações entre nós. Quando isto acontecer não precisaremos mais da internet nem linhas de comunicação que usamos hoje. Nós nos conectaremos uns com outros emocionalmente.

Quanto antes nós incluirmos a atenção à nossa interconexão em nossos já existentes laços, nós nos libertaremos para experimentarmos um desenvolvimento qualitativo, muito especial. Nós começaremos a nos sentir uns aos outros como uma mãe sente o seu amado filho.

Neste estado, isto será como se todos fossem emocionalmente conectados com todos. Começaremos a sentir o que está acontecendo com as outras pessoas, e elas sentirão o que está acontecendo conosco. Assim, chegaremos a uma mútua consideração e a uma compreensiva conexão integral entre nós. E começaremos a sentir o que a Jane Goodal e muitos outros falam quando eles dizem que o amor é a lei geral da realidade, que o amor é o que existe na Natureza.

Se melhorarmos nossas relações nós certamente alcançaremos mais que um mercado comum de sucesso. Encontraremos sucesso em cada reino da vida, uma vida feliz.

Hoje um terço do orçamento vai para a saúde pública. E ainda, somente uma fração disto é usada realmente para beneficiar as pessoas. Outra grande parte do orçamento vai para a defesa, segurança, e outras questões burocráticas. Se agirmos com mútua consideração disponibilizaremos cerca de 90% do tempo que desperdiçamos em coisas que não nos trazem benefício algum. De repente sentiremos que não faz sentido trabalharmos tanto.

Assim como a crise atual está nos forçando a repensar a nossa atitude para com a vida, teremos que entender que o homem tem que ser livre, e que nós temos que ter mais consideração uns com os outros. As pessoas construirão, produzirão comida, e manufaturarão roupas e outros utensílios, desenvolverão a estrutura requerida. No entanto, primeiro se certificarão que todos estejam igualmente felizes. Depois, talvez, não precisaremos da perigosa energia nuclear e outras coisas redundantes. Em resumo, as coisas se ajeitarão com o tempo de acordo com a nossa consideração aos outros, o oposto da tendência atual.

Karl Marx, cujas ideias formaram a base do comunismo, viu a perversão nas relações humanas pelo ângulo da economia. Com os cálculos, que apresenta no *Das Capital*, ele mostra que se as coisas continuarem do jeito que estão, o método se destruirá por si mesmo. Ele estava certo. Nós podemos concordar ou discordar de Marx, mas ele viu que o ego chegaria ao fim de sua evolução, e que somente no fim de sua evolução o ego descobriria como ele é finito, como está acontecendo hoje.

Portanto, quanto mais cedo percebermos que o global e integrado mundo demanda de nós que tenhamos consideração, entendimento, e que amemos uns aos outros – esta é a lei comum da realidade – mais cedo alcançaremos o fim da crise e o começo de uma vida boa.

Nós devemos iniciar nossos passos nesta direção, talvez inicialmente pequenos passos, mesmo que sejam apenas pelos nossos filhos, pela próxima geração. Se pudermos educa-los a terem um pouco mais de consideração uns para com os outros, eles serão mais felizes que nós.

Já podemos ver os sistemas que precisamos construir para que possam afetar essas mudanças na sociedade humana. Precisamos construir novos sistemas, estabelecer grupos e treina-los. Claro, primeiro temos que preparar os professores e educadores que entendem dessas coisas. Os professores primeiro tem que sentir que sem ser o que você ensina, você não pode ensinar aos outros. Através de várias atividades, as pessoas terão consideração com os outros e encontrarão benefícios nesta relação mútua, ambas em termos de calma interior, e até em suas contas bancárias.

As pessoas que saem às ruas para protestar mostram que estão felizes por estar juntas, por sentir que pertencem a algo, e que têm algo em comum. Elas sentem isso quando saem para gritar e protestar juntas, mas é esta a forma certa de fazer isto? Não poderiam alcançar o objetivo do protesto em festivais, imensos piqueniques, para onde as pessoas pudessem ir? Porque nós não introduzimos uma forma de vida positiva? Porque as pessoas não poderiam sentir, parceria, consideração, conexão e união?

O treinamento dado no curso nos fará sentir o quanto se ganha em unir-se. Veremos o quanto ganhamos por estarmos perto uns dos outros, o quanto mais seguro e saudável o mundo será.

Valentões não ameaçarão nossos filhos na escola, e as crianças não ficarão expostas às drogas ou com medo de sair para rua. Seremos levados em consideração nas estradas enquanto dirigimos, e milhares de pessoas não morrerão em acidentes rodoviários todos os dias. Pararemos a corrida armamentista e curaremos o sistema de saúde. De uma forma geral, construiremos uma única e calorosa família, acima de todas as lacunas e acima de todos os problemas.

E faremos isto junto com os nossos egos. Não queremos suprimir nossos egos, mas trabalhar juntos com eles, como uma família que entende que cada pessoa é diferente, única, e que temos que ter consideração com todos.

O amor significa que eu amo o outro, mesmo que ele não seja da forma que eu deseje que ele seja. E é desta forma que nós teremos um mundo onde cada um complementa o outro, invocando no outro—através do amor—as mudanças que ele gostaria de ver no outro, assim, ele o amaria, portanto alavancando paz e a completude.

Para alcançar isto, temos que estabelecer sistemas que ensinem as pessoas. Uma vez que uma pessoa tenha passado por uma gradual mudança, continuando a participar nos cursos, os estudantes compreendem isto através de exercícios, e começam desejar a sociedade mais equilibrada com um padrão de vida uniforme.

Primeiro, temos que chegar a um estado em que todo mundo tenha suprido suas necessidades básicas para viver. Em cinco anos, temos que chegar a um estado em que todo mundo tenha uma moradia, estoque suficiente de alimentos e roupas, e tudo que uma pessoa precisa para a casa, cada um de acordo com a sua própria definição de "necessidades da casa".

As provisões das necessidades virão dos excedentes. Se calcularmos, encontraremos que temos 90% de sobra. Quando as pessoas amam umas às outras, eles doam sem o sentimento que elas estão perdendo. E ainda, se as pessoas derem uma porcentagem de seus salários em favor de alguém, no fim, elas não sentirão isto.

A mudança tem que acontecer no nível das nações e numa escala global, e isto através da educação. A educação vem em primeiro lugar. A mudança não pode acontecer pela força, mas pela nossa própria aceitação. Os bolcheviques na Rússia tentaram impor a mudança, e vimos como isto terminou. Em primeiro lugar precisamos de educação.

Toda vez que fazemos algo por alguém, nós precisamos mostrar o que conseguimos. Precisamos mostrar aos ricos benfeitores o que os pobres receberam e como eles contribuíram no sentido de equilíbrio e felicidade.

Precisamos mostrar que através da participação mútua podemos nos livrar dos excessos, que não estamos produzindo milhares de remédios redundantes apenas para deixar alguém rico, enquanto adoecemos e envenenamos o resto da humanidade. Nós também precisamos reexaminar nossos gastos com a segurança e defesa, e evitarmos gastar fortunas com armas sem precisar.

A Natureza nos trouxe uma nova era em que precisamos consertar o sistema egoísta que construímos. A crise alcançou um estado que se não agirmos para resolvermos isto, a população diminuirá e não seremos capazes de sustentar o redundante sistema egoísta que construímos. E é por isto que o mundo está declinando e caindo dentro de uma crise. Precisamos ver como a nossa atitude corrupta está causando todo este mal, e as como atitudes boas revelam tesouros, verdadeiramente uma mina.

Desta forma, para resolver o problema da crise global, primeiro precisamos de educação. Em vez de conversar sobre soluções econômicas, escassez, e divisões da sobra, precisamos entender que isto faz parte da evolução humana; chegamos a um ponto onde temos que começar a nos conectar por causa de uma rede de conexões que está aparecendo para nós, nos compelindo a manter um bom contato entre nós.

A falta de conexão entre as pessoas é a razão para todas as crises—nas famílias, educação, cultura e economia, essas crises não se acalmarão até que nós as resolvamos através de um sentimento de consideração sincera e da mútua confiança. Somente assim seremos capazes de desenvolver sistemas que irão corrigir aquilo que deve ser corrigido.

No mundo, como também dentro de nós, uma forma integral está aparecendo. Não há lugar para se esconder. Não é acidental que a Natureza parou de nos desenvolver como ela havia feito até agora.

Antes de uma pessoa descobrir o mal, antes de decidir que não há outra escolha, a não ser mudar porque está numa situação de vida ou morte, a pessoa não virá para uma nova educação. Temos que concluir que não temos outra escolha, a não ser nos educar e construir novos sistemas de vida.

Psicólogos dizem que para construir esses sistemas podemos usar a força dos grupos. Sociólogos mencionam outros sistemas, também, como os políticos, professores, educadores, e treinadores de times. Deveríamos ser assistidos quando e por alguém sempre que pudermos. Precisamos construir sistemas que farão as pessoas entenderem porque a necessidade de mudança, assim também como implementa-las. Esses sistemas estarão onde as pessoas possam aprender essas coisas

A Natureza está nos puxando para uma situação onde temos que determinar nosso próximo passo na evolução. Nós sempre nos desenvolvemos cegamente, mas agora, pela primeira vez, precisamos nos desenvolver por nós próprios. Até hoje nossos egos atuarão para nosso desenvolvimento. Corremos para desenvolver tudo que pudemos, descobrimos e desenvolvemos inúmeras coisas enquanto miríades de pessoas estavam vendendo os produtos de cada um. E foi desta foram que nos desenvolvemos.

Agora de repente uma parada está acontecendo. Essa é a primeira vez tivemos que parar e refletir onde chegamos, e o que aconteceu. Nossos filhos já não nos veem como modelos; parece que eles estão no dizendo, "por que você nos trouxe para esse mundo? Por que você nos deu a luz"?

Estávamos correndo, mas agora paramos e estamos pensando para onde correr depois, e por que. De fato, onde essa corrida nos trouxe a um deserto de desolação e vazio?

Então primeiramente precisamos reconhecer a situação que se formou enquanto nós nos desenvolvemos, precisamos reconhecer isto e entender, que queremos chegar a um estado aonde todos têm consideração por todos. No passado, o policiamento era determinado por um monte de cientistas ou políticos, sábios, ou rei. Isto mudou. Uma nova lei está surgindo, onde todos terão que manter. E é isto o porquê de estarmos precisando de educação.

É impossível forçar as pessoas em seguir esta lei, ou cobrar ou aprisionar aqueles que não querem. Precisamos fomentar essa lei dentro de nossas conexões com os outros, dentro do coração das pessoas. Esse tempo não é a respeito de comprar ou vender alguma coisa entre nós; esta é uma situação nova e especial.

Hoje muitas pessoas estão falando sobre um processo que está começando, que já está em outro nível de desenvolvimento. Esse processo é chamado de "evolução do homem". Estamos construindo entre nós uma imagem única, um sistema recíproco, uma conexão mútua chamada "homem". Não pode haver, em qualquer lugar do mundo, alguém que não queira participar disto. Não temos escolha, temos que alcançar todos, somos todos interdependentes.

Mas primeiro, tem que acontecer uma genuína revolução na educação infantil na nova geração. Desta forma pelo menos veremos a nova geração começando uma vida boa, equilibrada em consideração e segurança, uma vida onde ninguém bate em ninguém, onde não haja venda drogas para crianças ou as leve para prostituição.

Nossas crianças são nossos reflexos. Como não mudamos a nós mesmos não podemos fazer com que nossos filhos se comportarem de uma forma diferente. Como podemos pedir a eles para se comportarem bem quando lhes damos maus exemplos? É por isso estão nos rejeitando. Eles podem ser piores que nós, mas eles estão meramente continuando a tendência que nós começamos. Não podemos dizer que eles são maus, mas que estamos despencando morro abaixo e a nossas crianças estão à frente de nós porque eles são a próxima geração.

Nós temos a oportunidade da introspeção. Podemos experimentar todos os estágios da revolução interior e virarmos para uma direção completamente nova. Nós precisamos fazer isto porque a vida nos obriga a isto, não porque algum "sábio" pensa isto. Precisamos examinar todo o material científico da psicologia e sociologia, e de nossas próprias vidas, e vermos como podemos construir um novo mundo juntos.

Em um mundo humano de relações amorosas uma pessoa egoísta que goste de usar o ego de uma maneira reversa, mudará vendo exemplos de comportamento pró-sociais e os imitando, graças ao poder da sociedade. Assim, aprendemos como nos realizar em um arranjo pró-social, que será apoiado pela sociedade. Isto nos afetará através da recompensa e punição e através do apoio de nossos parentes porque gostamos quando eles nos apreciam.

Nós podemos jogar com o ego de várias maneiras, de acordo com o ambiente que construímos ao nosso redor. Existem quatro níveis de desenvolvimento – inanimado, vegetativo, animado e falante (humano). De acordo com esses níveis, nós precisamos construir um ambiente que contenha vários níveis.

Por exemplo, podemos influenciar as pessoas através de seus parentes. Se o meu filho me olha com uma cara triste, qual o meu benefício para a sociedade, isto poderia realmente me comover. Precisamos também usar a influência dos nossos vizinhos, colegas de trabalho, e outros conhecidos.

Precisamos construir um ambiente que não seja inescapável, como uma prisão. Isto tem que levar em consideração os nossos egos porque a Natureza requer isto. Nós precisamos ensinar as pessoas que elas ganham em não suprimir o ego, mas usando-o corretamente, usando-o em favor da sociedade.

Se eu tenho filhos e posso usar o meu ego para fazer uma fortuna para assegurar o futuro deles, é errado que use o meu ego? Nosso problema não é por usar os nossos egos, o ego pode ter um grande valor. A única questão é "como usá-lo"? Se a sociedade nos compele a usá-lo positivamente, podemos expor tudo isto e usá-lo favoravelmente. Se não o usarmos favoravelmente, a sociedade deve apressar-me em modificar isso. Tudo isto depende do quadro social. O homem é o resultado deste ambiente, no qual temos que agir sem pressões e opressões.

Todos nós precisamos fazer cursos no novo mundo, em psicologia humana, relações pais e filhos, relações entre casais, educação infantil, a estrutura da sociedade, a história do desenvolvimento do egoísmo, e o estudo do global e integral do sistema através da funcionalidade do corpo humano e de todo o universo. Nós precisamos estar mais atentos sobre o que está acontecendo no mundo, no entanto, nós precisamos aprender de uma forma prazerosa—sem testes, mas com debates e consideração mútua, em grupos de estudo.

Esta não será uma aula que você estuda e no fim do dia vai para casa, em vez disto você estará em uma atmosfera especial porque você precisa se conhecer o mundo em que vive. Isto será similar à forma que as crianças aprendem, porque queremos que elas saibam o mundo em que eles vivem, também, e como podem utilizar tudo a sua volta.

Agora precisamos dar a mesma educação para nós mesmos, as "crianças crescidas", porque não nos foi dado quando éramos crianças, de fato, agora estamos aprendendo sobre "eu" e o "mundo" e depois "nós e o mundo" se torna integralmente "um".

Precisamos educar as pessoas para esta realidade porque a lei comum da Natureza é o equilíbrio. Preferivelmente nós devemos sempre nos esforçar para estarmos na mais confortável posição. Tudo se move para o equilíbrio. Precisamos mostrar as pessoas que as leis do equilíbrio agem na física, química, biologia, e zoologia. Portanto, a sociedade humana tem que ser arranjada de acordo com essa lei.

Isto não é misticismo; é ciência. Usando a crise global a Natureza está nos obrigando a seguir esta lei. Para fazer isto, estamos buscando ajuda de todos os especialistas em vários campos, como cientistas e psicólogos, por assistência em construir a nossa futura sociedade.

Para resumir, a mudança tem ser imediata. O problema é que as pessoas se acostumaram com o mal em vez de bem. Meu avô, por exemplo, era um homem muito humilde. Ele tinha um colchão rasgado no meio. Através dos anos, o seu corpo tomou a forma daquele rasgo. Quando me ofereci para comprar um novo colchão para substituir o antigo ele se recusou e disse, "estou bem. Já me acostumei com ele".

Isto não é uma boa vida, isto é um hábito. As pessoas se acostumam com um monte de coisas, até se acostumam a lutar contra os outros, e o hábito depois se torna uma segunda natureza. Hábitos apagam qualquer sentimento negativo e o transforma em normal. Hábitos nos acalmam com a sua familiaridade.

Uma vez conversei com um homem que passou vinte cinco anos em um campo de trabalho na prisão Sibéria. Quando ele foi solto, ele não queria partir. Ele não tinha nem ideia de como agir lá fora porque todo o seu mundo estava na prisão. Perto da prisão tinha uma cidade cujos moradores eram todos ex- presidiários. Como ele, eles não queriam ir para lugar nenhum, então eles ficaram naquela cidade pelo resto de suas vidas. A cidade era um lugar muito desolado e não tinha nada lá, mas os prisioneiros livres não conseguiam imaginar como lidar com o mundo, enquanto a Sibéria tinha tudo que era claro e familiar.

Quanto mais cedo sentirmos uns aos outros, mais seremos capazes de descobrir uma rede de conexões entre nós, a comunicação interna, de coração para coração, de cérebro para cérebro. Os cientistas afirmam que estamos conectados em um único campo no nível humano. Como existem campos de forças elétricos, campos de força magnética, e campos de força gravitacionais, existem outros campos de força. Sabemos que existe um campo de força de pensamentos, onde uma pessoa pode pensar uma coisa e outra pessoa de repente sentir isso, ou alguém quer uma coisa, e uma outra pessoa de repente quer também. Há muitas pessoas sensitivas que podem detectar essas isso.

Como estudamos, nós desenvolvemos a nossa sensibilidade para os outros para que pudessem começar a sentir e entender um ao outro, mesmo sem palavras. Podemos sair de nós mesmos para sentir o todo da humanidade como eles fossem nossos parentes, nossos amigos, como se eles estivessem se movendo fundo e mais profundo dentro de nossos corações, e assim nós sentimos que nós nos movemos fundo e mais profundo nos seus corações.

A conexão entre nós é formada, essa conexão dispensa a internet, palavras, ou qualquer outra coisa. Preferivelmente, de "coração para coração" isto é tudo que precisamos.

Mas aqui estamos falando mais que isto. Isto não é apenas um sentimento de paixão. Vai além, todos os cabos da internet, todos os modos de comunicação, todo o comércio, cultura, e educação estão começando a experimentar uma nova, "tecnologia interna". Estamos de repente descobrindo a nossa conexão interior, um lugar aonde podemos construir uma nova humanidade, um mundo novo de emoções e pensamentos comuns. E lá, dentro de nós, com aquela emoção, nós podemos construir um mundo completamente novo.

Essas relações nos preencherão em vez de música, literatura, teatro, ou filmes. Encontraremos tudo neles e não precisaremos nos movimentar para nos inspirarmos pelas nossas formas internas de conexão. Se todas as formas de arte falam das impressões dos homens, sentiremos isto em nossas conexões. Desenvolveremos tecnologia para as nossas necessidades e gastaremos o resto de nosso tempo aproveitando a vida. De fato prazer é um conceito abstrato. Eu posso aproveitar a vida sem produzir um monte de concreto e ferro a minha volta. O elemento importante é o preenchimento interno. Esta é a sensação que conta! Se um dinheiro estivesse para ser roubado, mas a pessoa rica não soubesse disto, ela ainda se sentiria bem. Em outras palavras, nós podemos prover para a pessoa a realização, que ela não precisaria nada mais senão sustentar seu corpo físico, enquanto sua realização como humana cresceria constantemente.

Portanto, tudo o que vemos atesta o fato de que devemos nos desenvolver por nós mesmos, construir o nosso próximo degrau por nós mesmos para o nosso próximo estado futuro. Nós estamos construindo isto; nós não estamos sendo empurrados para isto à força. Em vez disto, primeiro estamos descobrindo que somos miseráveis em nosso estado atual, e depois nós nos permitimos começar construir um futuro melhor. No entanto, nós alcançaremos aquele futuro bom somente se entendermos, reconhecermos, queiramos, e construirmos isto por nós mesmos.

O próximo passo é a construção de humanidade feliz, no estado perfeito, onde estamos todos juntos, unidos com a Natureza em seu todo.

Capitulo Sete

———— ————

Trabalho e emprego em um novo mundo

NOSSAS TAREFAS DIÁRIAS ESTÃO PARA MUDAR

Hoje muitas pessoas estão incertas e ansiosas sobre o futuro. Economistas, financiadores e sociólogos estimam em breve que milhões no mundo inteiro ficarão desempregados. Sem nenhuma renda e sem perspectiva de obtê-la. De acordo com as estatísticas, uma em cada seis pessoas nos Estados Unidos dependem do vale refeição para se manterem. Milhões estão recebendo outros tipos de ajuda, através de vale refeição, doações de roupas, seguro social, ou tudo isso.

Segue que, não ter renda e não ter trabalho são dois problemas diferentes. O primeiro problema, a falta de renda, ocorre quando uma pessoa não consegue prover para si e a família, pagar as contas, guardar dinheiro para a velhice e garantir o futuro de seus filhos. Na falta de renda, a pressão se acumula e se transforma em ansiedade.

O segundo problema é o desemprego. Pessoas que perdem o emprego normalmente procuram por um novo. Mas até que encontrem um—um processo que pode levar meses ou até anos—eles têm muito tempo livre o qual precisam fazer valer a pena. Também, as áreas onde vivem pessoas desempregadas geralmente se tornam zonas criminais, onde a prostituição, drogas, e outras atividades sociais negativas são grandes. O problema para completar a situação é que a sociedade terá que pagar muito mais se elas empregassem estes desempregados para fazerem algum tipo de serviço social inútil.

Uma pessoa sem um trabalho por muitos anos normalmente é incapaz de manter um mais tarde. Até uma pessoa educada também pode ser incapaz de manter um trabalho porque quando uma pessoa está desempregada por muito tempo, perde a sensação de estar empregado e ficar empregado. Isto envolve uma habilidade de esforço para se produzir um bom trabalho, para ser responsável e sair para trabalhar cinco dias da semana.

Isto se mostra ser um problema imenso que a sociedade talvez não seja capaz de resolver. Consequentemente, frustação e raiva surgirão em formas de revolução e tumultos quando milhões de pessoas não serão capazes de encontrar trabalho. Isto será como um tsunami passando sobre todo o planeta, uma epidemia social que acontece em uma nação, incitando inquietação, protestos e se movendo como um vírus de nação em nação. Ninguém estará imune.

Em outras palavras, o problema do desemprego é a ociosidade e os maus hábitos que se desenvolvem com o passar do tempo. Hoje, a sociedade também mal pode pagar pelo desemprego por um ou talvez dois anos antes que esta pessoa largue o seguro desemprego para encontrar sustento por si mesmo.

Ainda pior, o número de pessoas incapazes de encontrar trabalho continua relativamente pequeno. Mas se estamos falando de milhões perdendo seus trabalhos, isto já não é mais um problema financeiro. Não estamos falando sobre suprir os necessitados com clips de papel, pois eles não se contentariam isso. Se existirem milhões deles, eles terão força, eles terão algo para dizer nas enquetes e terão algo a dizer nos protestos. Nós já temos exemplos onde este caminho pode nos levar. Isto pode ser muito pior que a primavera árabe. De fato, isto pode ser a primavera europeia ou a primavera americana.

O problema é que nunca ensinamos as pessoas o papel do trabalho em suas vidas. Nós não passamos uma atitude de vida que se deveria ter—que redefiniria o conceito de '' ficar desempregado".' Portanto, vamos primeiro clarificar o conceito por trás de da palavra, "trabalho".

Se formos examinarmos a história, veremos que à medida que fomos evoluindo, fomos constantemente removidos do trabalho para obtermos as necessidades da vida. Em vez disso, fomos guiados para o comercio, indústria, cultura, educação, arte, lei, contabilidade, moda, mídia e nenhuma destas é uma área necessária para a existência. Essas foram somadas às nossas necessidades, ainda assim compõem 90% das ocupações da sociedade humana!

Pessoas nas grandes cidades não trabalham na agricultura. Elas não trabalham com agricultura. Elas ganham a vida servindo aos outros de várias formas que não são necessárias para o sustento.

De fato, milhões de pessoas nas grandes cidades poderiam potencialmente ficar sem trabalho e incapazes de proverem para si mesmas. Elas não poderão produzir sua própria comida, no caso de uma dissolução da economia e enormes demissões, como poderíamos prover para bilhões de pessoas vivendo nas grandes cidades?

Até aproximadamente 200 anos atrás, as pessoas trabalhavam relativamente longas horas, mas antes não havia maquinas, não havia a tecnologia moderna. Portanto, o que as pessoas produziam era usado apenas para a sua sobrevivência pessoal. Naqueles dias, eram poucos provedores de serviços e trocas desnecessárias para a sobrevivência.

Consequentemente, indústria e tecnologia se desenvolveram e hoje uma única fábrica pode produzir centenas de carros e maquinas todos os dias. As lojas têm uma abundante variedade de suprimentos alimentícios, não precisamos preparar nada em casa. Usando instrumentos como um micro ondas, podemos preparar comida rapidamente sem muito esforço, sem as longas horas de trabalho requeridas no passado para a preparação.

Por nos esforçamos constantemente, desenvolvemos uma nova e moderna forma de vida. Desenvolvemos tecnologia que nos permite criar tudo o que vemos a nossa volta. Como resultado, junto com o progresso, ganhamos bastante tempo livre, e o preenchemos com compromissos que não tem nada a ver com as necessidades, embora nos os considerássemos como tal.
Por exemplo, em vez de um médico clinico geral, temos centenas de especialistas, milhares de instrumentos e milhares de especialidades medicas; como resultado, estamos totalmente confusos. Temos inúmeros assessores, contadores, economistas, financiadores, e banqueiros. Existe toda uma indústria financeira, e uma indústria internacional de comercio. Nos últimos duzentos anos nos cercamos com negócios que não tem valor algum ou justificativa.

O sistema de saúde de hoje é um bom exemplo da dissipação de imensos e desnecessários recursos. Nos últimos 50 ou 60 anos, a medicina se tornou um negócio multimilionário. Existem inúmeros exames médicos, medicações, especialistas, instrumentos e vacinas. Mas ao longo desta evidente melhora, o sistema de saúde ficou inchado e inflado em um negócio cuja meta é tirar das pessoas mais do que servi-las.

Uma boa parte do orçamento nacional vai para o sistema de saúde, ainda assim as pessoas continuam pagando por um seguro privado de saúde. Perdemos a confiança nos médicos porque eles pensam apenas no lucro, ao contrário dos médicos do passado cuja lealdade era prestada solenemente para a saúde de seus pacientes. Hoje, sem um seguro privado de saúde não conseguimos um cuidado decente.

Se eliminarmos do sistema de saúde aqueles elementos que refletem o ego, lucro, poder e sucesso, descobriríamos que a vasta maioria deles é redundante.

Hoje, a maioria dos médicos se especializam em muitas áreas da medicina. Enquanto isto é até justificável em alguns casos, entretanto, seria mais valioso se limpássemos os problemas causados por nossos valores de vida, nossos trabalhos, nossas frustações, pressões, e as variedades de poluentes que criamos.

Isto é fácil de demonstrar se vivêssemos sem a pressão de adquirirmos, mas em vez disso trabalharmos para sermos mais sociais, seriamos uma sociedade saudável, com o sistema nervoso do indivíduo e o resto do sistema físico recebendo um apoio saudável de uma relação positiva. Assim, problemas como os poluentes, esteroides em nossa comida, e outros problemas da vida moderna deixarão de existir. Quando vemos estes elementos como um interdependente e único mecanismo, veremos quando o corpo humano é equilibrado, uma cura comum ocorre— nas famílias, em indivíduos e na sociedade.

Uma vez eu vi na TV a noite de graduações de todas as faculdades de advocacia em Israel, um País com sete milhões de pessoas. Um estádio cheio de graduados e seus parentes. Eu me perguntava, porque a sociedade precisa de tantos advogados? E a razão disto é porque precisamos nos proteger constantemente uns dos outros?

Porque precisamos de vários e complexos sistemas de impostos? Não precisaríamos destes profissionais se trabalhássemos para nossas necessidades para nós mesmos e para as nossas famílias, e ainda, usaríamos o resto do tempo aprendendo como criar uma sociedade correta, construída com justiça social e garantia mútua.

Mas o maior problema é que preenchemos o nosso tempo com trabalhos primeiramente para satisfazer nossos caprichos e paixões. E no tempo que sobra apenas brincamos mais do que fazemos alguma coisa importante, como nos ocuparmos com os nossos aspectos humanos. Em vez de perdemos o nosso tempo, deveríamos usá-lo para aprender um sistema que nos capacitaria construir uma sociedade de responsabilidade mútua.

Se examinarmos a nossa forma de vida atual, descobriremos que trabalhamos dez a doze horas por dia. Acordamos cedo, damos adeus às nossas crianças, as colocamos numa creche mesmo que elas estejam com alguns meses e corremos para o trabalho, onde passamos pelo menos oito horas.

De tarde voltamos para casa, paramos no mercado para fazer algumas compras. Quando chegamos a casa, ainda temos coisas para fazer, como alimentar as crianças, dar banho, e coloca-los na cama. E assim neste ritmo vivemos constantemente pressionados.

Depois que as crianças estão dormindo, ou podemos finalizar algumas coisas de trabalho, ver televisão ou surfar na internet, e assim termina o nosso dia. Se tivermos férias, isto é porque o nosso trabalho paga bem. Trabalho se tornou o centro de nossas vidas, e é por essa razão que é tão difícil para nós lidarmos sem ele.

Estamos acostumados a estarmos em uma constante corrida de ratos, sendo assim nós enchemos o nosso tempo com trabalho. E é esta razão por pensarmos, " o que farei quando me aposentar? Enlouquecerei por não ter nada para fazer". Quando nos interessamos por uma pessoa, acabamos sabendo o que esta pessoa faz na vida para sobreviver, não o que ele ou ela é como pessoa, ou quais são os seus ou os delas interesses, passatempos, ou que tipo de preferencias tem.

O trabalho é claro, é o que mais conta. A sua identidade e status é determinada pelo lugar que ocupa na hierarquia de trabalho ou no dinheiro que ganha. Em outras palavras, nós não examinamos as pessoas e sim suas posições.

Desde o início da revolução industrial, parece que perdemos a humanidade nos homens. Enquanto desenvolvemos a indústria; comercio e negócios, continuamos ainda nos sentindo como escravos de nossos trabalhos. A coisa mais importante para nós fazermos é sermos bem sucedidos no trabalho; isto se tornou o foco de nossas vidas.

Colocando de outra maneira, nós nascemos para trabalhar, e nos preparamos para isto desde as primeiras décadas de nossas vidas. Graças aos avanços médicos, podemos viver por dez ou vinte anos depois que nos aposentarmos, mas enquanto estamos fortes e com saúde a coisa mais importante é o trabalho. A única questão que precisamos considerar é, " é para isto que nascemos e para isso existimos"? No começo da era industrial, Karl Marx afirmou que o desenvolvimento industrial não poderia continuar nesta forma atual. Ele se focou na Natureza da evolução, que sempre deve terminar em uma crise. Ainda, naquele tempo não havia consciência dos problemas ecológicos que a industrialização traria—a ruina do planeta, o esgotamento das fontes naturais como gás, óleo, carvão, terra fértil e o problema com as usinas nucleares.

Adicionalmente, estamos tirando o sistema da Natureza do equilíbrio. Claramente, não podemos voltar a nos comportar como antes. A atual crise demanda mudança.

Nossas famílias estão se desconfigurando em uma estrutura distorcida, com as crianças fora de casa o dia todo e desconectados com o pai e a mãe que estão ocupados fora de casa a maior parte do tempo. E como resultado não estão se desenvolvendo como seres humanos. Nosso foco está totalmente em trabalho, cursos e treinamento profissional.

A crise atual sumariza e conclui o nosso desenvolvimento através destes dois séculos. Desde o tempo de Marx, que trabalho – trabalho – trabalho-trabalho terminaria no fim num impasse. Em 1960, algumas pessoas haviam predito se a humanidade continuasse neste caminho, a humanidade não poderia mais ser capaz existir. No entanto, muitos de nós víamos a vida por uma perspectiva centralizada em si, éramos cegos e insensíveis. Não queríamos reconhecer o fato que estávamos arruinando a Terra, a nós mesmos, nossos filhos, e o nosso futuro.

Agora que a crise está aqui não temos escolha senão transformar tudo. Mas como faríamos isto? Primeiro, a crise ira "limpar" toda a sociedade humana. Como pegar um pano e limpar toda a sujeira, a crise limpará todos os profissionais e funções que não são necessárias para a existência humana. Esses profissionais causam um desequilíbrio na Natureza porque eles são redundantes e somente fazem as nossas vidas ficarem mais difíceis. Eles também nos compelem a trabalhar mais horas do que é necessário para o sustento básico. Esses profissionais ferem a sociedade e a terra em geral. A crise também vai parar a nossa tendência de valorizar o trabalho da pessoa ou as condições de trabalho em vez da pessoa. Nós nos relacionaremos com a parte humana nas pessoas, a parte que cada um de nós deve complementar.

O propósito da Natureza, como aparece para nós através da nossa evolução, é nos levar para uma única, sociedade integral, em equilíbrio com toda a Natureza. Agora estamos num ponto que esta crise global está nos compelindo a fazer exatamente isto. Gostando ou não gostando, para colocar as nossas vidas em ordem, temos que estar conectados.

Para conectar, precisamos aprender como rearranjar toda a nossa sociedade. Como estamos gradualmente sendo forçados para fora de nossos trabalhos, precisamos dedicar o tempo que temos devido ao desemprego para aprendermos como transformar a nós mesmos. Devemos começar a criar uma conexão integral, e alcançarmos a responsabilidade mútua. Precisamos mudar e encontrarmos o humano dentro de nós, e fazer isto ser uma parte vital da nova e unida sociedade.

Para estabelecer está sociedade, precisamos da educação integral, que estará disponível a todos. Temos que arrumar uma rede que nos mantenha ocupados como antes, e seis ou sete horas de aprendizado e atividades.

Durante estas horas, aprenderemos internalizar e mudar juntos com os outros para que possamos estabelecer esta sociedade integral. Depois, apreciaremos as pessoas como seres humanos de acordo com os seus esforços e sucessos como seres humanos, não de acordo com as suas posições e trabalho.

Esta é uma tarefa massiva, mas sem alcançar isto, não subiremos ao próximo nível que a Natureza preparou para nós, a qual está sendo revelada através desta crise atual. A crise está nos mostrando as falhas dentro de nós, comparada com o próximo nível. Nós vemos que devemos colocar um pouco de ordem em nossas famílias, na educação de nossas crianças, com o nosso casamento, com os vizinhos, entre as nações, e depois, com toda a humanidade, e em tudo que fizemos com a Natureza, a qual a ferimos até agora.

Para alcançar tudo isto, temos que mudar internamente. Temos que perceber como somos dependentes uns dos outros e tirar as conclusões certas. Colocando de uma maneira diferente, precisamos nos desenvolver em humanos, uma coisa que nunca fizemos antes porque não sentíamos que isto era necessário.

Através da história, nós estávamos preocupados em ganhar a vida e prover para nós mesmos. De fato, até aproximadamente 200 anos atrás, tínhamos que atender estas necessidades da vida.

Mas nos últimos séculos, a indústria e a tecnologia se desenvolveram tanto que estamos produzindo redundâncias. Atualmente nós desenvolvemos demais nossas indústrias, de fato, chegou à hora de " reconhecermos o mal", o tempo para vermos que o ego nos levou a usar as nossas capacidades de uma maneira errada que está nos levando para uma direção errada.

Em vez de, nos dar seis ou sete horas livres das preocupações das necessidades, nós enchemos essas horas com redundâncias. Agora, forçados pela crise, estamos finalmente entendendo que precisamos ter aquele tempo disponível para nos construirmos como seres humanos.

Nós, como também as nossas crianças, precisamos dessa educação. Até agora estávamos preocupados primariamente com que os nossos filhos conseguissem uma educação que lhes desse um trabalho. Nós prestávamos pouca ou nenhuma atenção à nossa construção como seres humanos. Em vez disso, nos dedicávamos a conseguir emprego e aprender como manipular e assim estar acima dos outros.

Agora precisamos focar em nossa educação, em construir nossas crianças, como também a nós mesmos, como seres humanos. Quando o fizermos, veremos um mundo integral, todas as crises que nos afligem hoje desaparecerão, e um mundo novo vai surgir.

A mudança será tanta que nós não veremos mais a vida como sendo trabalhar do amanhecer ao escurecer, com duas horas por noite, na melhor das hipóteses, para dar uma olhada na família e correr nos últimos minutos restantes. Precisamos mudar a vida para alguma coisa completamente diferente. Precisamos construir sistemas nos quais todos trabalhem somente as horas que forem necessárias, e começarem a ser educados. De fato, este é o tempo para mudar toda a nossa estrutura social. Esta é a mudança que está a nossa frente agora.

Para a maioria, estamos atualmente vendo a crise global em consideração ao comercio, indústria e finanças. No entanto, temos também problemas com a atmosfera da terra, famílias desintegradas, crise na educação, cultura e praticamente em tudo mais que fazemos. As duas maiores crises que estão nos afetando são a crise financeira e a crise ecológica. Essas crises estão ameaçando nossas vidas; o sistema financeiro está causando estresse, revoluções, guerras, tumultos; e o sistema ecológico complementa a crise com a falta de alimentos e temperaturas extremas.

De fato, o custo dos desastres naturais em 2011 está entre os maiores de todos no mundo todo. Os custos chegaram a 35 bilhões de dólares, resultando em aumento significativo em comparação com certos eventos dos anos anteriores. Hoje, a tendência dos preços dos desastres é subir.

Especialistas argumentam que as ruínas causadas por temperaturas extremas e desastres naturais, tsunamis, terremotos, tornados e furacões, causarão prejuízos tremendos, e afetarão muito mais pessoas que antes. E ainda Continuamos ver as ramificações dos terremotos e tsunami no Japão.

E como isso veio a ser, o aspecto ecológico este também está entrelaçado com o equilíbrio econômico. É difícil para nós compreendermos que somos nós que estamos causando o desequilíbrio da Natureza, não somente por que estamos esgotando os recursos naturais. O suporte ambiental da terra consiste de uma crosta muito fina, na qual debaixo existe uma grande quantidade de magma se movendo. Os continentes são pedaços pequenos de terra, cavalgando oceanos de uma massa sufocante. Estas crostas são toda área habitável na terra, e com estes problemas estamos ainda saqueando todos os tipos de minérios, óleo e gás.

Cientistas predizem que quando a camada de gelo polar derreter pelo aquecimento global, os níveis de agua dos oceanos podem subir até vintes metros acima do nível atual. Pense o quanto de terra será coberta pela água, quantas pessoas perecerão, e imagine que tipo de vida irão ter os que ficaram.

Estamos vendo desastres terríveis e os nossos egos estão nos cegando. De fato, se não fosse pela crise financeira, não perceberíamos nada até o último momento. Nós estaríamos em um estado em que, "comer, beber, e casar, porque amanhã, morreremos". Mas o problema é que isto não está acontecendo amanhã. Mesmo hoje, estamos em perigo de um violento tumulto civil que pode lacerar governante e governos.

Por esta razão, devemos começar educar as pessoas, melhorar as conexões entre elas, e traze-las a um estado que deve começar a existir entre nós. A crise é apenas um sintoma de conexões erradas, nos mostrando que não podemos continuar o que começamos há duzentos anos atrás.

Marx discutiu o fato de que não é muito inteligente continuar no caminho que a humanidade esta porque isto terminará em uma crise. Ele era contra revoluções e disse que a mudança deveria vir através de um gradual desenvolvimento, que as pessoas deveriam ser evoluídas e educadas. Ele previu que chegaríamos a um ponto em que haveria menos trabalho, e que as pessoas sairiam para as ruas e criariam tumultos, como está acontecendo hoje. E é por isto que ele sugeriu que, além de fazer avanços tecnológicos, temos que desenvolver as pessoas.

Seus sucessores deixaram o que era importante, levou o que não era importante – mudando o governo – e decidiram que a meta principal era estabelecer um regime comunista. Mas como isso poderia acontecer se as pessoas não tinham desejo algum por isso, e os ricos desejavam isso muito menos ainda? A solução era fazer uma revolução.

A percepção das pessoas sobre o comunismo tem sido terrivelmente distorcida pelas pessoas que subiram ao poder seguindo Marx e Engels. Engels entendeu mais ou menos Marx, mas o subsequente ditador da União Soviética criou uma penosa percepção da ideologia.

Olhando o progresso da história. E como ela se move em ondas de transformação e desenvolvimento das sociedades e em movimentos, eu vejo como as pessoas sobem acima dos outros e guiam o processo histórico. Isto não ocorre por si só, mas por um vasto sistema integral que nos guia para a uma simples conclusão que temos que aprender como nos fazer similar ao sistema.

Hoje estamos ficando críticos e desejamos mudar o caminho no qual estamos faz dois séculos. Atualmente nos libertamos usando a indústria e a tecnologia, mas em vez de ficarmos com mais tempo livre, criamos horas extras e somente arruinamos o planeta e as nossas vidas; nós ficamos escravos da nossa indústria.

É precisamente nestas horas extras que precisamos ter para que possamos aprender a sermos seres humanos. Precisamos analisar a vida sob um novo ângulo, uma percepção integral, esta é a nossa principal meta. É para isto que a humanidade foi feita, e é isto para isto que nós nos desenvolvemos através destes anos todos.

Para resumir, temos a escolha entre deteriorar em um regime de extrema direita e consequentemente em uma terceira guerra mundial, ou em uma educação integral, que nos levará a alcançar o equilíbrio. Hoje estamos em uma encruzilhada: ou deixamos nos guiar ou ativamos a educação integral de acordo com as leis da Natureza para que possamos alcançar um equilíbrio abrangente.

Com a educação integral mudaremos a nossa percepção e passaremos a não consideremos mais a vida como uma pessoa escravizada em seu próprio trabalho, a nossa fonte de sustento. Mais, temos que aprender a dar valor a nós mesmos e a todos nós, e juntos, junto com o nosso meio ambiente, devemos começar a construir uma nova humanidade e assim atingir o absoluto.

Quando começarmos a ter experiências com o sistema de educação integral, começaremos a sentir a Natureza como um todo e perfeição, e essa sensação nos encherá e nos preencherá. A nossa sociedade se tornará uma única entidade para nós, e com muita satisfação, inspiração, desejo comum, e comunhão de pensamento, entraremos em um estado onde isto nos reviverá. E não nos sentiremos mais sozinhos porque seremos parte de um sistema integral.

Capítulo Oito

Outra forma de desenvolvimento

UM USO CONSTRUTIVO DO EGO

Queremos nos ver vivendo em uma nova geração. Pelo menos queremos ver nossos filhos vivendo nela. Não queremos nossos filhos crescendo numa sociedade competitiva onde constantemente tenhamos que nos proteger uns dos outros, onde as nações estão sempre em conflitos sobre o perigo de se autoflagelarem com armas nucleares, que manufaturamos abundantemente. Não queremos nossas crianças passando pelas mesmas provações que passamos e que continuam ainda se intensificando. Também não queremos que elas vivam em uma sociedade onde é impossível se caminhar ao entardecer, onde ninguém sabe o que pode acontecer nos próximos minutos, ou onde as condições de vida se deterioram a cada ano.

A taxa de divórcios está subindo, assim como o número de pessoas sofrendo de depressão e estresse, o que faz aumentar a taxa de suicídio, o número de doenças resistentes às drogas está crescendo, assim como também o número de estupros e outras formas de abuso. Há também um aumento no mundo todo de desempregados, como também um crescimento de incidentes de violências nas escolas e ainda o vício em drogas e álcool. Simultaneamente, o número de lugares de conflitos em potencial por falta de alimentos, segurança, e insatisfação social, enquanto as revoluções estão crescendo através do mundo. Desastres estão se tornando cada vez mais frequentes. Tsunamis, terremotos, erupções vulcânicas, furacões, tornados estão virando rotina.

Falhas técnicas, como vazamentos de óleo, causam catástrofes ambientais e a cada ano estas tragédias estão cada vez mais frequentes. Estamos verdadeiramente em uma situação perigosa. As pessoas perderam o senso de perigo não porque eles não existem, mas porque não conseguem mais pensar sobre eles, preferimos nos desconectar da realidade e seguir com o fluxo. No entanto, se pararmos e pensarmos sobre o tipo de mundo que estamos deixando para os nossos filhos, chegaremos à conclusão que não os estamos provendo com uma boa, segura e tranquila vida que lhes ofereçam satisfação, calor e confiança. Através da história nos desenvolvemos junto com os nossos egos, que nos forçou crescer e descobrirmos uma nova forma social, política e econômica.

Desenvolvemos a ciência e a tecnologia, fizemos inúmeras grandes coisas usando o nosso desejo de crescer e prosperar. Mas agora perdemos o nosso caminho; não sabemos mais como programar propriamente as vastas possibilidades ao nosso dispor. Hoje, a humanidade é como um grupo de pessoas vagando perdidas no deserto, sem saber para onde ir. Líderes mundiais, tomadores de decisões, pensadores, e cientistas se juntam em várias assembleias como G7, G8, ou G20, e mesmo assim eles não sabem o que decidir. Eles não têm um plano de resgate para os seus países ou para o mundo. Nossos egos constantemente nos empurram, mas o que acontecerá se continuarmos nos desenvolvendo como antes? Se continuarmos, poderemos terminar em uma destruição em massa, fome, pragas, e catástrofes climáticas e ecológicas. Existe outra maneira de desenvolvimento que poderíamos escolher?

Sabemos que o homem se desenvolve através de um ambiente social. Somos literalmente produtos desta influência, então porque não podemos construir um ambiente que nos desenvolveria em uma direção escolhida por nós? Talvez seja isso que precisamos fazer em nossa geração.
Existe uma boa razão para sentirmos que a Natureza não nos empurra mais para o desenvolvimento como antes. Isso é como se a Natureza estivesse esperando. Agora temos o conhecimento e a sensibilidade e talvez os meios para que certa forma arranjarmos a sociedade, pela primeira vez na história seremos capazes de determinar o nosso próprio desenvolvimento.

Atualmente, depois de milênios de desenvolvimento compulsório pela Natureza, nós agora temos informações suficientes, senso, e habilidades analíticas para nos desenvolver por nós mesmos, em um ambiente que por si só nos desenvolva. Agora a nossa única escolha é nos colocar em um bom meio ambiente e deixar que ele nos molde também.

Se usarmos a força do ambiente corretamente, seremos capazes de corrigir nossa Natureza, em vez de estarmos só centrados em nós mesmos, precisamos aprender a construir um bom ambiente. Até agora estávamos cegos ao vermos até onde os nossos egos nos puxaram e o que ele estava fazendo a nós, agora vemos que não estamos nos movendo para uma boa direção para prosperidade, segurança e paz mental.

Precisamos construir um bom ambiente que nos tornará pessoas sadias que usam o seus discernimentos e capacidades construtivamente, sendo assim, não precisaremos construir nada novo, exceto um bom ambiente.

Podemos construir um ambiente que é similar ao ambiente que construímos para as nossas crianças – onde cada criança recebe uma educação apropriada e o ambiente é guiado por educadores que sabem como usar e conduzir as crianças construtivamente.

Nosso desenvolvimento tecnológico, econômico, e comercial nos permite alocar muito tempo e energia para criarmos um novo ambiente. Oito por cento destes que estão disponíveis para o trabalho deveriam estar trabalhando na construção do ambiente, e somente 10-20 por cento destes que se encaixam para este trabalho deveriam se ocupar no que nós precisamos para nos sustentar.

Pesquisas indicam que 10% da população mundial são inclinadas a ajudar ao próximo. Elas se engajam em organizações de caridade, ajudam os pobres e doentes, trabalham em casas de caridade e viajam para lugares remotos para ajudarem pessoas desesperadas.

Ainda, estes idealistas, são muitos poucos. Seu desejo de ajudarem os outros também nasce do ego, que os levam a realizarem estes atos. Enquanto eles podem mesmo querendo dedicar suas vidas para o bem estar e progresso da sociedade, estes naturalmente nascidos 'egoístas – altruístas' são os focos da nova educação. O foco está na maioridade – as pessoas comuns que procuram somente o seu próprio benefício. A ideia é que todos adotem uma transformação positiva, para que o mundo possa mudar e todas essas forças direcionadas na destruição do mundo se transformem em beneficio para a humanidade.

O único meio de indução para estas mudanças é claro, é a educação. A educação depende de uma medida certa de aprendizado, de um fornecimento de informação. Precisamos estabelecer cursos, um ambiente virtual. Cultura, teatros, cinemas, músicas, livros, todos os quais descreverão o ambiente que deve ser criado neste mundo novo.

Embora tenhamos que ainda atualizar essas mudanças favoráveis, temos que nos educar construindo um bom ambiente para os adultos assim como para as crianças. Sendo assim, subiremos para um degrau mais amadurecido, no qual construiremos um novo sistema que afetara a todos positivamente.

Fazendo isto, as pessoas serão inundadas com uma miríade de bons exemplos que se manifestarão de todas as formas que o mundo pode nos afetar, até ao ponto no qual chegaremos a ser afetados por estes exemplos. E assim saberemos como nos comportar. Não teremos outra escolha por causa do ambiente que nos afetará para fazermos isto, desde que saibamos da força do ambiente sobre nós.

Mesmo que façamos isto artificialmente, os exemplos que recebemos continuarão nos afetando. Enquanto esses exemplos vierem de diferentes fontes, muitos contra a nossa vontade, eles continuam eficazes, primeiro contra nossa vontade e depois por nossa própria volição. Pouco a pouco aceitaremos isso porque o hábito se torna a segunda Natureza. E para nossa própria segurança e de nossas famílias e também para um futuro melhor seremos capazes de adotar novos valores. Agora, devemos nos organizar em direção a este novo caminho de existência.

Todas essas crises que estamos passando, todos estes estados que nos cercam em todas as coisas que fazemos, são descobertas de falhas que não conseguimos consertar na nossa Natureza.

Assim sendo, primeiro temos que entender o que esta "nova vida" implica para que possamos imagina-la e fantasiar sobre ela." Esta vida nova é a melhor possibilidade até nova utopia. Sendo assim, primeiro temos que mergulhar neste sonho.

Claramente, a melhor e a mais segura situação para todo o mundo é ser uma única e harmoniosa família que vive em um cuidado mutuo, onde todos dependem de todos, e o bem estar de todos depende do bem estar de toda a sociedade, onde um é por todos e todos por um. De acordo, que cada membro trabalhara com a sua melhor habilidade pela causa de todos. Em retorno, cada um recebera o que precisa para o seu sustento, enquanto estiver trabalhando para o bem estar social.

Se sentirem que estão garantidas, as pessoas são muito diferentes. A sociedade humana é diversa, com miríades de religiões, fés, e costumes, temos que tratar todos com entendimento e respeito, incluindo cada segmento e setor da sociedade humana. Precisamos abrir espaço para todos e respeitar os esforços das pessoas e seus hábitos. A ideia não é moldar as pessoas numa formula única ou apagar lacunas ou reforçar uma cultura uniforme para todos. Ao contrário, a ideia é que todos continuem como são, e acrescentar em nossa sociedade o bom espírito que prevalecerá entre nós. Somente uma forma de educação que gradualmente muda as pessoas poderá nos incitar a grandes mudanças na nossa estrutura social, estrutura política, e relações internacionais. A mudança levará a uma anulação das fronteiras dos estados, objetivando a criação de uma única, circular, global humanidade.

Não estamos determinando leis ou uma forma de agir, exceto que tudo que façamos seja por uma humanidade integral. Tudo deve ser feito para a nossa própria vontade, através da influência de um bom ambiente que ofereça um sentido de pertencimento e a habilidade de fazer concessões ao ponto de serem consideradas amor ao próximo.

Devemos entender que devemos nos organizar contra as ameaças da vida atual – o crescimento dos custos de sobrevivência, crises na educação, cultura, e em tudo que as nossas crianças estão expostas ao seu redor, precisamos lutar contra as drogas e o abuso do álcool, prostituição, e uma educação pobre, para que as nossas crianças sejam bem sucedidas na vida.

Nós precisamos nos "tratar' através de um ambiente saudável que nós construiremos com ajuda de educadores, psicólogos, e pessoas que entendam, como uma nova sociedade deverá ser construída e, o quanto isso nos afeta". É imperativo que todos nós demos boas-vindas a este ambiente e, que nós e as nossas crianças queiramos ser influenciadas por isto. Devemos começar a construir este sistema até que todos estejam sob a sua boa influência e comecemos a mudar.

Naturalmente, precisamos construir um sistema de comunicação aqui, um sistema de educação, um sistema para prover informações e um novo sistema de valores. Para isto precisamos de inúmeros profissionais de vários setores e meios de influência.

No entanto, nós não faremos isto da forma que o governo e os controladores de mídia fazem, manipulando as pessoas para os seus interesses usando de tudo ao seu dispor. Ao contrário, nós faremos isto junto com todos e claramente explicando o que estamos fazendo. Estamos construindo este ambiente para que isto nos afete, mas com a participação das massas, todas as pessoas, assim todos nós poderemos avançar juntos percebendo e entendendo a nossa própria construção.

Assim, através de nossa própria construção, as pessoas irão crescer em seu grau de autonomia e participarão em sua própria educação. Todos estarão envolvidos na construção do ambiente que por sua vez irá desenvolvê-los.

Se fizermos tudo isso, existirá uma esperança como a de um grupo de pessoas que se perderam no deserto, construiremos nosso próprio futuro. Isto não será uma utopia ou um futuro fantástico.

Mas real, na qual nos desenvolveremos de acordo com as nossas habilidades de sermos educados e mutuamente mudar através do ambiente que estamos criando.

E nesta maneira reciproca, nós constantemente melhoraremos este envelope, o ambiente que estamos construindo, ao nos educarmos um pouco mais. E a cada momento que chegarmos a um novo grau de educação, nós construiremos e redesenharemos o ambiente que continuará a nos influenciar com altos discernimentos e demandas.

Assim, nos encontraremos num constante estado de fluxo, por estudo e reconhecimento de si próprio tiraremos o melhor de nós mesmos e da situação presente, crescendo mais alto na escada da benevolência, consideração e amor.

Todos que participarem neste processo não irão simplesmente começar uma vida melhor e pacifica na qual todos se tratarão favoravelmente, em vez disso, sendo uma pessoa ativa parte do sistema, esta pessoa vai dobrar essa reciprocidade de aproximação com os outros através de uma boa educação, desta forma todo o sistema se constrói e desenha si mesmo.

Pela primeira vez na história, não estamos nos desenvolvendo através do ego. Pelo contrário, estamos nos desenvolvendo através de uma educação pessoal usando o ambiente. Estamos ficando menos egoístas, mais gentis e cooperativos. Em seguida, a grande crise da humanidade—que irrompeu por causa da falta de uma educação integral através do milênio—será resolvida, e os homens, o centro da criação, estarão em um nível que permitirá uma construção favorável de um ambiente adequado. Desta forma, os homens e o mundo inteiro atingirão a correção através uns dos outros.

Os slogans que ouvimos ecoando nos protestos no mundo todo das massas que demandam por justiça social, divisão, lucros divididos, e uma vida digna e moradia para todos, estão na verdade dizendo, "nós podemos fazer isto". Vamos construir por nós mesmos essa sociedade. Nosso planeta está pronto; ele tem tudo; e está por nossa conta como usar isto. '

Hoje vemos que as pessoas têm uma visão, uma voz, e força quando elas se conectam e demandam o que elas verdadeiramente precisam e, quando as demandas são verdadeiramente relevantes. Este não é o caso quando a demanda é por coisas que somente uma pequena porção das pessoas vai aproveitar, enquanto os outros são deixados de lado. Portanto, a esperança de ter uma vida decente acima da linha da pobreza, uma vida segura com uma boa educação, depende da construção do ambiente certo na sociedade certa.

O homem é a única criatura com um ego, que se desenvolve de geração em geração, de ano para ano, e de dia para dia. Desenvolvemo-nos de uma forma diferente dos animais e plantas. E como todo fenômeno natural nós devemos considerar esta manifestação como uma força boa.

O homem é a única criatura com um ego que se desenvolveu de geração em geração, de ano para ano, e de dia a dia. Desenvolvemo-nos diferentemente dos animais e plantas. E como qualquer outro fenômeno, devemos admitir isto como uma manifestação de uma força boa.

Mas quando os homens começaram a usar o ego a favor de si mesmos, existirão motivos para nos preocupar e nós devemos prever isto através da educação. Precisamos mostrar isto no fim, usando nossos egos para nós mesmos não vale a pena, o ambiente não consegue tolerar isto, porque o fere e finalmente fere os que estavam fazendo errado, também. Fazendo isto, faremos dos nossos egos uma força boa dentro de nós, uma qualidade boa na qual desenvolveremos.

Se previamente tivemos que labutar do amanhecer até a noite para alimentarmos a nossa família, criar animais em fazendas, arar a terra, hoje, obrigados pelo progresso gerado pelos nossos egos, fazemos maquinas e desenvolvemos tecnologia cientifica que nos permite trabalhar duas horas por dia para prover para nós e a nossa família sem viver abaixo da linha da pobreza tendo cada indivíduo da família o necessário, provisões, casa, roupas, aquecimento, plano de saúde, pensão, liberdade e educação. Nós verdadeiramente podemos fazer isto.

O instrumento com o qual nós podemos visar favoravelmente ou não é a intenção de beneficiar os outros. Devemos construir a nossa sociedade com a mesma intenção, onde minguem poderá usá-la para si mesma, mas somente para beneficiar os outros. Somente a educação pode nos prover com uma intenção de beneficiar os outros e, o nosso ambiente pode nos salvar, nos fazendo visar corretamente em relação ao nosso trabalho e comportamento.

Para impedir que nossos bebes sejam feridos, certificamos que não há objetos pontudos ou quinas cortantes ao seu redor, que os seus brinquedos não sejam muitos frágeis ou pesados ou grandes o suficiente para que eles não possam engoli-los. Colocando de outra forma, nós os colocamos em um ambiente no qual os bebes podem se desenvolver seguros e favoravelmente. Quando eles envelhecerem e souberem brincar apropriadamente e seguramente nós os deixaremos ter mais porque sabemos que eles os usarão de uma forma segura. Esta é a forma que eles usam para saber os limites além do qual o ego não é mais bom.

Como sociedade, nós precisamos mostrar a eles exemplos que servem para os seus níveis de desenvolvimento e educação que eles adquirirão. Sendo assim, pode-se monitorar e direcionar os seus egos propriamente para o benefício de todos.

Podemos definir hoje os seres humanos como egoístas que se perderam no caminho e a direção da vida, que não sabem como construir-se de uma forma positiva. Hoje as pessoas têm muitas demandas e elas não sabem como as satisfazes. Não sabem mais como sustentar as suas famílias e sentem medo pelas suas crianças, que estão ficando corrompidas e cada vez mais indisciplinadas e os seus pais não veem um futuro promissor para elas, para as suas famílias. Hoje as pessoas estão perdendo a esperança em si mesmas, em sua família, parentes, e no mundo. Mas como as pessoas tentam evitar pensar sobre isto, elas ainda conseguem tolerar a sua vida, que muitas das vezes parecem pior do que a morte.

O homem está quebrado, arruinado e perdido. Ele é parte de uma crise que engloba todos os níveis, o ambiente pessoal, social, a Natureza e a ecologia.

Até a nossa vida comum está em crise, o nosso trabalho ao qual somos tão dedicados, e escravizados a ele, tevê, e todas as mídias em geral. Isto tem um efeito adverso em nós, hoje nos encontramos sem trabalho e direção, e sentimos que fomos deixados de mãos vazias em todas as frontes. Por isso, começamos a perguntar a nos mesmos, "o que acontecera depois"? E estamos ficando mais abertos para pelo menos considerarmos uma nova direção de desenvolvimento. Precisamos ver como conseguiremos segurança, saúde, uma boa vida familiar, e uma educação própria para nossas crianças. Precisamos ver o que precisa ser feito para que as pessoas tenham emprego, como também outros tipos de preenchimento na vida, incluindo esperança e uma boa atmosfera de segurança.

Para conseguirmos tudo isso, devemos mudar e também a sociedade—cada um de nós e as conexões entre nós. Isso pode ser feito somente através de uma liberdade de escolha que temos, a única forma possível, o ambiente social: A influência do ambiente. Assim, precisamos construir este ambiente inteligentemente e conscientemente.

O nosso estado atual é desesperador, mas afortunadamente, o homem pertence a uma espécie inteligente que pode educar a si mesma. Não há dúvida que a educação das crianças hoje, está direcionada inapropriadamente; no entanto, podemos consertar isto. Temos que examinar que tipo de sociedade construiremos para nos educar. Não vai aparecer ninguém para nos dizer, "faça isto, faça aquilo; pare de lutar, seja bom." Devemos nós mesmos construir nosso ambiente com sabedoria e maturidade.

A Natureza "deliberadamente" nos fez o que somos, podemos mudar e nos erguer através do ambiente também. Se o ambiente é a única coisa que afeta as pessoas, precisamos construir um ambiente que afete a todos nós de uma forma positiva. Nesse tipo de estado, estamos nos educando. Ninguém vai aparecer para nos educar; em vez disso todo mundo discuti o problema juntos na esperança de encontrar uma forma de doação que vai nos transformar e construirá um novo ambiente.

O verdadeiro educador trata todos respeitosamente e confia na habilidade das pessoas para reconhecerem o que está errado. O educador confia na habilidade analítica do estudante, na habilidade de desenvolver um nível onde toda a criação é entendida. Sendo assim, ninguém aparecerá do nada para educar a humanidade como se estivéssemos em um gigante jardim de infância. Estamos corrigindo a humanidade e nos corrigindo e que de certa forma nos corrigirá doravante.

Pela primeira vez na história, existe um novo desenvolvimento pelo qual a humanidade está construindo a si mesma. A crise atual não nos deixa outra opção, mas avançar trazendo a humanidade junta com cada um de nós. Cada pessoa conosco. Cada pessoa deve se elevar para um nível de participação, reciprocidade, consideração e responsabilidade mútua, para o nível "ame o seu amigo como a si mesmo." "Isto é chamado: educando a si mesmo para alcançar o nível humano."

E queremos fazer isto com entendimento, reconhecimento, e atenção.

Primeiramente, saberemos que estamos fazendo isto, e o tipo de mudanças que irão acontecer. Cada um de nós será o analista, e também preenchera o papel de outros no grupo, cada pessoa deverá se tornar um especialista da Natureza humana.

Parece que existe uma contradição aqui porque no começo devemos tratar as pessoas como se elas não soubessem de nada. Claro, isso não é culpa delas; assim chegamos à crise. E ainda, todos devem ser tratados com respeito por suas habilidades e potencial para mudar o mundo inteiro.

Começamos dizendo que nós somos como pessoas que se perderam no deserto. Agora devemos encontrar nosso destino, uma vida boa, que estamos agora procurando. Durante e depois dessa procura, construiremos um mundo com abundancia bem dentro do deserto.

Primeiro, agiremos em favor do grupo, depois em favor da nossa vizinhança, depois em favor do estado, e depois em favor do mundo, de acordo com o caminhar do nosso desenvolvimento.

Desta forma, mudanças ocorrerão com as pessoas, para que elas vejam essas ações necessárias para a nossa continuação, desde que não há outra escolha. De fato, ou a humanidade se deteriora em uma guerra nuclear e destruição global (o que pode acontecer mesmo sem as guerras), ou mudamos para uma direção favorável. Esta é a encruzilhada na qual nos encontramos.

A forma utópica deve ser que definitivamente todos terão que viver num mesmo nível, recebendo o que se precisa para ter uma vida decente enquanto se preocupa com os outros. Teremos capacidade de fazer parte da vida com o todo da sociedade. A paixão dos homens não será abolida, e ainda existirá competição, inveja, luxuria, e desejos por respeito e dominação. O ego permanecerá como é, mas encontrará novas expressões para isto e trabalhará em favor da humanidade.

E é aqui onde devemos trabalhar em uma nova forma diferente. Isto são coisas que deve desafiar qualquer um—como usar a inveja, a luxuria e dominação, a procura por honrarias, o conhecimento e a inerente astucia favoravelmente, e não ao contrário. Isto não significa que não precisamos nos instalar para termos alimentos, família, casa, segurança e nada mais. Podemos manter o crescimento o padrão de existência no mundo todo e ainda manter o equilíbrio com a Natureza, em um equilibrado estado nós não sofreremos com as catástrofes naturais e ainda seremos capazes de prosperar. Não é a nossa intenção que as pessoas vivam como animais, satisfeitas apenas com o mínimo, mas, todos vivendo além da linha da pobreza.

Para isto, precisamos novas cortes para que as pessoas possam ser julgadas de acordo com o seu apropriado ou não apropriado comportamento e ações, em outras palavras, o ambiente continuará educando mediamente, mas todos saberão pela reação do comportamento do ambiente se eles estão se comportando propriamente ou não.

Se a intenção da pessoa é beneficiar o ambiente, aquela pessoa e a sua família serão recompensadas com honras e benefícios. Mas se a pessoa agir ao contrário, pressão social a influenciará para mudar o seu comportamento, no entanto, isto não será feito por opressão, mas somente através de amigos, família, do ambiente social. O objetivo será se sentir bem consigo mesmo através de ações certas.

Precisaremos determinar se as pessoas estão demandando somente o que é necessário para uma vida saudável ou não. As necessidades de todos devem ser determinadas e registradas de acordo com o caráter do indivíduo, hábitos e circunstâncias, e um serviço proverá a todos o que eles precisam de acordo com essa informação.

Tem muitas coisas que precisamos esclarecer sobre como devemos administrar socialmente o ambiente. Haverá sistemas similares àqueles que existem atualmente, ou precisaremos estabelecer sistemas novos? Precisaremos examinar cada aspecto e tentarmos melhorar o que pudermos.

Estamos constantemente construindo o ambiente como um elemento educador por nós mesmos.

O ambiente deverá ser sempre um degrau melhor e mais avançado do que este que estamos agora para que nos afete positivamente. E desta forma poderemos nos elevar para um nível mais elevado.

Eu constantemente procuro uma imagem que poderia melhor me ensinar como me comportar. Como essa imagem me afetaria? Como eu poderia mantê-la junto a mim como uma imagem educadora pela qual eu pudesse me manter ligado? De fato essa imagem é o "eu", que atingiu um nível superior.

E por causa dessa imagem de ser o meu "eu" melhorado, "luto para trazer minhas qualidades presentes acima daquelas imagens". Que construí.

Existem traços nessa imagem que Eu imagino, mas não são fantasias. Mas sim, são levemente melhores que minha própria imagem. Eu crio isto examinando meu atual traço e determinando quais os traços defeituosos que vejo em mim hoje. A camada ruim que apareceu para mim é aquela que eu quero consertar.

Consequentemente, eu imagino aquela camada na sua forma oposta, na forma educada do ambiente, desde que a imagem do educador e a imagem do ambiente sejam iguais.

Você precisa examinar como deseja ver si mesmo se tivesse que corrigir os seus traços negativos em relação aos outros. Isto é, você faria uma imagem num estado mais avançado em termos de benevolência e cuidado pelo ambiente. Isto é chamado "imagem do educador" ou "imagem do ambiente", "a imagem da sociedade". No total, isto é chamado "escolhendo um ambiente melhor o tempo todo". "

Assim quando você ficar impressionado e inspirado por aquela forma, você tenta levantar si mesmo para aqueles princípios e valores, cada vez imaginando uma forma melhor e tentando ser atraído para isto. Você imagina formas melhores que a sua, e chega a um ponto onde você é capaz de avançar, só que você não sabe como. Depois, tudo que você precisa fazer é perguntar o ambiente para afeta-lo. Se você está em ambiente saudável, você será encorajado a estar num ambiente que você imagina.

Como chegamos a um estado onde nos sentimos mal? Vivemos em certo tipo de ambiente social, num círculo social. Este ambiente consiste em outros que como Eu está fazendo parte em uma educação integral. Neste círculo social Eu descubro onde estou onde estou errando e o que preciso corrigir. Isto e chamado "reconhecimento onde não estou bem em relação ao ambiente social." o ambiente me mostra o meu próximo nível, e Eu posso ver isto porque faço parte deste ambiente.

Se Eu não fizesse, como Eu poderia reconhecer o mal? Precisamos do ambiente como base de medida para nós mesmos. Claro, que tudo acima não tem nada com abraços físicos, mas com a minha vontade de tratar os outros como eles me tratam---bem. Reconhecer o mal é medida pela sua atitude com os outros, como Eu me comparo com os outros. Tem que haver um padrão, uma escala para isto, e é isto que Eu detecto--- essa atitude para mim opõe-se a minha própria atitude para com eles. Essa lacuna entre eles é chamada, "reconhecimento do mal.".

Através do que você absorve do ambiente, você se sente como inferior comparado a isto. A atitude do ambiente para com você é considerada melhor que a sua atitude para com ele. Porque você está num nível baixo, você sente isto como uma falha do seu ego, e que de outra forma você não tem escolha senão se aproximar deles, assemelhar a eles, e equalizar com eles. Assim, o ambiente constantemente lhe dá bons exemplos, e você não tem escolha senão corresponder constantemente com ele, assim como as crianças aprendem no jardim de infância com os professores.

Para estreitar a conexão com o ambiente, precisamos exercer nossos próprios esforços. Precisamos influenciar uns aos outros em crescimento aproximado e conexão. Assim, fora da nossa conexão natural noticiaremos mudanças em todos.

Sumarizando, a coisa mais importante para nós é continuar examinando o espirito global do nosso ambiente, sempre lutando em permanecer na direção do vínculo, consideração, reciprocidade, e amor. Assim você mudara querendo ou não. Naturalmente, ninguém quer mudar. Conhecemos a Natureza humana. Mas não temos escolha, mas sim entrar num sistema que nos mudara contra o nosso desejo inicial---contra a nossa Natureza egoísta.

O ambiente não nos mudara de uma forma de nos corrompermos, mas, mudara somente como usamos o ego--- como a forma centralizada do uso do ego para um a forma construtiva--- em favor de outros, o ambiente e a humanidade. Depois, todos que estão administrando essa educação mudarão e assim construirão um mundo novo.

CAPÍTULO NOVE

O Fim Do Ego

O QUE MUDOU NA NOSSA RELAÇÃO?

Depois de séculos de desenvolvimento da ciência, estamos descobrindo que existem leis fundamentais no nosso mundo que afetam a qualidade de nossas vidas. Nosso trabalho nesse mundo é desenvolver e descobrir essas leis naturais no mundo que nos cerca. Como seres inteligentes, somos diferenciados do reino dos animais e podemos testar e examinar essas leis da Natureza—o que nos beneficia, e o que nos fere, como improvisar isto em nossas vidas, e como assegurar um futuro melhor.

O homem não é um animal que age por instinto, guiado apenas por sua vontade, ditando o seu comportamento guiado pelo seu interior. Diferente dos animais, o homem tem liberdade de escolha em suas ações. Mas esta liberdade produz indesejáveis resultados. Os seres às vezes machucam a si mesmos, enquanto os animais não. Animais não usam drogas ou álcool, ou se machucam desnecessariamente. Eles se alimentam uns dos outros, mas somente para se sustentarem não por eles terem um ego ou por serem inclinados para ferirem ou dominar os outros.

Em outras palavras, os humanos têm "muitos desejos" que não é majorado pelas leis absolutas da Natureza. Mas, podemos usar a nossa vontade livremente—para o melhor ou o pior. Nossos desejos vão além de comer, reproduzir e construir um ninho ou uma represa. Nos também desejamos viajar, ver o mundo, de desenvolver ciências, conhecimento, cultura, educação, ou seja, lá o que for mais que faça a vida ficar prazerosa.

Por alguma razão, os humanos conduzem suas vidas de uma maneira pior que os animais. Às vezes sentem inveja de gatos e cachorros porque as suas vidas são boas e seguras, e eles parecem que tem tudo que precisam. Os humanos estão constantemente sofrendo, estressados, competindo e se consumindo. Quando olhamos os outros, nos os invejamos e os odiamos, ainda demandamos respeito deles. Através da história, nos nunca sabemos como usar os nossos traços superiores. Em vez de estabelecer felicidade, boa vida, chegamos a um lugar de depressão e sem esperança.

A vida de um indivíduo começa com uma gota de sêmen do pai. A Natureza nos preparou um lugar seguro para desenvolvermos, um útero que nos protege. Uma vez que crescemos num abrigo protegido no útero, nós nascemos neste mundo, descansamos nos braços da mãe e do pai que nos protege porque somos dependentes deles e não podemos lidar conosco.

A sociedade, também, toma conta das crianças e as tratam com entendimento até que cresçam. Isto é como tem sido por gerações até recentemente, quando isto, foi prejudicado. Mas até a maturidade, quando podemos ficar de pé e nos sustentarmos, nos recebemos suporte de nossos vizinhos e da sociedade geral, o que ajuda o nosso desenvolvimento.

Somos brandos com as nossas crianças para com as nossas crianças provendo suas necessidades porque não podemos pedir para eles serem independentes enquanto continuam a se desenvolverem. Nossa relação para com a nova geração está instintivamente embebida em nós pela Natureza.

Depois, quando as crianças se tornam adultas, elas se juntam ao círculo da vida, e a atitude da sociedade para com eles muda abruptamente. As Leis da Natureza atribuem responsabilidades, e a família e o ambiente demandam responsabilidade e confiança. As coisas erradas que fazíamos quando tínhamos dez anos, eram tratadas maliciosamente, serão agora tratadas diferentemente quando se tem vinte anos e poderá ser punido por isso.

Existe uma inversão na atitude da sociedade em relação a nós. Quando somos jovens, a Natureza e o ambiente social são considerados gentis. Tao cedo envelhecemos as atitudes em nossa relação muda e nos parece desconsiderada, enquanto preferíamos sermos tratados como crianças, não querendo crescer. Queremos ser desculpados e sermos tratados bem como éramos antes, mas as circunstancias mudaram. Agora é esperado de nós preenchermos alguns papeis se formos bem tratados bem ambiente. O perdão que estávamos acostumados na infância e adolescência acabou.

A mudança de atitude em relação a nós pela Natureza é extrema. Entre os animais, os parentes os protegem a sua juventude até que eles estejam em pé para poderem se mover e conhecerem os arredores. Com uns poucos meses ou até em dois anos, dependendo da espécie, os jovens se libertam e devem prover para si mesmos a sua subsistência, segurança, crescendo acima de sua própria juventude ou fazendo parte de seu grupo.

Não parece que isto precisa ser assim para nós porque a nossa sociedade é inteligente, conhecedora e compreensiva. Usamos a nossa inteligência para mudar o mundo, melhorando-o e deixando-o mais confortável. Então, porque não podemos fazer um mundo melhor para os adultos? Assim que chegamos à idade adulta e começamos levar as nossas vidas, porque não conseguimos construir para nos mesmos uma vida boa e uma relação favorável e continuarmos assim? Afinal de contas, vemos que a Natureza nos promoveu através da evolução, impôs o sofrimento e mudanças através da pressão, punições e tormentas, para que provavelmente pudéssemos ser guiados e aprender com a Natureza.

De fato, se nos relacionar com o ambiente socialmente propriamente e construirmos juntos uma sociedade saudável, viveremos como antes quando nascemos, quando estávamos protegidos no útero, é como fazemos depois do nascimento nas " incubadoras" da família, no jardim da infância e escola. Porque não podemos nos relacionar uns com os outros desta forma e continuarmos isto de uma forma favorável? Também, e se isto fosse anteriormente assim, o que nos previne em continuar está boa e saudável direção de vida?

Se examinarmos a história notaremos que as gerações anteriores viveram em clãs, como vilas, onde cada cuidava do outro. Os homens caçavam juntos para conseguir alimentos para o clã, e as mulheres ficavam em casa, preparando a comida, e cuidando das crianças. Todo mundo cuidava das crianças dos outros. Hoje ainda podemos encontrar essa forma de vida em partes diferentes do mundo.

Então, porque não conseguimos nos desenvolver dessa forma, mantendo esse ambiente saudável numa escala maior usando tecnologia, cultura e educação que desenvolvemos? O que estragou essas relações? O que mudou?

O que aconteceu é que os nossos egos cresceram, e o resultado é que nos derivamos aparte uns dos outros. Começamos a olhar um para os outros não como irmãos, mas como competidores, avaliando quem vale mais quem vale menos. Agora queremos dominar os outros, "comprar" como empregados ou escravos. Queremos até roubar eles porque já não temos nada em comum com eles, como manter uma casa juntos.

Nossos egos começaram a nos separar e nos afastar daquela sociedade primitiva, aquela comunidade primordial, e estragou as coisas para nós. Se os nossos egos não tivessem crescido, se tivéssemos crescidos somente em conhecimento, as coisas poderiam ser melhores.

O problema é que o crescimento do ego nos levou a obtermos conhecimento e descobrir novas coisas. O impulso do desenvolvimento do ego para o nosso crescimento e o desejo de receber mais e mais, é bom. Mas, se este desejo se desenvolvesse na direção de obter coisas boas não somente para si mesma, mas para o nosso ambiente, isto poderia ser melhor. Se soubéssemos sobre isto em tempo e tendêssemos para isto uma vez, poderíamos superar o ego e isto não nos separaríamos.

Poderíamos ver isto e todas as suas ações—alimentando esses desejos em nós—teria se transformado somente em benefício do ambiente.

Mas é isto possível? História prova que não. Assim sendo, temos desenvolvido os nossos egos e eles cresceram em uma montanha de ódio, inveja, procura de honras, e no desejo de dominar os outros. E é por isto que estamos passando por essa crise hoje. Temos tudo, e por causa de nossa atitude doente em relação aos outros não podemos estabelecer leis justas, estamos infelizes, maldosos, e inseguros. Por causa da competição entre nós, estamos destruindo a Natureza e a ecologia, desde que estamos usando os nossos egos para ferirmos. Não podemos controlar os nossos egos e o resultado, nossas vidas estão cada vez piores.

A Natureza, que nos desenvolve através de suas leis, nos trata de duas formas. De certa maneira isto intensifica os nossos egos. De certa maneira, como o ego está em constante evolução ele nos separa e nos posiciona uns contra os outros. E isto é a causa de tudo que nos acontece de mal, e por nossas punições.

Mas o que posso fazer se se tenho duas forças em mim? Por outro lado, tem uma inclinação em mim que dá esta sensação de satisfação, quando benefício a mim mesmo nas custas dos outros. Por outro lado, nesta mesma inclinação, não sinto nenhuma satisfação porque quando uso o resultado é que tudo---sociedade, ciência, educação, cultura, e vida pessoal---fica arruinada pela mesma força de desenvolvimento, chamada de ego. A questão é, " Podemos mudar a forma de como usamos os nossos egos? E se podemos, como?

A Natureza é a força que nos cerca e opera na totalidade da realidade de uma forma uniforme, seguindo uma só única lei—a lei da unificação, participação e amor, a lei da doação esta é a forma de como a Natureza opera em todas as suas partes e em todos os níveis. —a matéria, o vegetal, o animado e o humano. E isto é assim porque existe a evolução, na qual não seria possível se a Natureza não colocasse calor, alimento, e tudo mais que é necessário para o crescimento.

Se não pudermos encontrar em nós a força que contém o ego, a Natureza que nos permitirá usá-lo de forma positiva. Isto não significa que devemos parar de ser egoístas, porque precisamente através desta motivação obtemos muitas coisas além de alimento, roupa, casa e saúde. Pelo terceiro dia, no nosso chamado 'tempo livre', podemos fazer muitas coisas que poderia ser bom para todos.

Se o ego nos trouxe a essa excelência de desenvolvimento tecnológico, devemos aprender usar isso da melhor forma possível, para aproveitar e dirigir isto para fora do ódio dos outros e na direção do amor ao próximo. Assim, manteremos o nosso padrão de vida, e continuaremos a nos desenvolvermos no reino da vida neste mundo, família, educação infantil, cultura, saúde e tudo mais.

Se ao menos soubéssemos como usar a nossa Natureza egoísta em favor do ambiente e na sociedade, desenvolveríamos nossos egos e nossos arredores e faríamos isto em uma boa e de maneira favorável. Temos que pensar sobre como dar as pessoas a habilidade de levar em consideração toda a sociedade, eles se sentiriam como as pessoas que viviam a milhares de anos atrás quando eles viviam em clãs, em pequenas vilas, quando eram todos vizinhos. Temos que ajudar as pessoas a sair desse estado de não pensar nos outros.

Tempos atrás, as pessoas consideravam todos como uma só entidade porque o ego não estava ainda desenvolvido nas pessoas. Pode hoje as pessoas progredir com os seus egos para ficarem acima dele, em relação a todos os considerando como família? Podemos encontrar rapidamente a cura que nos faria enxergar através de uma perspectiva integral, que todos são um só? Eu considero todos sete bilhões de pessoas como parte de mim, uma coisa que eu não sabia nem sentia antes?

Isto seria muito diferente para mim hoje, quando patronizo os outros. Em vez de, de sentir que eu teria que cuidar deles tão bem como eu cuido de mim ou de meu filho, no qual eu cuido antes mesmo de mim. Qual é a "cura" na qual eu conserto nossa relação e as nossas relações e atitudes com o ambiente e com a humanidade? Se encontrarmos isto, não há dúvida que vamos ser capazes de continuar prosperando apesar da crise que aparentemente está prendendo o nosso desenvolvimento. Agora, e se nós não tivéssemos lugar para desenvolvermos; estamos num impasse, sentindo como se tivéssemos perdido nossa direção no deserto sem saber para onde ir.

Portanto, precisamos considerar onde derivar a força para usar positivamente a nossa Natureza. Atualmente, nós constantemente queremos trazer o mundo inteiro sobre a nossa governança para o nosso próprio benefício. No entanto, somos nós mesmos que sofremos com esta intenção e mesmo assim ainda operamos desta forma. Se invertermos nossas atitudes e pensamentos para o bem estar dos outros e do ambiente como pensamos para as nossas crianças, instintivamente o mundo seria preenchido com amor.

Além disso, talvez finalmente entendamos que somos nós que arruinamos o nosso mundo; corrupção não vem de fora de nós. Talvez se estabelecêssemos entre nós relações baseadas em carinho, consideração, e união, causaríamos a Natureza e ao nosso ambiente em nos considerarmos também.

Recentes estudos mostraram que todas as partes da Natureza estão conectadas, que a Natureza é "circular" e integral e estamos afetando adversamente o inanimado, vegetal, e o nível animado da Natureza. Se estabelecermos boas relações entre nós, não só o nosso comportamento para com a Natureza e o ambiente mudaria da atual tendência de corrupção e ruina, mas também a qualidade das nossas relações melhoraria.

A relação entre nós é baseada em nossa forca mental e intelectual, na força de nossos desejos. Essas são as forças as maiores forças da realidade. Essas forças existem neste mesmo campo, passando através do nosso mundo todo de ponta a ponta, e governando todos os sistemas—do interstelar até o humano. Portanto, podemos balanceando nossas relações, induzir uma melhora balanceada na Natureza. Não somente ficamos balanceados, mas todo o nosso mundo ficara mais calmo e mais balanceado.

A Natureza nos ensina que o único caminho que podemos influenciar as pessoas é através do ambiente, precisamente por causa dos nossos desejos egoísticos de governar acima do ambiente, querendo governa-lo e usá-lo para benefício próprio e "dobra-lo" para seu governo. Se posicionarmos uma pessoa em um ambiente que apresenta o oposto—esperando que ela seja amável e compreensiva, ou ela será rejeitada—e a pessoa terá que inverter a tendência original para inveja, luxuria, honra, e poder para seguir a demanda social em favor dos outros.
Isto é precisamente que a inclinação ao mal em nós que demanda a conexão com o ambiente, exceto, atualmente que a conexão se apresenta de tal forma que a inclinação ao mal reina. Sem revogar essa conexão, o ambiente nos fara entender que queremos ser melhores e orgulhosos, devemos operar amavelmente, não cruelmente. Gradualmente, porque nós dependemos da sociedade, o que as pessoas precisam entender que o desejo em seu benefício em detrimento da sociedade, tem que ser invertido em favor da sociedade.

Podemos ver isso em exemplos corrompidos em nosso mundo. Veja uma pessoa que deseja ser eleita para presidente. De fato, essa pessoa quer governar, mostrando a todos para ele ou ela que ele é o melhor, fazendo novas leis, estabelecendo um novo regime, criando um novo governo, sendo superior a todos. Mas, depois o eleito diz a todo mundo o oposto. "Eu servirei melhor as suas necessidades que todos; tenho somente os seus interesses na mente, eu sou a sua melhor escolha; eu serei o seu pai e sua mãe."

Este é um comportamento comum nessas situações. Nossas intenções para com o ambiente podem ser completamente egoísticas, mas entendemos que devemos agir de forma oposta, assim pretendemos.

Assim, só existe uma forma de fazer a mudança. Se nos mostrar as pessoas um ambiente que os educara para novos valores, não teremos problemas. Uma pessoa egoísta quer ser presidente, que promete todo trabalho, casas, férias, saúde, e segurança, será tratada dessa forma pela sociedade.

A sociedade ira dizer, "se você quer ser presidente, primeiro trabalhe para nós, traga bons resultados, depois o apreciaremos. Dar-lhe-emos o que merece de acordo com as coisas boas que faz para nos."

Em outras palavras, estamos voltando à situação onde não podemos reclamar de ninguém.

Enquanto estamos tentando mudar as nossas vidas, não podemos exigir ninguém que mude as suas. Não estamos apontando o dedo para as pessoas, demandando que mudem. Essa demanda, essa abordagem geral, não é muito inteligente. O que podemos fazer é alcançar cada pessoa indiretamente através do ambiente, para afetar ele ou ela de certa forma que a pessoa recebera tudo que precisa, sem fazer nenhum esforço. A pessoa irá crescer como se tivesse numa estufa, com umidade e temperatura certa, numa condição ideal, e jogando e agindo, essa pessoa crescera num molde de uma nova sociedade, e será feliz, como uma criança aprendendo como brincar e assim entender e se tornar um adulto melhor.

Em outras palavras, isto depende da influência do ambiente na pessoa. Se formos espertos não precisaremos pensar como devemos mudar. Em vez de, criarmos um "teatro," um jogo da vida que é divertido jogar. Gastaremos o tempo livre que o ego deixou para nós em construirmos um ambiente bom e apropriado para nós. Com ajuda de educadores, tudo que assistentes, e professores sem muita contemplação profunda ou esforço, cresceremos como crianças que crescem brincando, atingindo mudanças facilmente. Tudo que precisamos saber e como usaremos inteligentemente o tempo livre e as leis que estamos aprendendo sobre isto, e como nos conduzir de maneira apropriada.

Não fizemos isto previamente porque não sabíamos sobre isto. Éramos muito inocentes para vermos o mal nisto. Pensávamos que o ego estava nos ajudando a desenvolvermos, e não os consideravam ruins. Sentíamos que ele nos empurrava para frente, nos construindo, famílias, sociedades, nações. Mas, não sentíamos ficamos removidos uns dos outros. Não percebíamos que o ego poderia infligir tanta ruina e dor.

Somente nestes recentes anos começamos a ver como desesperados estamos. Somente construindo um novo ambiente podemos nos influenciar para criar "novos humanos" numa incubadora—como num ambiente, ou estufa". Como um escultor, este ambiente nos moldara em novos seres. Em vez de usar a forca que temos acima do animal para sermos maus seres humanos, seremos bons seres humanos.

Para que isto aconteça, usaremos a forca que existe na sociedade, no ambiente, na humanidade para uma positiva direção. Qualquer um que começar ter um vínculo com os outros sentira que ele ou ela estão juntos com todos no coração e na alma, na mente, aparentemente um corpo. Isto será tão forte que perceberemos esses pensamentos reverberando no mundo, e cada um de nós estará aparentemente incluído no total da humanidade em nós.

E assim veremos o impacto da evolução e da Natureza em nós que nos trouxe a um maravilhoso estado onde cada um de nós sente a si mesma como um todo. Chegaremos a um estado onde a pessoa deixa a sensação desta breve e limitada vida e começa a sentir o mundo integralmente através do todo da humanidade. Desta forma, atualizaremos a forca primaria da vida. O ego, que nos separa e nos eleva acima do nível animado, depois nos elevara ao nível humano.

Como animais, somos diferentes dos outros animais, desejamos usar o ambiente ou ao nosso favor ou em detrimento do ambiente. Usando o ambiente em meu favor significa que eu quero receber tudo que o ambiente tem a oferecer. Se eu quero usar o ambiente de uma maneira cruel, para o seu próprio detrimento, sendo assim posso explorar os outros monetariamente através de fraudes, ou invadir outros países para escravizar as pessoas e levar os seus recursos naturais.

Em outras palavras, os homens se levantam acima do nível do mundo animal em dois aspectos: em consideração ao ambiente, e em consideração a visão humana. Por outro lado, o ambiente humano é algo que os animais não têm, no entanto, a Natureza construiu o ambiente humano para nós, nos amarrou a isto, e nos compele em viver nele, se desejamos viver no conforto. Não poderíamos viver como humanos sem isto. Se tivéssemos que viver nas selvas, descenderíamos ao nível animal.

Portanto, quando usamos o ambiente para o seu detrimento, nós eventualmente acabamos numa crise, desde que somos independentes, e essa dependência nos causa o ódio entre nós, assim, isto leva tudo a uma imobilização e a vida já não e mais boa. Isto não traz prazer, liberdade, ou calor, ao contrário, a vida e tão mecânica e intimidadora que preferimos escapar com uso de drogas ou álcool, ou mesmo tentar matar os outros porque não sabemos o que fazer com os outros ao nosso redor.

Isto e uma terrível situação, mas esta e a nossa realidade. Estamos insatisfeitos com a vida, olhamos para as escolas de nossos filhos e da atmosfera ali, e ninguém está satisfeito com o que vê. Tudo o que podemos dizer para nós mesmo que isto é o mínimo de todo o mal.

Por outro lado, temos inteligência humana, que os animais não têm. Com isto, podemos criticar as coisas que encontramos e traçar conclusões, que a fonte da nossa vida severa é a nossa atitude com o nosso ambiente. Se essa atitude se torna boa seremos capazes de alimentar o mundo inteiro só com a sobra da produção de alimentos que descartamos. Os fundos que gastamos com armas seria o suficiente para construirmos casas com piscinas para cada pessoa no mundo! E tem ainda mais o que poderia fazer para preservar a Natureza em cada área no planeta.

Há poucos anos atrás as pessoas estavam excitadas sobre um novo acelerador de partículas na Suíça que estava tentando descobrir a partícula bóson de Higgs, que supostamente excede a velocidade da luz. Construindo esse acelerador requer coletar dinheiro através de muitos anos, mas o montante requerido para financiar todo o projeto foi igual o montante gasto pelas forças armadas americanas em apenas duas semanas no Iraque.

Isto é apenas um único exemplo do que poderíamos fazer com o dinheiro se a nossa atitude fosse diferente com o nosso meio ambiente, e não estaríamos gastando fortunas com defesa e armas.

Podemos ver o tesouro que temos uma mina de ouro que estamos jogando fora, e os nossos egos estão consumindo tudo, não deixando usar nossos recursos para termos uma vida boa.

Se pudéssemos examinar o que poderíamos adquirir quando a corrida armamentista parar e o desperdício- da produção parar, veríamos que cinco ou dez por cento da população mundial poderia prover por toda a humanidade. Em outras palavras, a única razão do desperdício de produção é causa de nossos egos.

Portanto, se produzíssemos somente o que precisamos para nos sustentar estaríamos usando o nosso tempo livre tomando sol. Para mantermos a atitude certa com o meio ambiente, precisaremos criar um ambiente favorável todos os dias. E é por esta razão que estamos recebendo este tempo livre. Cada pessoa ficaria aliviada de cuidar de si mesma. Precisara aceitar que é um novo mundo e que as novas relações podem ocasionar, e depois tender para novas conexões. Para estar liberado para cuidarmos de nós mesmos teremos que promover nossa relação com o meio ambiente constantemente dando preferência acima da inclinação de nossos egos.

Estamos falando de usar as forças conhecidas da Natureza, mas as pessoas concordarão em fazer isto somente quando elas não tiverem mais escolha, quando milhões de desempregados tomarem as ruas e as mães ficarem com medo de mandarem seus filhos para a escola por causa da violência, drogas e prostituição. Esta será uma situação onde as pessoas estarão com medo de saírem de casa, e ninguém saberá o vai acontecer amanhã em respeito com a sua segurança e saúde.

Neste estado, todo o desenvolvimento da cultura—o que é muito importante para nos humanos, parar. Temos que determinar que a vida que estamos vivendo não é considerada uma vida verdadeira.

Até hoje, poucas pessoas querem casar e terem filhos. Nossas próprias crianças não querem existir mais e questionam porque as trouxemos para este mundo. Estamos chegando a uma geração que não vê nenhum futuro, e não podemos viver, e muito menos desenvolvermos sem uma visão do futuro. Esta é a razão do desespero e depressão são as doenças mais comuns no mundo inteiro, com antidepressantes dados até para os nossos animais de estimação.

Teoricamente, poderíamos termos evoluídos maravilhosamente quando estamos evoluindo instintivamente como irmãos, todos juntos. Mas falhamos porque enquanto estávamos desenvolvendo naturalmente com os nossos egos, chegamos a esse estado só porque agora podemos ver que o ego é a nossa inclinação ao mal, e nos fere. Quem entre nós pensou que o nosso ego era ruim?

Por um tempo, quando eu era criança eu amava tecnologia e ciência, então fui para a escola. Participei de vários cursos e mais tarde fui para uma universidade. Quando terminei meus estudos acadêmicos, trabalhei num centro pesquisa. Meu ego estava me empurrando para coisas que eu pensava que eram boas. Eu queria conhecer o mundo. Isto era certo tipo de desejo por controle, exceto que isto não era o objetivo de dominação forçada sobre os outros, mas acima disto.

Naquele tempo pensei que não ligava para a humanidade; eu não queria olhar para aquelas patéticas pequenas criaturas. Eu queria ser com Deus, para saber tudo o que acontece, para estar no nível das leis, nas mais altas qualidades da Natureza que governam os homens. Eu queria absorver e entender tudo—a sabedoria da Natureza, as capacidades da Natureza—e não somente ser superior no nível humano. Embora naquele tempo aquele traço não estivesse tão evidente para mim, em retrospecto eu entendi que isto era decorrente de um desejo de controlar.

Eu me lembro como eu me relacionava com a humanidade e com tudo na terra. Eu não queria somente absorver o nosso planeta, eu queria estar num nível onde eu absorveria todo o planeta. Enquanto esta forma é egoísta, naqueles tempos isto levou em frente na direção do desenvolvimento. Somente mais tarde eu percebi que o desenvolvimento não for a favor da humanidade isto não é bom.

"Atualmente, existem vários níveis do "mal." Eu poderia estar doando para a humanidade porque eu não teria outra escolha, ou porque eu queria receber recompensas para mim. Alternativamente, isto poderia ser porque simplesmente eu amo a humanidade. Embora eu pense que me benefício em dar, comecei a entender que fazendo isto é tão bom mesmo quando não sou imediatamente recompensado. Tem uma força especial neste traço que aquece o meu coração e amplia minhas sensações assim eu somente sinto prazer em amar os outros, não pelo o que eu poderia receber deles em retorno.

De repente, um vazio que desconhecíamos aparece em nossos sentimentos e na nossa consciência. Mas gradualmente, através da causa e efeito, abrimos mais e mais qualidades que estavam latentes, mas que neste momento estão se desenvolvendo. Através dessas coisas triviais que normalmente já usamos essas qualidades que já existiam em nós, mas previamente não reconhecíamos o mal, portanto não poderíamos usa-las para nos tratar.

Precisamos entender que é precisamente o crescimento do ego que nos empurra para obtermos sabedoria. É desta forma que ele nos promove. Através do ego e não da inclinação ao mal. Existem dois níveis do ego. Um nível é aonde eu quero me preencher, com conhecimento, um sentimento bom, comida, sexo e família. É como se eu estivesse sozinho no mundo, sem machucar ninguém, como qualquer outro organismo que satisfaz a si mesmo. O outro nível do ego é onde existe a inclinação ao mal, onde eu quero me preencher com riqueza, honra e conhecimento, coisas que só consigo explorando o meio ambiente e ou outros.

Riqueza, honra, conhecimento são os níveis acima do nível animado. São estes os desejos humanos, que eu uso para satisfazer a parte humana em mim. Derivam do ego e do meu desejo de me satisfazer o máximo possível. Esta é a parte chamada de "inclinação ao mal", quando eu quero me satisfazer oprimindo os outros.

E há também outra parte que se manifesta quando uso os outros como eles me usam de uma forma boa, como em família, com as pessoas que amamos. Na família, eu uso aquele que amo e eles me usam para um prazer mútuo. Benefício mútuo e preenchimento, assim ficamos contentes e felizes. Estes são os laços: podemos ser amigos, um casal, ou qualquer um. Porque isso envolve usar os outros, isto é considerado ego, inclinação, desejo, mas isto não é mal porque não há a intenção de machucar os outros.

Somente se a intenção de obter prazer pela força é considerada inclinação ao mal porque eu quero ter prazer sem considerar os outros, ou enquanto estou machucando os outros.
Existe uma ampla gama de relações aqui. Eu poderia ter prazer independente dos outros, ou eu poderia estar derivando prazer especificamente machucando os outros. Mas de todas as formas, meu desejo de sentir prazer pelo sofrimento que causo aos outros—ou pelo fato de eu não ter consideração pelos outros e não me importo pelo sofrimento dos outros—isto é chamado de "mal".

Vamos imaginar que eu cometo uma fraude bancaria e consiga roubar um dólar de cada cliente, e consiga me safar com milhões. Eu poderia estar satisfeito com o fato de estar rico, e também posso estar feliz pelo fato de ter degradado outros em roubá-los.

Isto é apenas uma parte uma gama de atitudes que eu tenho com o meio ambiente, começando com um começo de desconsiderações e terminando com um sentimento de prazer com o sofrimento dos outros. Se eu estou simplesmente desconsiderando, deixando os outros trabalharem para mim tratando-os com maquinas. Eu recebo o que eu preciso como se fosse há duzentos anos atrás, quando os trabalhadores eram tratados como escravos se eu levo em consideração as capacidades dos outros, se eu tento usa-los o máximo possível, tirando as suas personalidades, conhecimento, e habilidades em consideração. Hoje, a nossa inclinação ao mal tanto que nós os humanos gostamos de machucar os outros.

Esses prazeres egoístas são sinais que alcançamos o mais alto nível de egoísmo. Em nosso desenvolvimento todos estão em certo nível de desenvolvimento e que meu ego gosta de quanto eu sou superior a você, e como eu posso explorá-lo.

Já não é suficiente ser rico se ninguém sabe a não ser o meu banco. Eu gosto que todos vejam o meu incrível carro, iate, que possuo companhias e que controlo os outros, e também, que gosto de oprimir os outros porque somente dinheiro não me satisfaz mais. Mas, eu meço a mim mesmo em relação aos outros.

Tudo acima é considerado " usando os outros em detrimento dos outros" porque eu quero estar acima deles. E é isto hoje que está causando a prevalência do senso de insatisfação e a crescente taxa de suicídio nas nações ricas. Nada é o bastante para nós agora, estamos num beco sem saída, e não podemos receber mais nenhum prazer.

Além disso, o ego ainda está nos desenvolvendo. Está nos levando a um estado onde não se sabe para onde vamos. Trouxe-nos a um ponto que já não gostamos até de sermos superiores aos outros, eu não tenho onde mais me desenvolver e nada para o que viver, porque ser rico e poderoso não me dá nada, então porque me incomodar se isto não me dá mais prazer?

Hoje, o homem está desmotivado para se desenvolver, a fundação, a máquina de desenvolvimento. Ele não tem mais nada o empurrando para continuar. As pessoas não estão se incomodando se tem mais ou menos. Estão indiferentes sobre o futuro e tudo mais. Esse desamparo em nós é uma projeção da falta do desejo. Antes, queríamos ser ricos, fortes e inteligentes. Hoje não queremos nada. De fato, não queremos nem continuar a espécie; perguntamo-nos porque devemos ter filhos.

Estamos todos nessa confusão geral. A situação está muito complicada, existem multicamadas. A solução está em nossa relação com o ambiente e sua relação conosco. Se estabelecermos boas relações entre nós, uma relação apropriada, seremos capazes de criar uma gloriosa vida e receberemos novas energias, ao contrário agora quando estamos sem forca sem nada e sem lugar nenhum para continuar.

Até hoje nos desenvolvemos individualmente, linearmente, como se sobre uma linha reta do começo do tempo até nos dias de hoje. Nosso desejo se desenvolveu tanto em quantidade quanto em qualidade, e nos trouxe conquistas. Mas de repente houve uma parada, sem uma razão para continuar. Nós chegamos até aqui correndo e paramos no meio porque não temos razão para continuarmos correndo. Perdemos o nosso caminho no meio do deserto. Isto é como se estivéssemos no espaço.

A motivação pessoal se foi, e é esta a razão de estarmos imersos no desespero que começou há cinquenta anos atrás e que infligiu crise em todas as áreas, educação, cultura e em nossas vidas pessoais. De fato, são essas crises que causaram a parada. Essa motivação não será renovada, porque chegamos no fim e não temos razão para viver como os médicos que prescrevem antidepressivos justificarão. Estatisticamente, a taxa de suicídio é por volta de um milhão por ano no mundo todo, um aumento de 60% nos últimos cinquenta anos mais ou menos agora queremos salvar o paciente chamado "humanidade" antes que morra. A situação é crítica, mas não é sem esperança. Podemos corrigir isso usando uma forca adicional que moverá a humanidade para frente. Esta força não vem de dentro dos seres humanos, porque não temos que onde tirar futuros desejos. Ao invés disso, quando as pessoas começarem a se conectarem encontrarão esta força adicional.

Podemos ver como um paciente chamado "humanidade" recebe forças adicionais e sai da depressão, desamparo e impasse. Podemos ver como adquiriu a sua vida dos seus arredores que o ambiente realmente é ele mesmo, ou seja, somos um só. Em outras palavras, nos unindo trazemos para nós mesmos as partes que são realmente nossas, mas que não sentimos como tal.

Isso é como uma mulher que se tornou avó—isso lhe dá uma nova vida. Ela ama a sua neta mais que seus próprios filhos porque agora isto é o único prazer que ela tem na vida. Para ela, a neta é literalmente uma cura.

Para resumir, nosso atual estado está como se não adquirimos do ambiente desejos adicionais do qual sentiríamos prazeres adicionais, assim terminaremos em desespero e depressão, e em terrorismo e guerras mundiais. Estaremos desamparados, sem esperança, e não entendendo porque estamos em um mundo como este onde seria melhor estar morto que vivo. Conduzimo-nos de acordo com a máxima, " comer, beber, casar, para amanhã morrermos".

Experimentaremos erupções e motins para que possamos ignorar a questão, "para que serve a vida", mesmo agora podemos sentir a questão, mas ela ainda continua em proporções mínimas. As pessoas procuram a paz e tranquilidade de várias formas, mas não consegue nada. Mais tarde, isto resultara em erupções que levara a guerras.

Podemos estar desesperados porque não conseguimos encontrar a cura para a nossa situação, mas a cura está presente. A cura é o vínculo e a união. Somente nos unindo com a Natureza e com os outros poderemos receber novas energias, apoio e conforto, e com o novo desejo recebido do ambiente, receberemos novas gratificações.

Quando nos conectarmos com todos, descobriremos dentro do ambiente o preenchimento que nos elevará ao nível humano. Começaremos a sentir nossas vidas acima da vida animal. Sentiremos a perfeição da Natureza e a eternidade, e a calma relativa que nos rodeia agora. Reconheceremos também o mal que já se revelou nos permitindo consertar a situação com sucesso.

CAPÍTULO DEZ

Fazendo o mundo prosperar novamente

EQUILIBRANDO O BEM E O MAL NO HOMEM

Durante as nossas vidas, passamos por um processo de evolução. Não vemos o fim do processo no começo e por isso não entendemos a necessidade de cada degrau. O que é claro, como tudo que passamos na vida nos parece corrupto ou redundante. Não estamos confortáveis com o nosso caráter e hábitos, e a maioria do tempo somos infelizes conosco e com aqueles que nos rodeiam.

Podemos comparar o processo evolucionário que estamos passando com o amadurecimento de uma maça. Inicialmente, ela é pequena, dura, rígida e azeda. Mas amadurece, absorve agua, minerais, essenciais gases como CO_2, e luz solar, gradualmente, crescem e amadurecem. Não vemos a necessidade de cada estágio no processo, mas no fim temos uma bela e saborosa fruta, o oposto do seu começo azedo e amadurecimento.

Como a maça, estamos passando por um processo proposital, exceto que ele não pode ser visto. Não entendemos a necessidade dos estágios que estamos passando, ou o processo em sua totalidade. Terminamos a nossa vida sem entender que estamos nos movendo em direção a uma boa situação e que todos são inteligentes, compreensivos, e de bom coração.

Ao contrário das maças ou outras plantas ou animais, pessoas avançam de geração em geração. Nossa próxima geração é sempre mais evoluída que a sua predecessora. Por esta razão não podemos olhar a vida de uma perspectiva de uma única geração. A evolução da humanidade em milênios é como o amadurecimento de uma pessoa do começo até o seu estado ideal.

É desta forma que nos desenvolvemos. É por isto a máxima "você não mostra a um tolo apenas metade de um trabalho feito". A diferença entre uma pessoa inteligente e uma tola é que a inteligente vê o futuro. O inteligente vê o fim e pode então justificar o processo que estamos passando. Mas somos tolos; não podem ver o fim do trabalho, fica difícil justificar as situações que estamos experimentando ao longo do caminho.

Realmente, o processo é longo, duro e doloroso. Avançamos por golpes, enganos e todos os tipos de problemas, mas mesmo assim de alguma forma avançamos. Mas neste estado atual estamos em uma encruzilhada, ou pior ainda em um impasse. Como se tivéssemos perdido nosso caminho, estamos perdidos no deserto, e não temos uma pista para onde irmos. Somos parte da Natureza e precisamos aprender com ela.

Desde que estamos no meio de um processo evolucionário, precisamos descobrir a força comum da Natureza, aprender para onde ela nos leva, o que ela "quer", e o que ela sustenta em nós. Se nós o fizermos, seremos capazes de ver que estamos nos desenvolvendo positivamente e que este é o caminho para adquirir o reconhecimento do mal, o ego dentro de nós. Depois, entenderemos como estamos fazendo a vida ficar amarga para nós e os outros.

Nós aprendemos que quando queremos ser bem sucedidos no ambiente, em explorar todos e ficarmos poderosos, ricos, e dominante, isto se volta se volta contra nós e age em nosso detrimento. Podemos ver isto somente olhando para o tipo de Natureza que construímos o tipo de sociedade que nos tornamos. A humanidade possui uma grande sabedoria e riqueza, então porque chegamos a esse estado que não almejávamos chegar?

Qual é a razão para emergência de todo o mal? Porque continuamos cometendo enganos e tirando conclusões erradas sobre o porquê da nossa infelicidade? Continuamos a perseguir metas que pensamos que nos trará felicidade e assim que conseguimos isto, corremos para outra quando a última não funcionou para nós, de novo esperando que a nova nos faça feliz. Mas, no fim, isto sempre termina em desapontamento, se não em tragédias como guerras e pragas.

Se nos comparamos com os níveis da Natureza como o inanimado, vegetal, e animado, veremos que toda a Natureza se desenvolve vagarosamente. Isto é assim porque a evolução nestes níveis ocorre pelo surgimento de preenchimentos naturais, seguindo instruções vinda do interior. Por exemplo, se examinarmos, o comportamento de um cavalo, cachorro, ou um gato, verá que eles agem de acordo com a sua Natureza. E é esta razão porque eles não errarem. Eles têm leis internas, pelas quais existem.

Convenhamos, humanos constantemente erram. Esses enganos deveriam nos desenvolver intelectualmente, embora o nosso intelecto se desenvolva de geração em geração e nós adquirimos conhecimento, e consciência do mundo, a Natureza e nós estamos usando erradamente o nosso intelecto.

Os primeiros estudiosos como Aristóteles e Platão conversaram sobre como usar o intelecto de modo apropriado ou impropriado. Eles colocaram as fundações da ciência moderna e argumentavam que o conhecimento não deve ser dado a qualquer um, mas somente para pessoas que sabem usá-lo em favor da humanidade. Assim, através deste conhecimento as pessoas desenvolveriam boas relações para com os outros.

O Conhecimento era pretendido para melhorar a vida da humanidade: mas quando o conhecimento entra em domínio público isto na verdade fere a humanidade porque faz as pessoas se desviarem disto e o usam para o seu próprio benefício e em detrimentos dos outros. E depois o mal sai pela culatra e termina levando a humanidade a produzir armas e outras coisas sem necessidade e arruinando o ambiente.

Vemos hoje, através da ciência e do conhecimento e a nossa imensa capacidade, chegamos a um estado que temos uma abundância que usamos para ruina e despejo. Estamos em uma crise total em cada reino da vida e em cada nível da população. Até mesmo a ciência está em crise. Educação, família, relações humanas entre casais e entre parentes e filhos, saúde, cultura e na média tudo está em crise. Existe um abismo entre onde podíamos estar e onde estamos.

Estamos usando mal as nossas capacidades por gerações. Através de milênios de evolução, chegamos a um ponto onde existem pessoas que usam a ciência para criar várias formas de governar as pessoas, para desenvolver armas e medicina inútil que são vendidas a alto preço.

Hoje, a ciência está servindo ao homem de uma forma que ele não precisa, e atualmente os cientistas só vendem as suas invenções pensando em lucro. Um cientista decente é aquele que ama a ciência e adquiri conhecimento por amor, não para lucrar com isto.

No entanto, reconhecemos até certo grau o mal em nosso meio ambiente. Parece-nos que podemos ainda nos desenvolver favoravelmente. Causamos alguma ferida e rapidamente voltamos ao bem. E logo em seguida causamos mais dor e novamente retornamos ao bem. Tudo que precisamos fazer é ativar a nossa percepção de reconhecimento do mal para que assim possamos ver nossos enganos e os corrigirmos instantaneamente; sem afundarmos no mal. Isto lembra uma criança quando lhe é dada alguma coisa para desmontar para que mais tarde pudesse remontar e assim podendo aprender a fazer isto de uma maneira certa. Também somos assim.

Tudo que precisamos é mudar a nossa abordagem e entender que as nossas vidas são construídas de tal forma que o mal é necessário. Primeiro temos que reconhecer que os nossos egos são desfavoráveis e usar as nossas capacidades acima do nível animado no nível humano, capacidades que chamaremos "falante", "humano". Se usarmos esses traços corretamente, verificando o que é correto e o que não é, através desse escrutínio poderemos nos mover do ruim para o bom. Veremos progressos que sempre ocorrem através de uma ação conjunta de duas forças opostas, como os sistemas dentro de nosso corpo que trabalha por contração e expansão, como o sistema respiratório ou o sistema cardiovascular.

Este é o mesmo sistema em uma máquina que trabalha sugando e ejetando, ou o guidão de uma bicicleta, onde se encontram duas forças opostas ali—uma para frente e a outra movendo para trás—a fazendo avançar.

De fato, em cada evolução sempre há duas forças opostas trabalhando em harmonia e se completando uma a outra. Portanto, não precisamos desistir de nada que temos nesse mundo, porque temos que nos desenvolver com o que temos. O que está faltando é a ativação do nosso senso de crítica para vermos o que está acontecendo e como criticaremos inteligentemente tudo o que já fizemos. Assim, apreendemos como avançar através de correções à frente. Quando assim o fizermos, todo o mal se convertera em algo que suporta o bem.

Desta forma, usaremos o bem e o mal para avançar, assim não haverá nem bem nem mal, mas duas forças auxiliares nos assistindo. E de repente, começaremos a entender que a nossa Natureza egoísta é boa, que através dela desenvolveremos nossa habilidade de escrutínio e a correção de nós mesmos. Portanto, precisamos entender que nos foi dado o desenvolvimento bom e favorável e em adição recebemos da sabedoria dos opostos o arruinado ego (estas duas forças em nós) que pode nos ajudar avançar. Se trabalharmos esses dois caminhos entenderemos que a nossa liberdade de escolha está no meio dessas duas forças. Por outro lado, temos aparentemente a força ruim, e por outro lado, a intelectual, força do bem que nos ajuda, desde que nós humanos apreciemos e respeitemos esta sabedoria. Entre a Natureza má e o sábio intelecto podemos encontrar o caminho certo e positivo. Esse é um caminho bom para a Natureza, para o inanimado, vegetal, animal e também para nós. Assim, teremos harmonia com todas as formas de vida e com a Natureza como um todo.

Ultimamente, o sofrimento que estamos passando é verdadeiramente um convite para ativarmos nossa liberdade de escolha e corretamente usar o equilíbrio das duas forças à nossa disposição. Não existe dúvida que o mundo todo precisa entender e usar a força do intelecto para desta forma reinar sob nossos egos e usá-lo corretamente e não destrui-lo.

Existem várias técnicas e sistemas de crenças afirmando que o ego é mal e que deveríamos neutralizá-lo. Precisamos entender que não existe esse "mal" na Natureza. Existe somente a habilidade de usar o que existe na Natureza positivamente. Se não usarmos isto positivamente, isto se torna negativo. Portanto, precisamos aprender como usarmos o nosso intelecto.

Precisamos desenvolver o conhecimento e o método, um programa para usar o bom e ruim apropriadamente, de criar uma boa vida das duas. Nós precisamos olhar o que temos agora, como é dito, "não mostre a um tolo a metade do trabalho". Em outras palavras, não devemos ser tolos, olhando o processo enquanto isto acontece e reclamando. Em vez disso, ver tudo como uma meta certa que cada estado deve ser como ele é, e que estamos avançando para uma meta boa.

Precisamos ver que a meta está bem ali na próxima esquina, que estamos nos aproximando dela a cada passo, aproximando-nos de uma vida correta e de um futuro bom.
Não devemos maltratar demandar, reclamar, criticar, desrespeitar, desdenhar a Natureza, nós mesmos, ou os outros. Precisamos entender que estamos todos indo através de um mesmo estado, de um mesmo processo, e que devemos nos ajudar reciprocamente. Isto é o que as pessoas perdidas no deserto precisam. Elas não chegarão a um oásis sem a ajuda uns dos outros. Essa correção mútua e mútua assistência é a chave que nos levará na direção de uma boa meta
Para se estabelecer uma ajuda mútua, através dessa meta, primeiro temos que entender como somos formados. Precisamos entender que somos três formas de desejos.

A primeira é a dos desejos físicos, que chamamos de "animado" porque eles também existem nos animais, que seguem esses desejos instintivamente. Estes são os desejos para nos manter o melhor que pudermos para nos mantermos limpos, saudáveis, bem alimentados, e provendo tudo aquilo que o corpo precisa.

A segunda forma de desejo são os desejos egoístas, e tem também os desejos por dominação, no qual desenvolvemos acima do nível animado. Dentro de nós humanos, luxuria, e honra, e nesses desejos desejamos sermos superiores aos outros. Esses desejos pertencem somente à espécie humana. Os animais não os têm. Eles podem comer uns aos outros, mas não porque eles querem ferir, dominar um ao outro, eles agem desta forma somente para se alimentarem.
Esta é a razão porque um leão caçando uma zebra não está causando nenhum ato deliberado de ferir a zebra; ele está simplesmente seguindo as instruções das leis da Natureza em si mesmo.

Não há animosidade entre as espécies; esta é a forma de funcionamento da Natureza. Nós não odiamos as vacas, galinhas, ou os peixes que comemos. Nós simplesmente os comemos porque nós temos que comê-los, e tentamos fazer o mais humanamente que podemos. Isto acontece somente conosco com a humanidade, que usa o ego. Olhamos para o jardim de nossos vizinhos, ou os seus carros, filhos, salários, etc., e medimos o que temos na vida comparado com os deles. Existem estatísticas que provam que as pessoas ficariam felizes em fazerem 50,000 por ano se isto estivesse acima do ganho de seus vizinhos e depois 100,000 por ano se isto estivesse abaixo do ganho de seus vizinhos.

Nós damos valor a nós mesmos em comparação aos outros. É isto, apreciamos as coisas não em relação a nós, mas em relação aos outros. Esta forma de desejos é chamada "desejos humanos" porque os animais não os têm. Eles não se importam com o que os outros animais têm, a única coisa que precisam é se satisfizer. Desejos humanos, no entanto são desejos por conhecimento, e sabedoria. Estes são todos maus.

A terceira forma de desejos, são também exclusivamente humanas, estão acima das duas formas prévias. Estes são os desejos por conhecimento, sabedoria. Este é o desejo de saber para que vivo, como a Natureza funciona, o que está acontecendo a minha volta, e como as coisas estão conectadas. Em outras palavras, este é o amor pela sabedoria da Natureza, pelo conhecimento, pelo estudo da Natureza.

Estamos numa bolha chamada "Natureza" e dela recebemos. Parece que estamos numa esfera, descascando camada por camada. Cada camada que eu descasco eu examino, e as leis que descubro são chamadas de "ciência". No futuro, descobrirei mais leis, além das que já existem hoje, mas não sou inteligente suficiente para vê-las, para descobri-las. Quanto mais aprendo, mais descobrirei leis da Natureza.

Segue-se, que todas as pessoas são combinações de três tipos de desejos, o desejo animado, o desejo humano, e o desejo por conhecimento. O que muda de pessoa para pessoa é a combinação destes desejos. Um pode ter mais desejo pelo o conhecimento, outro vai querer ser superior aos outros em saúde e status, e o terceiro fecha com o futebol, cerveja e a poltrona. Todos são construídos diferentemente e não há nada bom ou ruim sobre isso. Todos têm a sua própria Natureza. Os três tipos de desejos existem em todos, mas cada indivíduo é mais inclinado para um mais que para os outros. Cada pessoa encontra um ambiente de acordo com o desejo interior e avança de acordo com isto.

O mais comum dos desejos é para as necessidades corporais. A evidencia disto é para aqueles que desejam ter poder e dominação, e estar acima da sociedade humana, são poucos. Em outras palavras, se estou imerso primariamente em meus desejos físicos, usarei o que está ao meu redor para satisfazer o nível das minhas necessidades físicas. Se o meu desejo pertence ao nível humano, então, eu quero estar acima de todos e dominá-los, ser superior a eles, ser forte, inteligente, e mais bem sucedido.

Se tenho inclinação para a ciência então, eu quero estar acima dos desejos animados, como também dos desejos falantes. Estes são desejos de entender, conectar e ver porque as coisas são construídas assim. Quero aprender filosofia e ciência e não estou preocupado se tenho mais ou menos que os outros. Posso comer muito pouco e não manter contato algum com as pessoas, mas é importante para mim conectar com que está acima e além, com a casualidade do universo.

Existem pessoas diferentes na sociedade humana e cada um encontra seu compromisso, construindo uma família e uma sociedade de acordo com os seus próprios desejos.
Pessoas inteligentes, que usam propriamente a ciência, conhecem a Natureza e sabem que existe um processo e um plano para isto. Continuamos sem saber as regras do processo, mas sabemos que ele existe. Ainda não temos certeza para aonde isto está indo, e só podemos supor que este processo está nos levando adiante para o equilíbrio, como o equilíbrio que existe na Natureza. E no fim do dia, nós, também temos que alcançar este equilíbrio.

O equilíbrio com a Natureza pode ser expresso na temperatura, no vento, nas tempestade e erupções vulcânicas. Tudo acontece para que se produza equilíbrio. A Natureza age para equilibrar a si mesma e ao homem, como parte da Natureza o homem tem que se equilibrar também.

Há forças ruins e boas em nós, para prevenir que elas irrompam, recebemos a ciência. Através do conhecimento adquirido alcançamos o equilíbrio entre essas duas forças que existem em nós. Podemos usar a força ruim e a força boa do intelecto para equilibrá-las e progredirmos em harmonia.

Temos que equilibrar a força do intelecto com a força do bem e do mal dentro de nós. Como seres humanos, tenho desejos no nível inanimado, nomeadamente material com que o meu corpo é feito. Tenho também desejos do nível vegetativo—as coisas que crescem em mim, como cabelo, unhas e ossos. Depois existem os desejos animados em mim. Esses são os restos das partes do meu corpo. Tenho também o intelecto, que é um desejo acima do nível do desejo animado, e tenho a força negativa dentro de mim, meu ego. Essas são as partes em nós.

Não há nada para ser corrigido no desejo inanimado, vegetal e animado. O problema está nas nossas relações com todos. É aí que corrompemos as nossas vidas, desde que temos uma Natureza diabólica, o ego, embora temos a tendência de dizermos para nós mesmos que não somos ruins, os outros são ruins, a humanidade e má, mas eu pessoalmente não.

O interesse não pode ser somente para o meu progresso, porque eu sou um animal, vivendo no nível animado, e tenho que alcançar um consumo equilibrado. Portanto, o mundo todo tem que alcançar o equilíbrio no nível humano, significando que todos serão iguais, como uma família.

Essa é a situação que devemos aspirar na sociedade humana. No nível humano de conhecimento. Sendo assim, atingiremos o estado perfeito, como uma maça amadurecida.

Portanto, há um trabalho muito importante para fazermos. Não há um desafio melhor ou mais valioso que este para nós. Através deste conhecimento seremos capazes de continuar para o benefício de toda a humanidade.

O homem tem um potencial vasto, mas enquanto deveríamos agir para melhorar nossas vidas, não estamos fazendo isto. Estamos sendo detidos pela nossa Natureza egoísta porque queremos usar toda a nossa força, todas as nossas habilidades e capacidades para nos elevarmos acima dos outros. Em consequência, todos estão competindo com todos e cada um tentando ficar acima dos outros enquanto arruína o resto. Esta inclinação ao mal não está deixando vivermos uma vida satisfatória como deveríamos.

Existem outros exames que precisamos fazer a respeito da inclinação do bem e a do mal. Por exemplo, como nos vemos vivendo com uma inclinação boa? Vivendo significa que teremos que ser iguais. É possível que possamos amar todo mundo? De que gostaremos? Se formos todos iguais e se não tem menos nem mais, então não temos nada para viver, e não sentiremos que estamos vivos. Todas as nossas atividades têm o objetivo de conseguirmos mais do que os outros possuem.

Subconscientemente, nós nos comparamos com os outros, e essa comparação nos dá razão para viver e nos compele a conseguir isso. Podemos ver isso nos esportes e no trabalho. Medimo-nos comparando com os outros; e é desta forma que medimos quanto vale a nossa vida.

E isso resulta em grandes questões: O que nos satisfará? Deseja a Natureza nos transformar em robôs? O que significa que somos todos parentes?" Se somos todos parentes, isso significa todos iguais, que todos têm o mesmo tanto? Mas eu sinto que não há coisa alguma que valha para se viver. Existe outra meta que eu não posso ver em meu atual estado?

As pessoas desejam sempre realizar o seu potencial. Para uma pessoa, isso pode ser ciência, para outras pode ser, escrever, fotografar ou educar. Mas no fim o que as pessoas desejam mesmo é sobressair-se dos outros. Essa necessidade é o que nos compele ao desenvolvimento. Se nós todos nos tornássemos equilibrados e iguais porque sentimos que há uma crise e entender isso já seria um caminho para resolvê-la, como satisfaríamos o nosso desejo de sentirmos superiores?

No futuro concordaremos com duas horas de trabalho por dia para prover as nossas necessidades. Mas se nós trabalhássemos duas horas e não desejássemos ter mais que os outros e se todos são iguais e só querem aquilo que mais necessitam como satisfazermos os nossos desejos excessivos?

Atualmente, trabalhamos pelo menos seis horas por dia para obter mais que os outros. Se essas seis horas fossem livres, poderíamos enlouquecer por tamanha liberdade. A Natureza configurou isto desta forma?

Aqui descobrimos o outro lado da Natureza, o lado que usamos o ego de uma forma oposta. O ego está constantemente crescendo, mas não de uma forma de sermos superiores aos outros. Mais de um jeito que cada um de nós ascenderá acima do ego para ter equilíbrio com ele e ser igual aos outros. Desta forma obteremos satisfação por apertar os nossos laços com os outros porque quanto mais o ego cresce, mais podemos doar aos outros e traze-los a união e equilíbrio. Gostaremos de ter fortes conexões com eles.

Quanto mais nos conectamos com eles através dos nossos egos corrigidos, mais gostaremos porque teremos um novo desejo para sentirmos prazer o desejo coletivo, aquele que conectamos a nós mesmos por já estarmos conectados. Nós nos conectamos por estar nos conectando. O tipo de satisfação que é derivado disto se chama "amor mutuo". Desta forma, poderemos alcançar um maior preenchimento do que temos hoje quando queremos estar acima dos outros, assim sendo, somente o uso correto de todos os elementos dentro de nós nos permitirá alcançar a abundância.

O uso próprio de todos os elementos significa que dentro de nós, nós criamos um equilíbrio entre o intelecto e a inclinação, o ego. Usando o nosso intelecto e a ciência, entenderemos que não temos escolha—ou usamos a ciência junto com a nossa inclinação ao mal para produzir armas, ou usar o intelecto acima da inclinação ao mal, depois estreitar isto para conectar com os outros positivamente. Neste caso o intelecto governara acima da inclinação ao mal. E é desta forma que alcançamos abundancia e uma segura e boa vida de responsabilidade mútua.

Equilíbrio não tem a ver com o mal. Ao contrário, equilíbrio é usar o mal para ser equilibrado com a sociedade humana, com a Natureza. Quando eu uso a inclinação ao mal, eu somente transformo isso em bom, mas continuo usando a vontade totalmente.
No entanto, nesse mal, eu quero o oposto—usar isso para o melhor. Vemos esse crescimento, desenvolvimento apropriado em todas as formas da Natureza, é sempre através do equilíbrio de duas forças: a força positiva e a força negativa. A combinação das duas é de onde vem a abundância, então como posso equilibrar a força negativa, meu ego, que está governando a minha vida? Eu tenho que ter alguma coisa igual a isto, e isto é o meu intelecto. Portanto, acima dos desejos físicos humanos, tem a ciência pelo qual eu posso equilibrar a minha parte humana.

Cada pessoa possui uma habilidade intelectual para lidar com o seu próprio ego. Meu intelecto deveria ser como um motorista do carro chamado "ego", assim com o meu intelecto, eu "dirigirei" meu ego para o desenvolvimento correto. O que é o desenvolvimento correto? Este é o estado que cada um de nós somos iguais, conectados, parentes.

O intelecto pode me direcionar para este tipo de estado, pelo qual sou considerado "humano", operando com o meu intelecto em vês de através do meu ego. Quando o ego irrompe, o uso do intelecto pode levar a todos tipos de novos avanços criativos como a bomba atômica. Como previamente mencionado, Aristóteles e Platão determinaram que esse conhecimento fosse só para aqueles que querem controlar as suas inclinações.

Porque não escutamos os seus conselhos, a atual situação é perigosa, e mais, viemos seguindo o ego, com o apoio de todas as nossas ciências. Agora temos que refletir e começar a nos desenvolver ao contrário, através da razão. Temos que reconhecer o mal, como um homem inteligente que enxerga o futuro. Veremos aonde temos que chegar decidir a Natureza boa do nosso estado que devemos colocar como meta e daí continuar em frente.

Quando assim o fizermos, descobriremos que a inclinação ao mal é uma "ajuda feita para nós". Isto somente parece que trabalha contra a meta, enquanto na verdade nos prove alimento e energia, nos estimulando a nos desenvolvermos numa direção positiva. Podemos virar a inclinação ao mal em uma inclinação ao bem através da ciência e do conhecimento, através de um exame do que é mal ou bem.

Portanto, usando o ego impropriamente ou propriamente é toda a liberdade de escolha que temos.

Não há uma força má ou ruim na Natureza; depende de como nós usamos cada força na Natureza. Por exemplo, 100,000 anos atrás nós éramos parentes—vivendo nas selvas, dividindo tudo, e tudo estava bem. Ninguém se imaginava superior ou inferior a ninguém. Mas e aí o ego começou a se desenvolver juntamente com o intelecto e era usado para servir o ego. Se alguém se vê mais bem sucedido que os outros, porque ele pegou mais de tudo para si mesmo, se afastou do clã, construiu uma casa magnifica, e se casou com inúmeras mulheres.

Em outras palavras, através de severas ações egoístas que vieram à tona em nós, alguns começaram a se considerar superiores aos outros e, e com o seu intelecto e habilidades, começaram a dominar os outros até quando não tinham mais nada para comer. A pessoa "superior" os alimentaria, e depois em troca da comida, eram escravizados. Os outros concordaram para não morrer de fome, e assim se tornaram propriedade de seus mestres. Mais tarde. O mestre construiria um pequeno exército de escravos, conquistaria alguns territórios de seus vizinhos e se tornaria rei.

Até hoje, usamos o intelecto pessoal e conhecimento para direcionar situações e manipular as pessoas para estar acima delas. Isto é o que todo mundo está acostumado a fazer, sempre que pode. Mesmo as pessoas que foram vítimas do sistema ficaram especialistas na sua própria profissão e avançaram. Todos avançaram, e logo depois outros avançam logo acima deles. É assim que a sociedade humana desenvolveu-se.

Em outras palavras, tudo mundo usa o seu intelecto para conseguir o que deseja, ou para dominar os outros ou para sobressair-se. O intelecto é o servo do ego, e o ego é o chefe.
Isso era assim até a chegada de Platão e Aristóteles. Naqueles tempos, o intelecto e a ciência começaram a se desenvolver mais intensivamente. Este era um período especial, o tempo em que a matemática e a geometria se desenvolveram.

Depois, o problema começou: Para olhar as estrelas, precisavam de telescópios, e telescópios custam muito dinheiro. De onde os cientistas poderiam tirar dinheiro? Eles precisavam das pessoas ricas, mas os cientistas não têm nada para vender a não ser o seu conhecimento, então, eles o fizeram para construir telescópios ou outros equipamentos. Como resultado, a ciência se corrompeu.

Os cientistas construíram os telescópios, os ricos que compraram o conhecimento o usaram para ver os inimigos que vem de longe. Com a habilidade de vê-los se aproximando veio à habilidade de derrotá-los porque agora o homem rico tem uma vantagem ele pode ver o inimigo antes que o inimigo possa vê-lo. Este é um exemplo como a inteligência cientifica foi usada para propósitos egoístas.
Em outras palavras, a ciência se tornou serva da maldade humana, servindo-a quando ela bem quisesse. Mais tarde, os governantes pegaram os cientistas, mantendo-os sobre seu domínio, e os ameaçando de morte caso não os provessem de conhecimento.

Em outros casos, cientistas estabeleceram universidades e ensinaram. Assim, a ciência começou a servir o homem de toda maneira possível. Podemos ver isso em nossos dias, que a maioria da ciência, conhecimento, e o dinheiro derramado na ciência são no objetivo de desenvolver armas de defesa.

Mas a educação integral deverá ser ao contrário: ciência direta do mal para o bem. Através de nosso intelecto, chegamos a um ponto onde não precisamos trabalhar muitas horas por dia para sobrevivermos. De fato, a crise em si mesma é que é a causa deste acontecimento, nos dando esse "serviço" por criar o desemprego. Agora temos que examinar e criticar a nós mesmos, nossa Natureza, e a nossa forma de viver. Precisamos aprender como usar o nosso ego negativo e tentar inverter isto em um uso positivo.

Há uma máxima que diz "Quem é o sábio? Aquele que vê o futuro". É isto, o sábio vê na frente o resultado esperado, e assim evita o sofrimento. Uma pessoa sabia é aquela que vê os outros e sabe por que vale a pena ir à direção de beneficiar o próximo. Desenvolvemos a ciência parar curar as doenças graves. A questão agora é "Como veremos o processo para que possamos ver se a situação continua na sua atual direção, ou estaremos perdidos"?

De fato, como podemos nos consertar? Qual remédio devemos tomar para adquirir uma vida pacífica?

A mesma ciência, o mesmo desenvolvimento, deveria agora nos trazer o entendimento, a sensação, os exemplos de tudo que acontece com a gente, na direção que estamos nos desenvolvendo. A ciência deveria trazer isto para nós de uma forma que possamos sentir, e nos ajudar estabelecer isso como uma visão pública. Isso deve ser criado de uma forma tão forte que nós não usaríamos a nossa inclinação ao mal contra os outros. Ao em vez disso, entenderíamos que qualquer benefício para os outros é para nosso benefício.

Quando eu sinto que outra pessoa quer as minhas coisas, eu verei como eu posso "comprar" para o outro, o que posso dar para que o outro tenha uma atitude favorável para comigo. Fazendo isto, eu transformo o outro em uma pessoa boa que não vai me machucar. Desta forma eu não deteriorarei a um estado onde somos indiferentes, odiosos, repelindo um ao outro. Não chegaremos ao ponto de evitarmos convivermos uns com os outros ou começar uma família, ou ter filhos. É nesta direção que estamos caminhando.

No passado vivíamos como famílias. Vivíamos em uma casa com irmãos e irmãs, parentes, e avós e tudo estava bem. Hoje não queremos ninguém a nossa volta. Pessoas mal se toleram ao ponto de tomar drogas para evitar a si mesmas. Estamos nos movendo para uma situação clara. Com toda a violência, estupro, ameaças diárias, chegará um tempo que não conseguiremos sair de casa e nos sentirmos seguros.

As crianças já sentem medo de ir para a escola todos os dias por causa dos valentões e dos traficantes, mas elas não têm outra opção, elas têm que ir para lá. Se isto continua, elas sentirão que estão cercadas por um mundo hostil. Este esse é um lugar onde não gostaríamos de estar, então precisamos começar a arrumar o mundo agora.

Cada um de nós deve determinar como usar cada força da Natureza. O desejo de ter mais que os outros não é negativo por si só. Isto é, negativo somente se quisermos oprimir os outros. Há dois estados possíveis: eu olho para outra pessoa e não fico com inveja, em vez disso, aprendo com a outra pessoa boas qualidades. Isto é uma inveja boa. Mas se eu olho para os outros e penso; "porque eu tenho que trabalhar tão arduamente para ter o que ele tem? Seria muito melhor se ele não tivesse nada. Se eu arruíno o que ele tem, eu não tenho com o que ter inveja e me sentiria bem melhor".

Então a coisa toda é sobre de como usamos cada desejo ou inclinação. A inclinação em si mesma não é boa ou má, a mesma coisa com a inveja. Tem a inveja boa e a inveja má. Boas invejas me promovem porque eu quero crescer. A inveja ruim me direciona para destruir os outros. Ou a inveja boa me deixa com a vontade de deixar todo mundo rico sendo assim eu terei algo para me inspirar, ou a inveja ruim que me faz querer que todo mundo seja pobre como eu sou.

O teste é simples: Quero para o outro, benevolência ou quero prejudicá-lo? Existe também um estado intermediário. Se isto não é para outro ou contra o outro, mas somente a meu favor, pelo menos isto protege de querer se machucar de novo.

De qualquer forma, meu olhar para o outro e querendo a mesma coisa para mim não nos traz o equilíbrio com a humanidade ou Natureza. No fim, durante o processo evolucionário, a Natureza não exige que aprendamos uns com os outros e ficarmos constantemente imersos competindo.

Em vez disto, a Natureza requer que consigamos uma vida material balanceada e decente e além disto, que nos desenvolvamos com conexões mutuas. Desta forma, todos ficarão satisfeitos com a sua conexão com os outros. Nós devemos sentir a nós mesmos com amor, não como um sofisticado e caro brinquedo novo. Estamos em crise porque não estamos fazendo isto.

Mais tarde, sentiremos que não há para onde se desenvolver. Estamos cansados para os outros; isso não nos dá prazer algum. A economia e a tecnologia são incapazes de seguir em frente acompanhando o passo. A terra não tem recursos suficientes para manter essa infindável competição. Nós podemos, sendo assim, ver que o plano da Natureza não é para nós nos desenvolvermos para uma direção que parecia ser de "felicidade". A situação no processo que estamos vivendo requer que reconheçamos que não existe outro lugar para ir.

Se uma pessoa vê um carro, na garagem do vizinho, isto simplesmente não é bom nem ruim, no entanto, isto pode ficar ruim se a pessoa estava contente dirigindo uma carruagem vê que o seu vizinho agora tem um carro novinho. O carroceiro começaria a se sentir privado e deficiente. Ele sabe que precisa trabalhar muito mais arduamente para conseguir aquele carro. Isso coloca em sua mente pensamentos de inveja e vingança. O problema não é as altas avaliações que fazemos em relação aos outros, em vez disto, é a Natureza que não permite que nós continuemos essa competição.

Eu sou todo competitivo isto me faz feliz, competições pelo qual eu quero doar para a sociedade tanto quanto você. Esta é uma competição construtiva, equilibrada com a Natureza, indo na direção da meta. Quando eu olho para alguém e aprendo com o outro, eu o faço invejosamente. A outra pessoa é grande e eu sou pequeno; a outra é bem sucedida e eu não sou.

Sobre o que eu estou com inveja? Se estiver com inveja das coisas que trazem equilíbrio, paz para mim e para o mundo, me promovendo e o mundo em direção da obtenção do equilíbrio, na direção de ser "maçã madura",' isto é uma inveja boa e uma competição boa. Temos que encorajar isso, dando medalhas e mostrando essas pessoas e para a mídia para que todos vejam o bom exemplo. Mas, se pela competição não estamos avançando em direção a coisas boas, mas afundando em problemas e dificuldades, nos afastando da meta, isto é uma inveja má e uma má competição.
Tudo é medido em relação à meta final porque nós não temos escolha, temos que alcançar o mesmo modo de equilíbrio que vemos na Natureza. Olhando o equilíbrio e a harmonia na Natureza, nós entendemos o que nós devemos parecer e a razão porque isto está acontecendo conosco.

Competição está enraizada em nós. O homem é um ser social, e, por conseguinte competitivo. Competição não é nem uma inclinação boa ou má; depende da pessoa que está usando isto. Foi dito, "inveja, luxuria e honra te guiam para fora do mundo". Se eu que avançar do meu atual estado e trouxer mais benefício para mim mesmo, para o meio ambiente, e para o mundo, eu preciso usar a inveja e a honra de forma que o meu intelecto me direcione a usa-los corretamente.

Podemos usar todas as nossas inclinações positivamente ou negativamente. Meu intelecto precisa me orientar na direção de usá-las positivamente. Por esta razão que as ganhamos. Um exemplo de boa competição é quando duas pessoas vão se exercitar juntas. Eles "empurram" um ao outro, e por que eles invejam as expressões umas das outras, treinam mais forte. Isto é considerado uma competição boa. É possível que uma delas vai gostar que a outra pessoa seja menos apropriada e ou ter menor constituição, mas no fim não se pode dizer que o processo por si mesmo é mal, apesar da competição envolvida nisto.

Quando se compara uma pessoa com a outra, isto é uma competição. No entanto, também tem competição pelo proposito de desenvolvimento. Pode ser apenas por impulso egóico, inveja, luxuria e honra instiga a pessoa a melhorar porque aumenta seu desejo de ser igual ao outro. Portanto, o objetivo é o desenvolvimento. Você pode estar em uma competição se sentindo mal quando olha para as pessoas e percebe que não conseguiu tanto quanto as outras conseguiram. Não quero ver esse tipo de exemplo porque isto não me favorece; isto me prejudicaria.

A competição boa é aquela que nos entrelaça, estamos amarrados e não podemos ser bem sucedidos separados uns dos outros. Digamos que duas pessoas comecem um negócio juntas. Uma trás o dinheiro e o outro conhecimento. Sem o investimento, o conhecedor não seria capaz de ser bem sucedido, então é bom que eles estejam juntos. No entanto, a sociedade pode ser uma fonte de inveja, até ódio. Em outras palavras, em muitos casos pode haver um pensamento, "como seria bom se estivesse sem você", mesmo se os parentes fossem dependentes dos outros. Existe somente uma forma de competição onde ambos dependem um do outro, mas não estão opostos um ao outro—uma competição para se tornar um. É uma competição na qual medimos o quanto amamos um ao outro, quando não tiver nada entre nós para compramos ou manufaturamos.

Ambos queremos o mesmo resultado, e sendo assim não estamos divididos. Nenhum de nós aspira ser superior ao outro. Existe somente um, e este um vem de nossa mistura em um e outro, com a nossa ligação com todas as nossas qualidades pela qual complementamos uns aos outros. Nenhum de nós pode estar sozinho ou adquirir uma sensação de complementar ao outro a não ser com o amor mútuo, ou pelo menos responsabilidade mútua como preparação para amor mútuo.

Qualquer outra solução que não nos leve a sermos um, fora da responsabilidade mútua, eventualmente nos guiará a exposição do ego entre nós, e a separação. A competição onde nos tornamos um é a única solução. De acordo com isso, quando nos engajamos em união para revelar o amor, mesmo assim estamos competindo em inveja, luxuria e honra, o que significa, ódio e amor, isto é o que complementa um ao outro. Amor é o resultado de ligação consigo mesmo. Para isto, todos precisam de correção e de conexão com os outros. Depois disso, o amor e a conexão aparecerão entre nós.

Temos muito trabalho para fazer com o intelecto. Estamos equilibrando nossas vidas corpórea em uma única linha, aonde cada um recebe o que o corpo precisa para seu sustento, e, além disso, no nível humano, estamos separando o mal dentro de nós. Acima deste grau, nos superiores graus em nós, desenvolvemos toda a nossa ciência, conhecimento, e intelecto para prover para as nossas necessidades físicas e para mudar a inclinação ao mal que constantemente aparece em nós em boa inclinação com a ajuda da ciência, até que atinjamos o amor.
Para resumir, não há nada para ser corrigido no mundo inanimado, vegetativo, ou animado.
O problema está na nossa relação com os outros. Lá é aonde eu corrompi a minha vida porque eu tenho uma Natureza má, ou o ego. Todos concordam com isso. Portanto, a correção da inclinação ao mal é o destino do homem. Temos muito trabalho para fazer na correção da inclinação ao mal, mesmo que isso nos pareça simples. A vida nos foi dada e nos desenvolvemos e temos que preencher as nossas necessidades físicas por apenas uma pequena parte do dia,

Temos que dedicar a parte do leão do nosso tempo para correção da inclinação ao mal, para alcançar a inclinação boa.

Fazendo isto, descobriremos a perfeição da Natureza.

CAPÍTULO ONZE

Do Amor ao Homem ao Amor à Natureza

COMO NOS ELEVAR AO NÍVEL FALANTE

O homem é o único ser com capacidade de mudar durante sua vida e de se desenvolver constantemente. O processo de desenvolvimento, pelo qual os seres humanos passam, é obrigatório, simplesmente pelo fato de que nosso ego continua a crescer ao longo das nossas vidas e continua geração após geração. Podemos perceber essa realidade em nós mesmos e nas outras pessoas. Cada geração é diferente da sua precedente. Tudo muda – as culturas, as estruturas políticas, a educação, o caráter, as relações humanas em geral, e as relações familiares, em particular. Diferentemente dos seres humanos, os animais mantêm o mesmo ritmo, o mesmo estilo, e a mesma estrutura durante todo o tempo.

Logo após o nascimento, o animal recebe tudo que precisa para sobreviver. Em pouco tempo, ele sabe como se cuidar sozinho. De forma diferente, o processo de aprendizagem do ser humano leva muitos anos e envolve a aquisição de informações do seu meio-ambiente. Apenas depois de muitos anos, a pessoa aprende a como se cuidar por si só.

Durante a vida aprendemos, nos desenvolvemos, mudamos e somos constantemente afetados por diferentes desejos. Somos atraídos por uma determinada coisa, e em seguida por outra. Ao longo da nossa existência, mudamos de profissões, família, local de residência e áreas de interesse. Os seres humanos têm um comportamento bastante imprevisível porque novos desejos estão surgindo em nós com frequência. Não podemos saber o que vai acontecer no próximo minuto, muito menos daqui há alguns anos.

No nosso interior, também existe o nível animal. Este é o nível básico, no qual atendemos nossos corpos com comida, sexo e família, e nos relacionamos com nossos corpos como fariam os "animais", de uma forma racional e equilibrada. Além disso, muito do que fazemos com nossos corpos que é redundante. Algumas coisas que fazemos são boas, mas quando as fazemos em excesso, elas se tornam nocivas. Na antiguidade, os médicos afirmavam que o consumo excessivo de coisas saudáveis é mais prejudicial do que consumir pequenas quantidades de coisas nocivas.

Portanto, no nível físico, para sustentar nossa família e a sociedade, precisamos manter nossas necessidades de consumo em equilíbrio. Dessa forma, um nível razoável de consumo *não* significa que devamos nos limitar ao ponto de sentirmos arrependimento e sofrimento. Ao contrário, é uma indicação de que precisamos encontrar o limite adequado e saudável.

Contudo, diferentemente dos animais, nós possuímos o nível falante, que está acima do nível animal. Deveríamos reservar algum tempo de que dispomos, depois de termos cuidado de nossas necessidades, para nos construirmos como seres humanos. Precisamos desenvolver aquela parcela em nós que está acima do nível animal.

De certa forma, pertencemos aos dois mundos – ao reino animal e ao reino humano, o qual denominamos nível "falante". Desenvolvemos a fala através de conexões com outras pessoas. Existe muito trabalho a realizar nestas conexões com as outras pessoas. Na verdade, precisamos criar a partir do nosso eu atual um ser humano que ainda não nasceu. E contudo, existe apenas uma coisa que devemos fazer a fim de sermos bem sucedidos: nos corrigir.

Cada um de nós nasce no nível animal como um organismo vivo que acabou de sair do ventre da mãe, pesando alguns poucos quilos. Quando criamos um bebê, primeiro atendemos seu nível físico, garantindo que ele coma e beba suficientemente e permaneça saudável. Tratamos o bebê como um corpo vivo. Mais tarde, ele cresce e seguimos suas reações aos ruídos e sons, luz e escuridão. Ele começa a mover o corpo. Inicialmente, com movimentos involuntários e depois voluntariamente. Compramos brinquedos para nossos bebês, e assim, os ajudamos no seu desenvolvimento. Se não interferíssemos no processo como seres humanos, lhes fornecendo tudo, eles não se desenvolveriam como seres humanos, mas como animais. A parte humana existente em nós se desenvolve apenas através da educação que recebemos.

O problema é que nossa educação é inteiramente egoísta, nos induzindo a explorar o mundo. Compreendemos que para nos manter seguros, é melhor não ferirmos as outras pessoas, não roubar, e sermos complacentes. Assim, seremos bem tratados. Ensinamos às crianças que se elas se comportarem gentilmente com as outras, estas lhes darão um tratamento similar. É por isso que como parte da nossa educação, orientamos as crianças a manter um bom relacionamento com todo mundo, assim elas não despertarão hostilidade contra si mesmas. Compreendemos este princípio, e portanto, as educamos a agir dessa forma.

E, no entanto, nossos egos são afetados pela mídia, Internet, TV e pelo meio-ambiente em geral. Somos bombardeados com maus exemplos. Enquanto nós os desejamos, eles nos afetam contra nossa vontade, e ensinamos às nossas crianças como tratar as outras a fim de sobreviver neste mundo. Nós as mandamos para aulas de artes marciais e para estudar Direito para que aprendam como se protegerem neste mundo. E, contudo, vemos que embora nos desenvolvamos de geração em geração, bem como através de nossas vidas, mesmo assim ainda não temos um bom relacionamento recíproco. Cada um de nós constrói sua própria felicidade, riqueza, alegria e sucesso na vida, pelo menos, parcialmente, ferindo as outras pessoas.

Consequentemente, devido a tudo que temos passado nesta geração e nas precedentes, atingimos um estado de crise em nosso desenvolvimento. Possuímos armas letais, esgotamos praticamente todos os recursos do planeta, vivemos de uma forma adversa afetando a Natureza, a ecologia e o clima, e estamos arruinando nossa própria vida e a sociedade humana. Até mesmo o espaço sideral próximo da Terra está cheio de lixo espacial por causa dos satélites obsoletos. Entretanto, a maioria dos seres humanos está insatisfeita com a vida. Existe um desespero generalizado no mundo todo, uma grave crise na educação e nos sistemas pedagógicos, e numerosos outros problemas que já citamos.

No final, estamos chegando à conclusão de que não temos outra alternativa a não ser mudar a nós mesmos. Em outras palavras, todo nosso trabalho, em uma perspectiva individual, geral, social e global deve ser nossa própria reeducação. Precisamos mudar as relações de ódio, rejeição, orgulho, inveja, honra e domínio que existem hoje no nosso meio, para as relações de consideração, confiança mútua e amor. Estas não são apenas palavras eloquentes. Simplesmente, não temos escolha; é para esta direção que a Natureza está nos levando. Nosso desenvolvimento está criando a necessidade de estabelecermos boas relações.

Nossos pais nos educaram para sermos gentis, respeitosos com as outras pessoas e atenciosos para que tivéssemos muitos amigos. Eles nos ensinaram de quem devemos nos aproximar e de quem devemos nos afastar porque queriam que escolhêssemos um bom ambiente. Da mesma forma, precisamos nos educar porque a situação atual está pondo em risco nossas próprias vidas. Consequentemente, a única correção que precisamos fazer é nos construirmos como seres humanos a partir de nós mesmos. Precisamos prover nossos corpos de acordo com suas necessidades em um nível racional e equilibrado, e necessitamos construir a porção humana, o nível falante em nós mesmos, acima da vida física, acima do nível animal.

No século passado, nos ocupamos com o desenvolvimento de relações internacionais, comércio, cultura e turismo internacionais. As pessoas viajam de país para país em busca de prazer, porém nos deparamos com situações desagradáveis. Se desejamos continuar a nos desenvolver, devemos nos unir.

Por exemplo, por que não criar um mercado comum, não apenas na Europa, mas que abarque o mundo todo? Podemos constatar que nossos egos estão nos conduzindo a este fim, contudo estão também nos impedindo de estabelecer conexões recíprocas apropriadas. Conexões de consideração e compreensão mútuas.

Na Europa, igualmente, apesar da proximidade e interdependência estabelecidas pelo Mercado Comum, as pessoas e as nações ainda estão em conflito. Embora as fronteiras tenham sido dissolvidas e as moedas unificadas, algo ainda impede um avanço maior. A Europa poderia ser uma superpotência, como os Estados Unidos, Rússia ou China. Mas, ao contrário, está envelhecendo e enfraquecendo porque os estados da União Europeia não conseguem se unificar em uma potência única. Eles não conseguem superar essa fraqueza, mesmo que seja por um benefício egoísta, devido aos abismos culturais, educacionais e históricos existentes entre eles, o que os impedem de transcender as hostilidades passadas.

É possível sobrepujar estas diferenças? Será possível quando o manto do amor cobrir nossas cabeças. Em caso contrário, tudo permanecerá como está. O método pelo qual nos elevamos acima do nosso ego supera as diferenças da cultura, educação e política como estas se encontravam.

Cada pessoa conviverá com sua própria cultura, educação e religião, porém tratará as outras pessoas de uma forma cortês. Por exemplo, em uma família onde cada membro tem uma profissão – um é médico, outro um engenheiro, e outro um filósofo, todos concordam que pertencem à mesma família e se cumprimentam entre si. Em outras palavras, porque todo mundo é tão diferente quanto as suas visões, comportamento e forma de viver, sem uma força unificadora (a família) que unisse estas pessoas acima de suas diferenças, elas jamais teriam se encontrado.

Podemos fazer o mesmo de forma que possamos ter uma vida adequada, sem guerras e destruição, e assim possamos parar com os tsunamis, furacões e erupções vulcânicas e o colapso do sistema econômico? Diz-se que uma pessoa está disposta a dar tudo pela sua vida. Já estamos em uma situação que ameaça nossa existência, e precisamos compreender que já possuímos um método que nos é mais significativo do que toda a ciência. Toda a ciência e todos os nossos interesses existenciais são medidos pela nossa capacidade de melhorar nossa vida. Caso tenhamos um método, ao qual possamos nos ater, que seja capaz de nos salvar de uma autodestruição, este método será certamente superior a qualquer outra ciência, e precisamos analisá-lo seriamente.

O método da Educação Integral nos salvará de todas as coisas negativas que estão acontecendo. Tal método não apenas irá neutralizar os perigos no caminho da humanidade, como guerras, colapso econômico global e fome. Mas também, a Educação Integral nos manterá afastados do mal, nos elevará em direção a um bom estilo de vida, e nos fará perceber a vida em um nível completamente novo. Através das nossas relações corrigidas, iremos descobrir o que significa "humano", e "nível falante." Neste nível, estamos em contato com o reino mais profundo da Natureza, o motor que opera todo o processo de nossa evolução, o pensamento, a força mais poderosa na Natureza.

Dessa forma, desenvolvemos nossa capacidade de sentir a Natureza, ou seja, sentir sua eternidade e completude. Quando o descobrimos, ficamos imersos, preenchidos e somos mantidos por este método. Isto é o que a correção integral nos concede, o método da Educação Integral.

É por isso que esta sabedoria está acima de todas as outras sabedorias, acima de todas as ciências que a humanidade já produziu. Os resultados que esta sabedoria nos oferece é uma demonstração de que nada se assemelha a ela. Quando compreendemos a importância da Educação Integral, nos será naturalmente importante efetivá-la em nós mesmos. No entanto, é importante passá-la para outras pessoas, porque na medida em que afetamos as outras pessoas, e estas nos afetam, estabelecemos um exemplo recíproco de doação mútua através de estímulo e pressão positivos, e assim avançamos.

É por essa razão que é importante não apenas aprender como tratar bem uns aos outros, mas também passar essa atitude positiva e servir como um bom exemplo recíproco. Da mesma forma que nossos pais foram exemplos de como conduzir nossa vida, cada um de nós deveria educar as outras pessoas.

Neste sistema educacional, ninguém é superior ou inferior. Ao contrário, cada pessoa simplesmente aprende a partir do seu semelhante. É por isso que precisamos constantemente mostrar nossa responsabilidade dando o exemplo, não apenas para nossas crianças, mas também para os amigos e para aqueles mais velhos do que nós, ou com status social mais elevado. Cada um de nós deveria se sentir como um guia para as outras pessoas, e aquele sentimento deveria nos impelir a um comportamento muito responsável, ao ponto de nos levar a aderir àquela forma de agir porque o destino da humanidade depende de nossas ações em relação às outras pessoas.

Estas não são apenas palavras elegantes; é assim que nossa Natureza funciona. Somos afetados uns pelos outros, quer gostemos disso ou não, mesmo em um nível subconsciente. Mesmo se eu tiver muito pouco respeito por uma pessoa, mesmo assim ainda sou afetado por ela.

Considerando que a Natureza nos exige aquela forma de comportamento em relação às pessoas, precisamos levar a Educação Integral de uma maneira muito séria e entender que a humanidade está esperando por este modelo educacional. As pessoas precisam desse tipo de educação, e a receberão muito bem, se a oferecermos, da mesma forma que recebemos bem a educação de nossos pais quando éramos crianças. Estas lembranças existem em todo mundo; todos desejamos ser tratados gentilmente; todo mundo carece desse tipo de tratamento.

Precisamos nos desenvolver nessa direção, da mesma forma que precisávamos que nossos pais nos tratassem com amor quando éramos crianças, porque mesmo agora, não entendemos o mundo a nossa volta. Contudo, porque precisamos construir um mundo grande e belo, uma vez que sentimos o amor de nossos pais, começamos a sentir o amor dado por nossos amigos, que também estejam recebendo a educação correta, e então sentimos o amor na escola e com nossos amigos, na universidade, no trabalho, e na sociedade em geral.

Em outras palavras, nos movemos gradualmente para "mãos" maiores e mais amplas – aquelas de toda a humanidade. Constantemente, experimentamos consideração e amor, da mesma forma que recebemos quando éramos crianças. Continuaremos a senti-los durante todas as nossas vidas até que passemos a sentir aquele amor geral como uma lei superior da Natureza. Dessa forma, sentimos a harmonia existente em todo o sistema.

A construção de sistemas similares no nosso meio significa construir a proteção ou o meio-ambiente correto para educar as pessoas. Quando educamos as pessoas dessa maneira, estamos construindo o lado humano, o nível falante, acima do nível animal que atualmente existe entre nós.

Portanto, através de boa atitude, consideração, reciprocidade e doação, mantemos dois modos de comportamento: um bom comportamento em relação às pessoas no nível humano, e um bom comportamento no nível da totalidade da Natureza, em associação com a lei geral da Natureza, que opera na reciprocidade de doação e amor. A partir dessa força geral, a Natureza constrói todo o processo em que estamos imersos.

Assim, recebemos encorajamento e reforço e ganhamos duplamente: por estarmos numa sociedade humana adequada, e por estarmos em equilíbrio com a Natureza. Uma vez ou outra, podemos errar com uma atitude desequilibrada. Por exemplo, caso nos relacionemos de uma maneira desequilibrada apenas em relação à Natureza, como o Greenpeace, que se preocupa *apenas* com a Natureza e os animais, não seremos realmente uma ajuda para preservar a Natureza. Sem as adequadas relações *humanas*, não seremos capazes de preservar a Natureza. As duas áreas são interdependentes. Afinal, quando uma pessoa se torna boa, ela se torna boa em *todas as formas*. Essa pessoa também irá preservar o inanimado, o vegetativo, e o animal, usando-os apenas como necessidade, e então a Natureza retornará ao equilíbrio. Cada parte que lesarmos será então renovada, e reaparecerá, e todo o mundo retornará ao equilíbrio.

Precisamos levar em consideração a Natureza e as relações humanas e educarmos os seres humanos em primeiro lugar. Do amor ao Homem, chegaremos ao amor a toda a Natureza. Esta é a direção que precisamos tomar. Mesmo quando estivermos nos relacionando com os seres humanos, precisamos entender que, no final, devemos alcançar o equilíbrio com a lei geral da Natureza, com o processo geral e com toda a evolução. É um processo, e precisamos chegar a amar as pessoas, e depois obter o amor geral que existe na Natureza.

A correção que precisamos fazer para superarmos o nível animal, para o nível falante, é construída como um processo na parte humana que existe em mim. Não é na parte animal do meu corpo, embora eu a execute através do corpo porque meu corpo é meu instrumento. A atitude, conexão e as ações em relação às outras pessoas – de forma favorável ou desfavorável, como antes – são executadas através da contemplação, da fala e da ação.

Primeiro vem o "pensamento," que precede a "fala" e a "ação." Esta é a primeira coisa que eu preciso compreender. Surge de um cálculo interno, do nosso interior, e da influência do meio-ambiente, da sociedade e dos meus educadores. Devemos elaborar o pensamento, e em seguida trazê-lo até à fala. Falar constitui "apenas palavras," a não ser que sejam primeiramente expressas em ação, quando então se tornam válidas.

"Fala" significa que precisamos convencer a nós mesmos – através de um diálogo interno, porque constantemente falamos conosco mesmos, bem como com outras pessoas – como devemos mudar e em que direção. Precisamos decidir o quanto precisamos mudar e em que medida devemos vivenciar este processo de obter a benevolência e amor abrangente.

"Ação" significa que durante as horas em que estamos livres da obrigação de atender as necessidades do corpo, estaremos estudando a Educação Integral, ou já estaremos divulgando ou pondo em prática a abordagem integral em relação às outras pessoas. Esta atitude irá trazer a todas as pessoas um padrão de vida decente e uniforme acima da linha de pobreza. Também nos levará a uma justa divisão, de forma que ninguém tenha qualquer tipo de carência em relação aos outros.

Em outras palavras, em primeiro lugar vem o pensamento, e depois a fala, e finalmente o ato. Estes três elementos devem ser canalizados para a construção de uma nova e equilibrada sociedade, onde todo mundo esteja em um nível integral, em um sistema análogo e uniforme.

No pensamento, eu evoluo através da influência do meio-ambiente, constantemente desejando ser influenciado por um meio-ambiente mais forte e mais unificado. Em seguida, eu organizo esse pensamento em meu interior e o exteriorizo através da fala e do convencimento à medida que eu forneço informações às outras pessoas. Finalmente, vem a ação, quando eu ativamente faço a doação às outras pessoas, através da educação e do ensino, e elevação do padrão de vida do mundo todo a um estado, onde ninguém sente fome ou tem qualquer tipo de necessidade. Este é basicamente o nosso trabalho.

Dessa forma, alcançaremos o equilíbrio com a Natureza. A todo tempo, precisamos enfatizar que nosso objetivo é alcançar o equilíbrio entre nós, e através desse equilíbrio iremos nos equilibrar como toda a Natureza. Através do processo, formaremos um sistema fechado e completo.

Procedendo exatamente dessa forma iremos concluir nosso processo evolutivo, quando nossa evolução, desde o início da vida neste planeta, finalmente alcançar o equilíbrio e a completude. Os cientistas afirmam que o mundo como nós o conhecemos pode em breve chegar ao fim. Entretanto, quando afirmamos que ele está para acabar, não estamos nos referindo a um final do ponto de vista físico, mas ao fim da nossa evolução movida pelo ego. Se alcançarmos um completo equilíbrio e harmonia com a Natureza, não haverá quaisquer pressões exercidas sobre nós pela Natureza, e viveremos em um estado de perfeição.

Tenhamos a esperança de que, pelo menos, sejamos capazes de sentir tal estado em nós mesmos, e assim possamos passá-lo para nossos filhos e netos. Está em nossas mãos.

Precisamos compreender que este desenvolvimento, que inclui persuasão, pesquisa e correção de nosso egoísmo para o altruísmo, com o qual nos tornamos compreensíveis e amorosos uns com os outros, pode acontecer até mesmo na nossa geração. Tudo depende da nossa disposição para mudar.

Visto que nosso desejo depende inteiramente do meio-ambiente, devemos trabalhar, ao invés de tentarmos persuadir a nós mesmos, o que não irá funcionar. Ao invés disso, devemos construir juntos um ambiente que irá nos afetar, e assim todos nós mudaremos. É por isso que devemos construir um ambiente adequado para todos nós, nos convencendo e incrementando nosso desejo de mudar e nos conectar em uma segurança mútua. Quando mudarmos, iremos aumentar a intensidade do impacto do ambiente sobre nós a fim de acelerar nossa mudança e torná-la duradoura.

A evolução dos níveis inanimado, vegetativo e animal no homem levou milhões de anos porque esse processo se deu através do ego que precisa crescer no homem. Não somos responsáveis por isso. Ao contrário, evoluímos dessa forma porque o ego estava naturalmente crescendo como resultado, e atuamos com ele cada vez mais.

Entretanto, agora, a força e o ritmo da evolução estão nas nossas mãos porque tudo depende do meio-ambiente. Agora, estamos artificialmente construindo um ambiente, e quanto mais avançado pudermos construí-lo, mais ele irá nos afetar e se tornar majestoso diante dos nossos olhos, expansivo e pleno de impacto. Portanto, precisamos fazer uso de todos os meios disponíveis, incluindo profissionais como sociólogos, psicólogos e artistas. Esta coalizão irá contribuir para nos afetar tão intensa e efetivamente quanto possível, nos provendo com uma vida de felicidade juntos enquanto ainda nesta geração. Finalmente, conheceremos e estaremos felizes com o que estaremos deixando para a posteridade.

Podemos classificar nossos desejos em dois graus: desejos pessoais ou individuais e desejos humanos ou sociais. Quanto a nós mesmos, precisamos limitar nossos desejos àquilo que for necessário para nossa existência. Isso acontece durante a correção. Precisamos também desenvolver nossos desejos sociais com os quais nos relacionamos com as outras pessoas. Isso é realizado em consideração aos círculos que temos em nossa volta, começando com o círculo mais próximo, amigos, e em seguida, círculos mais amplos. Em última análise, iremos nos desenvolver através da influência do meio-ambiente, e produzir uma atitude adequada, compreensível e responsável para com todos, em uma responsabilidade mútua e amor por todo o mundo.

Precisamos compreender que no processo gradual, vamos deixando de nos ver como indivíduos isolados e percebemos cada vez mais as relações com círculos da humanidade em expansão. Isso nos torna mais sábios, com um sentimento mais profundo que nos conecta às outras pessoas. A partir dessa fusão, percebemos a plenitude da realidade até sentirmos a totalidade da Natureza. Dessa forma, saindo de dentro de nós mesmos, e sentindo as outras pessoas, compreendemos uma nova realidade, na qual vivemos.

Esta é a existência no nível humano, falante, o qual a Natureza preparou para nós. Essa é a forma apropriada para conduzir nossa existência aqui neste mundo. Precisamos preservar o inanimado, o vegetativo e o animal e amar a Natureza. Precisamos nos relacionar com as coisas naturais em equilíbrio. Amar a Natureza significa que vivemos imersos nela, e não que devamos tomar dela tanto quanto possamos.

Precisamos compreender que isto significa viver em equilíbrio, sentir a Natureza no nosso interior para nos sentirmos equilibrados. Estar em equilíbrio significa preservar todas as coisas e tomar da Natureza apenas aquilo que for necessário para a existência, exatamente como fazem os animais. A educação integral nos impele a tratar bem a totalidade da Natureza. Através da nossa conexão com ela, iremos aprender a como nos relacionar mutuamente de uma forma positiva. É por isso que não precisamos aprender a estar em boas relações, exceto como parte da Educação Integral, a qual nos conecta com a totalidade da Natureza.

O termo "Natureza" significa que estamos em evolução. Algo está nos movendo, nos desenvolvendo. De onde vêm estas forças que nos fazem desenvolver? Podemos ver que existe um processo gradual: A Natureza está nos desenvolvendo através de um processo de causa e efeito, no qual tudo é interdependente. Esta é a fórmula abrangente da Natureza.

Estes fatos são de conhecimento da ciência, bem como o impacto mútuo entre todas as partes da Natureza. Não inventamos coisa alguma. Estamos apenas aprendendo a partir de nós próprios como podemos nos unir a fim de sermos unos com toda a Natureza, e com a lei geral natural que nos desenvolve e todo o restante da Natureza.

A lei da Natureza desenvolve não apenas eu ou a sociedade humana, mas todo o universo. Não sabemos em que direção, mas é um fato que o universo está se desenvolvendo e se expandindo, e existem processos em seu interior, que ainda não entendemos.

Quanto mais avançamos, mais conseguimos perceber a existência de um vasto sistema de leis em ação. No final, vemos que todas as leis que estamos descobrindo estão interligadas, exceto que podemos ver as conexões entre as leis da biologia, zoologia, botânica, astronomia ou psicologia. Embora não possamos enxergar as conexões, a Natureza é única e uniforme. Ela não contém divisões; este fato aprendemos a partir dos nossos estudos.

Igualmente, a vida nos impele a mantermos uma relação holística ao tratarmos os assuntos. A palavra "holística" vem do vocábulo, "holísmo," (do grego *holos* que significa inteiro ou todo) e somos todos partes integrantes deste todo holístico.

Visto que nossa evolução deve se processar do amor ao Homem ao amor à Natureza, posso desenvolver uma boa atitude em relação à sociedade humana, e com essa atitude eu posso destruir a Terra. Por outro lado, eu posso preservar a Natureza e não as pessoas, como os ambientalistas que se preocupam apenas com a ecologia.

Nossa atitude em relação a todas as coisas deve ser uniforme e abrangente. Deve ser uma atitude única em relação a todas as coisas. Como o Homem é parte da Natureza, devemos ter a mesma atitude em relação à sociedade humana, em relação às pessoas, à família, e em relação à Natureza como um todo. Devemos equilibrar todas as partes da Natureza porque todas são existentes nela. É assim que mantemos aquela lei geral.

Exatamente como todas as estrelas e planetas estão em equilíbrio em suas trajetórias e afetando uns aos outros, e da mesma forma que as ações de um lado do planeta afetam o outro lado, assim é que devemos nos relacionar com as outras pessoas. Educar as outras pessoas a manter boas relações se aplica à atitude em relação aos níveis inanimado, vegetativo e animal igualmente, porque nos alimentamos deles. Essa mesma atitude de equilíbrio deve ser aplicada à lei geral da Natureza, a qual sustém e desenvolve a totalidade da realidade. Este é o motor que a tudo move.

Quando estudamos a Natureza, estamos analisamos as leis particulares de uma lei única que os cientistas ainda estão tentando alcançar. Os cientistas estão envidando esforços para encontrar a fórmula que irá expressar a lei da Natureza em sua inteireza. Esta fórmula é o que Einstein e outros desejavam tão intensamente sentir, compreender, examinar e ver. Os cientistas percebem que a existência de tal fórmula é real, sem a qual não haveria a existência.

É para essa fórmula que a humanidade está sendo atraída. O homem está sendo atraído a tomar posse da sua verdadeira posição, e então compreender onde ele está. Temos uma impulsão para saber onde estamos, o que somos, e o que nos move, porque nosso futuro depende disso. Tal conhecimento determina nosso passado e nosso destino. Se minhas ações acompanharem meu desenvolvimento, eu serei bem sucedido. Serei capaz de promover a mim mesmo e talvez acelerar meu desenvolvimento. Contudo, se eu seguir na direção oposta, ou virar em outra direção que não seja a direção do desenvolvimento, estarei necessariamente perdendo.

Podemos frequentemente dizer quando uma criança terá êxito ou onde ela não terá. Na medida em que compreendemos as leis, podemos explicar para uma criança, de acordo com sua Natureza, as condições sob as quais ela existe e quais as possibilidades que estão disponíveis. Também explicamos quais as opções que levariam ao sucesso e quais não levariam. Dessa forma, evitamos que as crianças cometam erros críticos.

O mesmo se aplica a nós próprios. Queremos seguir na direção correta e evitar os erros. Esta é a essência do desenvolvimento na ciência.

Na verdade, o desenvolvimento na ciência não é meramente a fabricação de novos telefones celulares. Bem diferente, seu objetivo é compreender a essência de nossas vidas, o porquê existimos e como melhorar nossa existência. Vemos que, mesmo com todas as nossas capacidades, chegamos a um estado desesperador que não deveria ter acontecido. Portanto, o conhecimento da lei geral e nos movermos em direção a ela irão certamente nos conduzir para mais perto da compreensão de para onde devemos nos mover daqui e como construir a nós mesmos de forma positiva e prática, de maneira que esta lei permeie nossas vidas e as vidas de nossos filhos.

Os cientistas e muitas outras pessoas falam sobre equilíbrio. Esta não é apenas minha opinião pessoal. Estou falando sobre a Natureza geral e global, na qual as leis científicas estão presentes. As ciências mostram que, no final, vemos que tudo está interligado "fechado."

É um fato que estamos no meio de uma crise global, a qual não acreditávamos que iria ocorrer. Pensávamos que podíamos fazer o que quiséssemos, mas de repente, percebemos que este não era o caso. Não podemos fazer qualquer coisa que desejamos, pois estamos todos conectados. Hoje, vivemos e sentimos o mundo de uma forma global; percebemos a essência global da Natureza em tudo, na conta bancária, na nossa saúde, e na situação mundial.

Hoje, todos os cientistas consideram a física e a química como ciências interligadas. A Natureza sempre foi dessa maneira, mas começamos a entender isso apenas nas últimas décadas. Isso é a influência do meio-ambiente sobre o Homem, e a influência do Homem sobre o meio ambiente. Hoje vemos que tudo é uno. Vemos a influência do Homem sobre o clima, sobre os oceanos, e sobre a Natureza como um todo, e compreendemos que o Homem deveria chegar a um equilíbrio com a Natureza.

Necessitamos também equilibrar nossos corpos e nossa saúde. Consumimos muitas coisas que são nocivas a nossos corpos, e existem tipos de alimentos que criamos apenas para tornar alguém rico. O resultado é que temos hospitais cheios de pacientes. O diabetes, por exemplo, é causado pelo consumo excessivo de açúcar. Existe pouquíssimo açúcar disponível na Natureza. Por outro lado, existem frutas e mel, mas não o açúcar como tal.

A humanidade precisa examinar tudo que faz e gradualmente se livrar de todos os produtos tóxicos. Em primeiro lugar, precisaremos oferecer substitutos, todavia, em última instância, teremos que eliminá-los completamente. Exatamente da mesma forma que combatemos o tabagismo, teremos que lutar contra tudo que for nocivo aos nossos corpos e à nossa saúde. Na Natureza, existem frutas e vegetais, carne, peixe e água. Qualquer coisa que não existe de forma espontânea na Natureza é nociva para o corpo. O ponto é que precisamos compreender que se alguma coisa existe na Natureza, podemos encontrar um bom emprego para ela. Se não existe na Natureza, a sua utilização certamente irá nos causar malefícios.

Isto não quer dizer que precisamos nos tornar vegetarianos ou comermos apenas alimentos orgânicos sem pesticidas, hormônios ou esteroides. Não temos escolha, senão usá-los, ou caso contrário, não poderemos alimentar toda a humanidade e as pessoas morreriam de fome. Necessitamos usar aqueles estimulantes, mas devemos também dar início a estudos, e gradualmente substituir o que estamos criando através da genética e da química por outros produtos.

Por exemplo, existem lugares onde produtos químicos não são usados como pesticidas. Ao contrário, os inimigos naturais das pestes são empregados para eliminá-las. Há muito que podemos fazer, todavia, em primeiro lugar, precisamos nos certificar que todo mundo tenha alimentos, e depois, de forma gradual, progredir a fim de evitar lesar a ecologia. É por isso que precisam ocorrer mudanças através da Educação Integral, pois nos colocará em equilíbrio e correção em todas as áreas da vida. Dessa forma, iremos desenvolver uma atitude adequada e equilibrada em relação a todas as coisas que fazemos, e revolucionaremos nossas atitudes em todos os campos da vida, incluindo a agricultura e a economia.

Precisamos nos educar através do meio-ambiente e estabelecermos para nós mesmos o meio-ambiente correto, o que será capaz de revelar nossa forma desejável e em progresso. As pessoas estarão sob a influência do meio-ambiente e mudarão, à medida que obtivermos nossos desejos a partir do meio ambiente.

Por exemplo, vamos considerar a arquitetura. Assumamos que eu seja indiferente a esta profissão. No entanto, tomo conhecimento que esta profissão pode me trazer algum tipo de benefício, então eu estudo arquitetura e participo de eventos, conferências e convenções sobre a matéria. Nestes eventos, todo mundo fala sobre a importância desta profissão, como construir tal tipo de casa, aquele outro tipo, e compartilham suas ideias. Escuto tudo aquilo e me torno familiarizado com o tópico.

De repente, deixo de ser indiferente. A inclusão me afeta e eu começo a me inteirar dos desejos deles. Então, eu mudei. Antes, não nutria qualquer tipo de desejo sobre o assunto, porém, agora, me encontro interessado, tendo uma opinião, e continuo com meus estudos de arquitetura.

É assim que desenvolvemos desejos. De onde adquirimos os desejos por coisas como ciência, conhecimento ou uma determinada profissão? Adquirimos estes desejos entrando em contato com eles no mundo em nossa volta. Um aldeão que mora em uma vila remota e isolada, sem Internet ou TV, saberá que ele pode se tornar algum tipo de profissional ligado à agricultura. Estas são as profissões que ele conhece. Dessas opções, ele escolherá a melhor para ele. Assim, todo mundo aprende através do meio ambiente.

Igualmente, o meio ambiente impressiona e afeta todas as pessoas de acordo com a Natureza de cada um. Lembro-me que meu pai queria que eu fosse músico. Ele não me deixava assistir filmes de crianças, ao invés disso, me levava para filmes sobre os grandes compositores como Mozart e Beethoven.

Para ser honesto, eu não achava nada atraente na vida deles: Mozart ficou doente e morreu quando tinha 35 anos, e Beethoven ficou surdo. O que realmente adquiri, contudo, foi apreço por estas pessoas; apreciei o que faziam, e que eles haviam sacrificado suas vidas pelo forte desejo de compor música erudita. Aquela impressão permaneceu comigo, embora eu não desejasse ser como eles, porque eu estava sendo influenciado, de forma diferente, pela minha Natureza única. Uma outra pessoa poderia ter ficado impressionada e desejado se tornar um compositor, também. Todo mundo é influenciado pelo meio-ambiente e de acordo com sua própria Natureza.

Para resumir: existe apenas uma coisa que precisamos fazer: "O amor cobre todos os crimes." Ou seja, somos todos criminosos, e sobre todos os nossos crimes precisamos colocar o manto do amor. É dessa forma que iremos obter o equilíbrio com a Natureza, e então não teremos quaisquer problemas, nem sentimentos ruins. Iremos nos sentir acima dos níveis inanimado, vegetativo e animal, acima das nossas atuais vidas, em um nível que é pleno de amor e perfeição, e esse é o legado que iremos deixar para nossos descendentes.

CAPÍTULO DOZE

O Uso Excessivo do Poder de Recepção é a Causa da Crise

COMO ADQUIRIR O PODER DE DOAÇÃO
A PARTIR DO AMBIENTE

Até agora, temos evoluído através do poder de recepção. Aquela força tem nos impelido adiante e desenvolvido em nós um desejo de receber para nós mesmos, adquirir, compreender, conhecer, dominar e também invejar as outras pessoas, quer dizer, querer para nós o que pertence às outras pessoas.

Temos adquirido conhecimento acerca do mundo, aprendido a nos integrar a ele, e agora somos plenamente competentes em relação a tudo deste mundo e o dominamos. Entretanto, agora devemos equilibrar nossa força de recepção com a outra força que existe na Natureza, a força de doação. Estar constantemente sob o domínio da força de recepção, a força nociva e prejudicial, cria um desequilíbrio na Natureza, no ambiente, no homem e na sociedade humana.

Por esta razão, devemos adquirir o poder de doação, o poder de dar e participar. A força de doação pode ser transformada no mais potente poder do amor. O homem só pode desenvolver este poder através da livre escolha, preparando um ambiente que lhe proporcionará constantemente um exemplo, por meio do qual ele mudará. O conhecimento da força de doação e seus benefícios irá nos ajudar a compreender nossas vidas e a realidade em general muito além do conhecimento atual.

Se considerarmos nosso desenvolvimento desde o nascimento, veremos que inicialmente nos desenvolvemos através da aquisição de conhecimento sobre o mundo através dos nossos pais, ou de pessoas que nos cercam durante a infância. À medida que crescemos, aprendemos a partir dos exemplos dados por nossos educadores sobre como lidar com a vida. Quando nos tornamos adultos e prontos para a vida, continuamos a obter conhecimento e a adquirir habilidades para gerenciar o mundo através de nossos ambientes, e através dos eventos e situações que experimentamos. Ou seja, agimos com o poder, conhecimento e preparação provenientes de nossa infância e criancice, e como adultos temos nossos filhos, os quais educamos e preparamos para a vida.

É assim que nos desenvolvemos. De forma clara, sem conhecer o mundo, não seremos capazes de sobreviver nele. Quanto mais conhecermos e pudermos usar nosso conhecimento na vida, mais iremos nos desenvolver e alcançar sucesso. Nosso êxito depende de quanto conhecimento iremos adquirir acerca do mundo. É por isso que tentamos passar para nossos filhos as valiosas informações que obtemos, a fim de lhes transmitir a capacidade para perseverar.

Depois de um desenvolvimento de milhares de anos, e especialmente, nos últimos cinquenta ou sessenta anos, estamos começando a ver o fim do nosso desenvolvimento egoísta. Vemos que é impossível avançar com o desejo de receber, adquirir, obter abundância para nós mesmos, enquanto permanecemos sem consideração às outras pessoas e à Natureza. Desejos adicionais estão surgindo diante de nós: queremos compreender mais, sentir mais, desejamos "penetrar" nosso mundo. Nossos poderes não são suficientes. Eles estão arruinando a nós mesmos e ao ambiente, bem como destruindo a totalidade da Natureza em nossa volta.

É por essa razão que nossa percepção do outro poder que carecemos, o poder de dar, está agora despertando. Na realidade, este é o poder que está verdadeiramente "movendo" o mundo. É o grande poder da "Mãe Natureza", a partir do qual a evolução é proveniente, porque tudo acontece por meio do poder de dar, da força de doação. Como nossos pais em relação aos seus filhos, a Natureza atende a todos nós. Contudo, nós desfrutamos dela porque recebemos tudo dela, mas, não somos, de forma alguma, como ela.

Se considerarmos a essência de nossas vidas, o processo pelo qual estamos submetidos durante nossa evolução, e o propósito que devemos alcançar, veremos que todo desenvolvimento na Natureza possui seu propósito. Se desejarmos conhecer o propósito, precisamos conhecer a Natureza melhor, estudar e compreender as forças que atuam nela, e então podemos entender o que está nos acontecendo, e contemplar como evoluir para uma vida realmente adequada e pacífica.

Se começarmos a pensar dessa forma, iremos ver que toda a Natureza opera por meio de duas forças: uma força de dar e uma força de receber. A força de dar é a força de doação, consideração, conexão, e em última instância, o poder geral do amor.

O poder do amor inclui todas as forças positivas em todos os graus da Natureza— inanimado, vegetativo, animal e falante. Estas são as forças que dão a vida, boa influência, e nos impele para adiante nos conectando e nos sustentando. Especificamente, nos desenvolvemos através dessas duas forças.

Se examinarmos nosso corpo, ou qualquer outra coisa no universo, veremos que ele é governado por forças. Por meio da conexão daquelas duas forças, desde o início do universo, elas começaram a criar uma forma que não é de fato nenhuma daquelas forças. Essa é a forma pela qual a matéria foi formada. As forças de doação e recepção começaram a se desenvolver juntas, criando as partículas negativas e positivas, os elétrons e os prótons, os quais apesar de opostos, juntos criaram o átomo. Os átomos se conectaram em blocos maiores, formando cristais, que são formas de matéria na Natureza inanimada.

Subsequentemente, a Natureza inanimada recebeu forças conflitantes, positiva e negativa, dar e receber, de tal maneira que elas começaram a se fundir mutuamente cada vez mais para se conectarem. As forças negativas desejaram receber das forças positivas, e as forças positivas doaram para elas. Por conseguinte, através de um tipo de complementação mútua, a célula viva foi formada. Aquela célula se tornou uma força recebedora em si, e de por si mesma, recebendo ou absorvendo substâncias e energia a partir do ambiente.

Em outras palavras, novamente, vemos as duas forças agindo em conjunto de forma constante. Foi dessa forma que a vida se desenvolveu, através da combinação daquelas forças, as quais estão em uma dinâmica contínua entre si. Quando a dinâmica entre elas se tornou ainda mais complexa, essas forças criaram a matéria viva. Na matéria animal e viva existem informações muito precisas que são passadas através da hereditariedade de geração para geração.

Aquela combinação de forças também ocorre no vegetativo e no inanimado, embora neles, nos seja mais difícil perceber tal fato. Nos animais, vemos como um organismo vivo é formado a partir da energia que existe na célula embrionária. A célula absorve os materiais a partir do meio externo, e através da absorção, emissão e combinação daqueles materiais de acordo com blocos de informações, nos quais há dados conflitantes entre as duas forças, o corpo vivo é criado.

Nas Naturezas inanimada, vegetativa e animal, tudo se desenvolve através da combinação das duas forças. Podemos perceber na Natureza, o desenvolvimento gradual e instintivo de acordo com um plano predeterminado inerente a cada ser. Os seres se desenvolvem de acordo com as leis que estão em seu interior, e de acordo com o ambiente. À medida que o ambiente muda, a evolução dos seres também muda. Em última análise, primariamente no nível humano, vemos que a força de doação, suporte e suprimento da Natureza está mais encoberta, mais profunda, enquanto a força de recepção é a força que a Natureza desenvolve, e está mais perceptível e evidente.

Quanto mais um ser recebe, mais ele cresce. Nos níveis inanimado, vegetativo e animal, a recepção segue um programa interno, e é similar ao nível humano. O homem, que está se desenvolvendo por centenas de milhares de anos, segue o mesmo processo evolutivo dos animais. No entanto, se examinarmos o estado em que estamos hoje, parece que nossa evolução como a dos animais chegou ao fim, e estamos mudando em direção a um modo diferente.

Esgotamos completamente a força de receber que existe em nosso interior. Chegamos a um estado, através do qual não podemos nos desenvolver mais, e agora precisamos realmente da força de doação presente na Natureza que está surgindo agora por parte da doação geral, por parte da ação, e mesmo por parte do amor.

Dando prosseguimento ao nosso estudo da Natureza, estamos descobrindo que a Natureza é um sistema fechado, global e integral, como se existíssemos no interior de uma esfera. A Natureza está sempre se nos apresentando como inclusiva e doadora. Por conseguinte, sentimos que estamos em oposição a ela, que devemos usar todos os tesouros que nos são dados de uma maneira que esteja em equilíbrio com a Natureza. E, contudo, não podemos, porque a força de doação está ausente do nosso comportamento, de nosso desenvolvimento e de nosso conhecimento.

Como é possível adquirir conhecimento acerca deste poder? É possível da mesma forma que recebemos informações a partir dos nossos pais, dos educadores e do ambiente sobre o uso adequado da força recebedora, ou seja, a forma através da qual podemos receber mais da vida e sermos bem sucedidos. Esta é a forma pela qual devemos aprender a receber informações a partir do ambiente acerca da outra força, a força original da Natureza, a fonte da Natureza, a força de doação, o poder de conexão, o poder do amor.

Ao longo do nosso desenvolvimento, temos sempre usado o poder da separação. Temos nos comparado às outras pessoas, desejando ser superiores a elas, mais bem sucedidos e estarmos acima delas. Exatamente como trabalhamos com êxito com o poder de recepção, agora devemos nos aperfeiçoar e adquirir a outra força, o poder da doação, e saber como trabalhar com ele, e como combinar aquelas duas forças em conjunto.

Atualmente, estamos em uma situação especial que nos capacita a receber informações acerca da outra força e aprendermos o que podemos adquirir através dela. Podemos encontrar exemplo para aquela força até mesmo no nosso mundo egoísta, o qual está construído com base na força de recepção.

A força de recepção nos níveis inanimado, vegetativo e animal é uma força instintiva, mediante a qual cada um devora o outro. No Homem, essa força existe em excesso. Assim, o Homem quer receber e usar o mundo inteiro para seu desfrute, não levando em consideração quem quer que seja. No entanto, dentro do nosso ambiente, no seio da nossa sociedade, existe um exemplo de duas forças opositoras: existe o "eu" e existe "o outro," o "eu" e o "ambiente," o "eu" e a "humanidade."

Através das relações entre eu e os outros, através do impacto dos outros sobre mim, serei capaz de organizar o ambiente, estudar a força de doação, o poder de conexão, e a força de dação, em contraste com a força de receber. Portanto, se conseguirmos estabelecer a psicologia como uma ciência que pesquisa as relações do homem com o ambiente humano, seremos capazes de começar a receber dados e informações claras acerca do poder de doação, e estudá-los com relação ao poder de recepção que temos adquirido até o momento. Seremos capazes de perceber que nos opomos ao ambiente. Se for um ambiente adequado que favoreça ao avanço, poderei ver o que é a força de doação. E embora eu possa não a desejar, ela irá me afetar através de seus valores, os quais, para meu próprio bem, deveria adotar, pois, caso não o faça, irei decepcionar a mim mesmo e me degradar. Serei expelido para fora daquele ambiente, como algo que ninguém quer.

Por meio das mesmas qualidades de inveja, luxúria e honra, o ambiente começa a me afetar e eu começo a sentir que não tenho qualquer escolha, exceto me adaptar a ele. Dessa forma, conquistarei seu respeito e apreciação, no lugar de desonra e repúdio. Isso deixa a pessoa egoísta com apenas uma opção, se posicionar de uma forma respeitável em relação ao ambiente a fim de se sentir enaltecido e respeitado.

Seguramente, podemos organizar nossos estudos e nossas conexões com o ambiente da forma mencionada. Se for gerenciado por educadores apropriados, o ambiente pode nos ensinar de forma que podemos iniciar a sentir verdadeiramente a força de doação e quão especial ela é.

Dessa forma, consideraremos nosso ambiente como estágios na nossa educação. O ambiente se tornará para mim como os pais diante de um bebê. Serei influenciado por aquele ambiente como se fosse pais amáveis e cuidadosos que me proporcionam abundância e compreendem todas as minhas necessidades e fraquezas. Portanto, gradualmente, através de pequenas influências, em um ambiente atencioso e compassivo, eu crescerei, e aparentemente me tornarei um jovem, embora, na verdade, eu seja um adulto. A pessoa passa por estes estágios de desenvolvimento como um bebê, em seguida como uma criança, e depois como um jovem.

De acordo com os estágios de desenvolvimento, o ambiente nos afeta e nos nutre. O ambiente também exige que sejamos mais doadores em relação a ele e trabalhemos em conjunto, em uma combinação de estados, para nos levar, através de relações mútuas, a uma doação recíproca.

Em seguida, quando eu tiver crescido o suficiente, compreenderei que as forças de doação podem trabalhar em meu favor, que através delas eu posso dar ao ambiente. Então, igualmente, eu me torno um elemento no ambiente, da mesma forma que todos os outros inseridos nele. Torno-me um membro igual naquele ambiente, e tratamos uns aos outros de uma maneira equilibrada, de forma que a força de recepção e a força de doação estejam equilibradas entre nós. Assim, gradualmente, tal ambiente se desenvolve.

De fato, o ambiente se desenvolve. De tal forma que a força de doação se torna a força dominante entre nós, a qual determina todas as nossas ações, todas as nossas relações, todos os nossos pensamentos, e todas as nossas intenções em relação uns aos outros.

Dessa forma, construímos uma sociedade segura e sadia que não desperdiça, e formamos um tipo de família, onde cada um de seus membros cuida dos outros. Naquele estado, a vida certamente parecerá diferente quando comparada com as famílias perturbadas que vemos hoje em dia.

Ademais, estaremos adquirindo o poder de doação. Na medida em que adquirimos o referido poder, começaremos a nos relacionar com a Natureza como uma nossa mãe. Cresceremos por meio do poder de doação que teremos gradualmente adquirido, uma espécie de bebê doador, criança doadora, jovem doador, e adulto doador em relação ao ambiente. Agora, estamos começando a ser iguais à Natureza, sentindo as forças internas que existem no seu interior, as forças por trás da matéria.

Se fragmentarmos a matéria até seus elementos mais básicos, encontraremos os átomos. Se dividirmos aqueles átomos, encontraremos partículas. Se dividirmos aquelas partículas, encontraremos uma força. No final, isso é o que existe, força. Isso é o que os físicos estão descobrindo nos aceleradores de partículas.

Essa também é a forma pela qual adquirimos essas forças fundamentais— a força de doação e a força de recepção que existe na base de toda a matéria. Nós permeamos a matéria, a criação, e começamos a sentir e a compreender como tudo é construído, como tudo é reunido, e como tudo está conectado em uma sabedoria maravilhosa, tão somente pela combinação de duas forças. Então, começamos a compreender mais profundamente o que está por trás daquelas forças, como elas operam, e o programa através do qual elas operam.

À medida que estudamos essas forças com nosso intelecto, começamos a adquirir a sabedoria interna que opera a totalidade da Natureza. Ao fazê-lo, começamos a nos conectar e compreender, na verdade, *experimentar* o poder, o programa interno, o mecanismo por trás de toda a matéria, partículas e tudo que acontece.

Em outras palavras, ao adquirir essas duas forças de doação e recepção, de forma que se equilibram em mim, eu consigo conhecer a Natureza, a Mãe, a força operacional que cria a vida, a força que conduz a vida ao seu propósito. É então ai que eu posso descobrir o propósito, e ganhar uma melhor compreensão acerca da minha vida e onde eu estou. Tudo se torna transparente; eu penetro tudo que está acontecendo em minha volta, e começo a ver tudo como combinações das forças.

Este é o conhecimento que eu adquiro. Eu não o adquiro de forma superficial, como eu obtinha conhecimento anteriormente quando usava apenas a força de recepção. Diferentemente, a combinação das duas forças e as qualidades que eu adquiro me fornecem as ferramentas interiores. Estas não são similares às ferramentas externas que os físicos, químicos e outros cientistas empregam com seus instrumentos de pesquisa. Em lugar disso, começo a sentir a totalidade da Natureza no meu *interior*, e meu eu como uma parte integrante dela.

Assim, eu começo a ver, a viver e a me integrar a todo este processo. Começo a estar *inserido* nele. Igualmente, eu não me sinto no nível do corpo sólido e animal, ou nos níveis do vegetativo ou inanimado. Diferentemente, eu sinto as forças que operam no corpo, e como elas se equilibram com a Natureza que nos circunda, e estão unificadas e conectadas à Natureza geral e global.

Isso é o que quero dizer com a expressão "Natureza integral," que uma pessoa está realmente conectada quando encontra o sistema interno das suas forças internas, as forças do ambiente, e a totalidade da Natureza. Nesse estado, a pessoa, de fato, vê a si mesma como uma parte integrante desse sistema, e chega a conhecer as leis da Natureza, sentindo a eternidade e a perfeição que existe na Natureza.

É dessa forma que lentamente deixamos de nos sentir a nós mesmos. Tornamo-nos desapegados da sensação que tínhamos anteriormente acerca do corpo sólido e auto centralizado quando estávamos em conflito com o ambiente e com as condições externas. Ao saber e realizar, através dessa nova percepção adquirida, nos movemos para o reino da inclusiva, eterna e perfeita Natureza, e nos elevamos ao nível "humano," que é similar a este vasto sistema.

Este é realmente o propósito de nossa evolução na nova era, para a qual nos movemos. A diferença entre esta e a velha é nossa nova percepção da vida. Na era anterior, progredíamos instintivamente porque éramos operados apenas por uma única força, aquela de recepção e trabalhávamos exclusivamente para receber tanto quanto possível. Agora, devemos operar com a força de doação, e desenvolver uma atitude de apreço e crescente unidade a fim de nos complementar e integrar com os outros seres e com o ambiente.

Estas duas forças em mim são complementares no nível humano. A força que estou desenvolvendo é a força de doação, de unidade, apreço e amor. A outra força é a força de recepção no meu interior, a qual cresce e se desenvolve juntamente com este processo, embora não da forma que tinha se desenvolvido até agora. Diferentemente, ela continua a se desenvolver em oposição à força de doação.

Igualmente, eu adquiro um melhor entendimento da criatividade presente no processo porque agora eu não estou me desenvolvendo com a cegueira de antes, quando eu me movia pressurosamente aonde o ego me impelia. Agora, eu me desenvolvo através da compreensão, percepção, realização, por meio do escrutínio, da crítica e das correções que realizo. Consigo o equilíbrio combinando, complementando e conectando aquelas duas forças, similarmente ao equilíbrio existente nos átomos, moléculas e nos organismos vivos. Em seguida, "acima" desse equilíbrio, eu descubro uma outra deficiência, uma necessidade de encontrar um equilíbrio ainda mais elevado. Portanto, nos desenvolvemos continuamente de um estado de plenitude para outro de plenitude ainda maior.

O propósito deste processo é desenvolver uma percepção de quem nós somos, e um conhecimento do sistema em que existimos. Quando permeamos a Natureza através do equilíbrio de nossas forças internas, começamos a sentir os estágios que nos estão ocultos, as forças e os espaços que não podemos alcançar no momento. Nós nos movemos para um sistema de forças que está além do tempo, espaço e movimento, e alcançamos uma realização, uma satisfação interna em nossas mentes e corações que não têm conexão com a existência de nossos corpos. Tudo acontece no interior dessa realização, da percepção que adquirimos. Nossos corpos são apenas uma manifestação de nossas forças animais iniciais que nos permitem alcançar o nível humano.

É por isso que precisamos reconhecer a importância do nosso tempo e estado em que estamos. Chegamos ao estado de "entrega" de nós mesmos como seres humanos que são iguais à Natureza. Por conseguinte, temos um belo e excelente desenvolvimento a nossa frente, um desenvolvimento de compreensão e realização que nos conduz em direção a uma vida adequada sem quaisquer limitações.

Precisamos estar cientes de que não somos animais vivendo dentro de um corpo e querendo apenas satisfazê-lo. Não somos seres autocentrados que precisam satisfazer o ego, o qual nos manipula para a realização de metas falsas que apenas nos causam dor. Um aforismo antigo afirma, "A pessoa não morre nem com a metade do que tem desejado na vida." Ou seja, ninguém está satisfeito com a vida. Quando morrermos, não levaremos coisa alguma conosco. Além do mais, hoje em dia, muitos de nós, na verdade, não têm coisa alguma, mesmo em vida.

Entretanto, em potencial, somos seres sublimes, o ápice da Natureza, a qual criou e projetou através de um processo assombroso o universo, a Terra, a evolução, e nós, os seres humanos.

A evolução deve terminar em cada pessoa que realiza a totalidade da Natureza, se tornando idêntica a ela, em equilíbrio com ela, em plenitude, unidade, usando todas as nossas qualidades em uma forma de doação. Ou seja, devemos, no final, empregar a força de dar exatamente como a Natureza o faz. Quando atingirmos este estado, veremos que toda a nossa evolução tem sido verdadeiramente uma preparação para isso. Mesmo antes da Terra ser criada, todas as formas de desenvolvimento do ego no mundo da recepção, desde o inanimado, através do vegetativo, animal e o surgimento da humanidade até o dia de hoje, tem sido preparações para a evolução da espécie humana, que se encontra agora no limiar da entrada no novo mundo de doação.

Vemos o equilíbrio entre as duas forças no nosso corpo, e em todos os sistemas que estudamos na Natureza. É a balança em que o equilíbrio do clima e dos diversos sistemas sociais, tal como a economia e a saúde estão apoiados. Equilíbrio significa saúde. Todavia, existem diferentes níveis de equilíbrio. No nível inanimado, o equilíbrio traz o repouso. No nível vegetativo, o equilíbrio traz saúde. Assim também no nível animal.

Contudo, o equilíbrio é sempre dinâmico, se movendo de um equilíbrio menor para um equilíbrio maior. Precisamos prestar atenção aos estágios. Por exemplo, se considerarmos uma maçã crescendo em uma árvore, ela se desenvolve de um equilíbrio menor para um maior até que amadureça. Entretanto, mesmo durante os estágios antes do amadurecimento, ela se encontra em equilíbrio relativo em cada estágio, até que um desequilíbrio aparece em relação ao próximo estágio de amadurecimento. É assim que ela se desenvolve e cresce.

O que precisamos hoje, quando a humanidade está como uma maçã podre? O que podemos fazer para nos equilibrar? Que força carecemos a fim de nos equilibrar? Necessitamos da força de doação, a qual devemos somar à força de recepção, a força do ego. Se equilibrarmos aquelas duas forças, viveremos em paz e gozaremos de uma boa saúde no seio de nossas famílias, nos nossos países, e no mundo inteiro. É disso que carecemos.

A única forma de adquirir a força de doação é através do ambiente correto. Podemos ensinar qualquer pessoa a como adquirir esta força a fim de ajudar a vida pessoal e social dessa pessoa, e em seguida, toda a civilização.

Durante milhares de gerações, temos vivido em um mundo motivado pela força da recepção. Agora, nosso próximo passo no desenvolvimento humano é mudar para o mundo da doação, onde a força de dação predomina, e através da qual o nosso desenvolvimento se move.

A força de dação existe também no mundo de recepção, mas a temos usado para receber porque só pode haver uma força dominante, e a pergunta é "Que força é essa?" Se a força de recepção dominar, a força de doação a atende através da nossa disponibilidade para dar um pouco a fim de receber mais.

Tudo se desenvolve apenas para adicionar a si mesmo. Em todo o mundo inanimado, vegetativo e animal, bem como no Homem, que é parte do nível animal, a evolução tem ocorrido através do domínio da força de recepção sobre a força de doação.

Percebe-se isso especialmente no caso do Homem porque ele é um egoísta que tem usado a força de recepção para causar malefícios aos outros seres. No Homem, é evidente como a força de recepção domina a força de doação. Ela também existe em níveis inferiores, no inanimado, vegetativo e animal, porém é mais evidente no Homem porque é notório que fazemos tudo *unicamente* para satisfazer a nós mesmos, para ganhar.

Por minha própria Natureza, eu não consigo fazer coisa alguma sem a perspectiva de um lucro que venha junto, um lucro que sentirei como um prazer, satisfação, ou um acréscimo ao meu investimento. Meu investimento está na doação, e o que eu recebo deve exceder tal doação.

Este é o significado de "a força de recepção domina a força de doação."

É por isso que chegamos a tal uso excessivo da força de recepção, a qual domina a força de doação, onde desejamos apenas lucrar de todos sem limite algum. Ou seja, tenho disposição para vender a qualquer e toda pessoa, destruir tudo por apenas uma migalha de satisfação, um grama de prazer, sem consideração por quem quer que seja, de qualquer maneira, forma e jeito. Não se trata de ser boa ou ruim, todavia o resultado do processo é esta recepção ilimitada no auge do nosso desenvolvimento egoísta, e isso é verdadeiro para todas as pessoas, sem exceção.

Quando atingimos o nível em que a diferença entre as forças de recepção e doação se tornaram imensas, separamos uma da outra. É por essa razão que nos sentimos imersos em uma crise e não podemos continuar a existir dessa forma. No momento, a força de doação se encontra tão afastada da força de recepção que ela não pode mais ajudar no nosso desenvolvimento. O ego se tornou tão grande que desejamos tudo para nosso uso pessoal. O ego não nos permite realizar ato algum de dação, nem mesmo para um ganho pessoal. O ego não me permite tolerar outro ser humano ao meu lado, assim eu evito começar uma família e educar crianças porque eu teria que pagar fazendo concessões, dando apreço e doação mútua, e não estou com disposição para isso.

Vemos que a força de recepção superou em muito a força de doação em cada setor da vida. Em todos os pontos, meu pensamento é exclusivamente voltado para maximizar meus benefícios. Essa é a maneira pela qual distorcemos as regras e criamos todas as espécies de regulações que nos permitem roubar legalmente.

As relações que temos construído no nosso meio estão estabelecidas de uma forma tal que não temos consideração por quem quer que seja, nem por nossas famílias, nossas crianças, sociedade, país ou pela humanidade. É por isso que há uma crise na humanidade, na cultura e na Natureza. Como a crise se manifesta na Natureza? Estamos jogando lixo no oceano ou nos lixões e esperamos que alguém venha limpar para nós.

Nossos egos não nos deixam pensar no amanhã porque eles sempre estão preocupados com o que temos aqui e agora. Sem um ganho imediato, não estamos interessados no que irá acontecer. Por conseguinte, diferentemente de antes, quando os economistas planejavam com cinco, dez e até mesmo vinte anos de antecedência, hoje não podemos prever o que ocorrerá nem sequer no dia de amanhã. Nossa indiferença nos levou à desorientação. O ego destruiu nossos sistemas, e mesmo a conexão que certa vez tínhamos entre a força de doação e a força de recepção não existe mais. Por causa disso, não seremos capazes de sobreviver.

Todavia, quando analisamos o processo de evolução, podemos antecipar seu fim, pois como afirma o ditado popular "O sábio tem seus olhos na cabeça." Não precisamos chegar ao ponto onde destruiremos uns aos outros para perceber que não é do nosso interesse continuar dessa maneira. A situação se assemelha a uma criança que aprende por meio das advertências como se comportar, no lugar de sofrer as punições. Como dissemos, "Quem é o sábio? Aquele que vê o futuro."

A solução é estabelecer, no seio do nosso sistema social, uma estrutura que nos ajudará, nos impulsionará, e sempre nos ensinará como aumentar a força de doação, sem a qual não existe a vida. A força de doação é o poder da unidade, da conexão. Hoje, nossas conexões com nossas famílias e com a sociedade humana estão enfraquecendo. Em última instância, estamos ameaçando de morte a nós mesmos e à sociedade porque não temos esta força.

Hoje, a aquisição daquela força é uma obrigação, uma questão de vida ou morte. É por isso que a crise está acontecendo, para mostrar onde estamos. Está nos mostrando que fomos nós quem construiu este estado, e agora precisamos analisá-lo com profundidade, verificá-lo, e vermos que precisamos da força de doação.

Adquirimos tal força através da construção de um ambiente adequado, um ambiente que nos proporcione um exemplo, nos impulsione e nos encoraje a praticar mais a força de dação. Tal sociedade nos diz respeito, aparentemente nos indicando e dizendo, "Se você não doar, você não irá receber. E não apenas não receberá, você perderá esta percepção de que hoje dispõe."

A sociedade deve expressar um descontentamento com a pessoa que não esteja doando, e deve atuar naquela pessoa através daquelas próximas a ela e aquelas que lhe são importantes. Tal sociedade precisa agir em relação a todas as pessoas através da sensação de respeito, o sentimento de autoestima, e os sentimentos "humanos" de todos. A sociedade irá expressar desrespeito para com aquela pessoa que não esteja doando, até mesmo chegando ao ponto de expulsá-la do seu meio.

Dessa forma, estaremos forçando as pessoas a avaliar a aquisição da força de doação. Quando aprendemos o que é a força de doação, quando desejamos adquiri-la, a sociedade nos fornecerá diversas atitudes favoráveis e apreciação. Não temos escolha; precisamos aprender o que significa doar.

Durante os meus estudos, eu quero que a sociedade me afete em dois níveis: Por um lado, com uma espécie de vara contra o meu ego, expressando um desprezo contra minha qualidade de recepção, e por outro lado, com uma cenoura, a me encorajar a apreciar a força de doação que eu irei adquirir. Então, eu começo a apreciar no meu ego, a força de doação, que é oposta a ele, pois se eu exercer essa força, irei receber a gratificação proveniente da apreciação do ambiente.

Em outras palavras, manipulamos o ego, o qual está crescendo e está excessivamente presente em todos nós. Só seremos capazes de implementar tal educação por meio do ambiente. Esta é chamada "Educação Integral." Quando conseguirmos educar as pessoas para serem integrais, conectadas e ligadas umas às outras, elas começarão a apreciar a força de doação. Por conseguinte, através da força de doação, elas adquirem para si mesmas um ambiente que as respeita.

Quando alguém recebe apreciação e respeito, as pessoas invejam esse alguém, vendo quanto ele ou ela se elevou e possui valor diante da sociedade. Quando isso acontece, a pessoa começa a apreciar a força de doação, pois ao mostrar às pessoas que ele ou ela possui tal força, se recebe elevados status e respeito sociais.

O que acontece é que através do ambiente correto, um egoísta começa a apreciar a força de doação. Na medida em que se adquire esta força, se começa a exibi-la no ambiente. Esta é outra demonstração do poder do ambiente.

O ambiente é como um educador, como o comportamento de um adulto é para o jovem, como os pais são em relação ao bebê, como o professor é para os alunos, ou como a sociedade humana é para com todos nós. A sociedade se relaciona com cada pessoa de acordo com o seu progresso alcançado. Usando as forças de recepção e doação para com o ambiente, a pessoa adquire o meio, através do qual pode permear a si mesma, a sociedade e a Natureza. Através desse meio, se começa a compreender o que está acontecendo consigo no nível das forças. Esta é nossa psicologia interna, do ambiente e da Natureza.

À medida que exploramos a nós mesmos, começamos a sentir como estas forças atuam de fato na realidade como um todo, como elas afetam o inanimado, o vegetativo e o animal dentro de nós, no ambiente, no seio da família, e em tudo mais. Começamos a trabalhar com duas forças como se fôssemos seus proprietários, e através delas estudamos e percebemos tudo. Entramos na rede que conecta toda a realidade, porque essa rede é uma teia de todas aquelas forças.

Portanto, a pessoa compreende o propósito de toda a Criação, a totalidade do processo pelo qual tem passado, e aonde ele a está conduzindo. Podemos perceber que tudo está seguindo um certo processo, embora não possamos realmente discerni-lo porque só temos uma força, aquela de recepção. Quando começamos a usar ambas as forças, adquirimos uma ferramenta, com a qual podemos examinar, semelhante aos cientistas, tudo que está acontecendo na Natureza. Passamos a ser mestres dos nossos próprios destinos, e de tudo que esteja ocorrendo. E tudo isso acontece simplesmente pela elevação de nossa conscientização.

Nossa incapacidade para usar o equilíbrio entre as duas forças, recepção e doação, nos leva a um estado de desorientação. Este é o resultado direto de nossa falta de consideração para com os outros seres. "Falta de consideração" significa que eu não estou equilibrado entre a força de doação e a força de recepção no meu próprio interior, e portanto, não posso ter consideração em relação aos demais seres.

Por conseguinte, por causa do meu desequilíbrio entre as forças, não percebo onde estou, pois estou olhando através do meu instrumento pessoal. Se aquele instrumento estiver defeituoso e não afinado, eu vejo o mundo com olhos vesgos e não compreendo o que está acontecendo.

Podemos ver esse fato entre os governantes, economistas e financiadores, os quais não conseguem encontrar o caminho correto no mundo. Eles estão envidando todos os esforços para adiar o inevitável e sombrio fim, todavia estão apenas nos conduzindo para uma situação muito pior. Milhões de pessoas irão ocupar as ruas em protestos, o que poderá levar a guerras, ou mesmo guerras mundiais, pandemias e desastres naturais.

Se estamos falando do mundo de forças, então somos os seres com a maior força de todas. Quando adquirimos o poder de equilíbrio superior no nível humano, compreendemos que estamos no topo do sistema.

Quando estamos equilibrados interiormente, somos capazes de equilibrar todos os níveis: inanimado, vegetativo e animal em toda a realidade, porque o Homem está no nível mais elevado de força e conscientização, e o poder mais sutil da Natureza, o poder do pensamento. Todas as outras forças estão em um nível inferior ao poder do pensamento. Elas são forças materiais ativadas pelo poder do pensamento, o qual não está relacionado ao poder do nosso pensamento, porém ao poder do pensamento que está presente na Natureza. Ele se relaciona ao plano global, o motor que ao funcionar consegue conectar tudo em uma unidade.

Estamos agora em um ponto muito especial em nosso desenvolvimento. Até agora, a Natureza tem nos controlado e nos conduzido para o ponto mais baixo de nosso desenvolvimento. Daqui para frente, temos que começar a ascender e a adquirir a força que existe na Natureza—o poder de equilíbrio entre o bem e o mal.

Precisamos adquirir o desejo de doação a fim de obter as duas forças em nossas mãos, doação e recepção. Se recebermos tal instrumento, a capacidade de combinar as duas forças, iremos começar a dominar toda a Natureza, visto que estamos inseridos naquele sistema. Portanto, nos tornamos uma parte viva e ativa neste sistema, nos movendo e evoluindo, dando vida a todo o sistema.

De acordo com a força de doação que uma pessoa desenvolva, a força de recepção aumenta em seu interior também. Não se trata mais daquela força egoísta do nível animal, que se usava no velho mundo. Agora, as duas forças estão se desenvolvendo conjuntamente em seu interior, as forças do Homem no novo mundo. Até agora, o Homem tem se desenvolvido instintivamente, como um animal, atingindo um patamar intolerável. Presentemente, ele deve desenvolver a força de doação em relação ao ambiente.

Dação ou doação, inclui o ato de dar, a consideração, a proximidade, o apoio, a gentileza, e finalmente o amor. O amor inclui todas as expressões de conexão. A empatia com o desejo de outra pessoa é chamada de "a força de doação." Assim que começo a desenvolver aquela força em mim, juntamente com ela cresce a outra força, a força de recepção, que na verdade me auxilia a doar, pois no meu interior, não existe coisa alguma para doar para as outras pessoas. Eu não tenho coisa alguma com a qual posso me conectar com elas. De forma diferente, é precisamente quando eu uso minhas forças de recepção que eu posso doar o máximo às outras pessoas. Fui criado pela Natureza com uma força de recepção que tem evoluído desde o início do universo até hoje. A pergunta é, "Como eu começo a doar para os outros?" É possível apenas se eu estiver em uma sociedade que me diga, "Se você não estiver doando, nós não aceitaremos você, não iremos apreciar você, simplesmente não iremos querer você porque você não possui os valores adequados." É uma sociedade que me faz sentir que todos os meus parentes, as pessoas em minha volta, e todos aqueles com quem eu me preocupo não irão me apreciar, a menos que eu faça doações. E, uma vez que obtenho este tratamento e atitude de todo mundo, eu começo a compreender que é de meu interesse doar.

Para resumir, adquirindo a força de doação, eu me torno consciente do que está acontecendo em minha volta, me volto para mim mesmo e minha família, e para a sociedade próxima e distante, organizando minha vida de forma ideal.

Assim, alcanço um estado de felicidade e sensação de realidade eterna. Tenho inclusão nele, e alcanço o nível humano. Sinto que a vida vale à pena ser vivida, que quero ter uma família e experimentar satisfação e contentamento. Tudo acontece pela aquisição da força de doação construída em meu interior no ambiente correto.

Capítulo Quatorze

———————————

A Mulher no Mundo Conectado

MULHERES COMO LÍDERES NO NOVO MUNDO

Ao examinar a sociedade corrigida na qual queremos viver, devemos dar muita atenção à unidade familiar. A família será um microcosmos do mundo em que vivemos. Claramente, o progresso certo irá criar boas relações familiares e as boas relações com a próxima geração.

Na sociedade do novo mundo, estamos destinados a construir a economia e o mercado de trabalho em sincronia com a manutenção de nossas famílias, o lar e a educação dos filhos. Não há dúvida de que as mulheres desempenham um papel fundamental na promoção do desenvolvimento pessoal de cada membro da família, e do desenvolvimento da sociedade.

As mulheres são uma força a ser reconhecida. Elas constituem mais que 50% da população do mundo, e o poder e as habilidades das mulheres são inquestionáveis. As mulheres podem administrar bem a casa, a família, as relações com o marido, as relações entre as crianças, e os seus próprios relacionamentos com cada um dos filhos. A mulher é mãe, esposa, professora, educadora, administradora doméstica e economista do marido e dos filhos. Como mãe, a mulher também é a essência espiritual da família, complementando o ensino das informações que as crianças adquirem na escola.

A mulher é a única pessoa derramando significado e espírito em seus filhos através da sabedoria interna que ela passa para sua família. A mulher é uma fonte de educação, cultura e conhecimento, que ela repassa aos seus filhos.

Devemos atribuir grande importância para o pilar da família, a mulher. Devemos colocar as mulheres em um pedestal em todos os meios de comunicação exaltando o seu lugar na família, em particular, e na sociedade, em geral. A nova realidade vai nos exigir o estabelecimento de novas estruturas que deem suporte a um papel fundamental que tem sido corroído ao longo do último século o papel da mulher.

Quanto mais sociedade, elogia, exalta, e atribui importância ao papel da mulher no mundo conectado, e quanto mais tratarmos deste papel como carreira em si e por si, exigindo especial treinamento mais mulheres terão sucesso em seus papéis de mulheres, esposas, e mães. Nosso ganho será as pessoas que estarão mais qualificadas para a vida da sociedade, e uma sociedade melhor como um todo.

Devido ao declínio do papel da mulher na família, na unidade familiar, pedra angular humana, tem diminuído muito.

Se torna desprotegida, sem o seu pilar de sustentação, e toda a civilização que se fundamenta nela treme e perece.

Como uma espécie que procura estender a sua existência, devemos aproveitar ao máximo a janela de oportunidade que nos foi dada para mudar a opinião pública. Esta alteração não pode ser ditada de cima. Precisa vir de nós, através da influência do meio ambiente sobre nós.

Teremos também que nos relacionar com outros elementos, tais como a evolução biológica, uma vez que os nossos genes também se desenvolvem. Assim, temos que abordar a necessidade que faz com que as mulheres queiram avançar e sair da casa e crescer em suas próprias carreiras.

Embora seja de fato uma grande mudança no papel das mulheres, em comparação com o que estamos habituados a ver ao longo das últimas décadas, se não restaurarmos o equilíbrio natural no papel da mulher, lamentaremos ver a humanidade escorregando para dentro do abismo e a geração continuará escorregando para as drogas, prostituição e crime. O sistema escolar não pode substituir a família.

A única coisa que pode emendar esta sociedade de hoje em desintegração é uma mulher que entenda sua importância na equação. Portanto, devemos todos juntos mudar o status das mulheres. Devemos exigir que "não se brinque" com as mulheres, e que não sejam "administradas" porque são femininas, mães e carregam filhos. É a mulher quem decide o que vai acontecer, como isso vai acontecer, e ela determina a face do mundo. As mulheres têm o intelecto e sensibilidade, a flexibilidade e o nível de desenvolvimento necessário para entender as mudanças rapidamente.

Devemos cultivar a importância do papel da mulher na família, pois sem ele, a próxima geração não será capaz de aproveitar a vida. Nós podemos ver o que está acontecendo no mundo; cada geração está mais perdida que a anterior, mais desorientada e sem rumo. Queremos que a próxima geração a seja uma geração boa, feliz, e quem é mais qualificado para realizar esta tarefa do que as mulheres?

Devemos ensinar as mulheres ciências, psicologia, educação, ou qualquer outro conhecimento contemporâneo para dar-lhes um papel importante na construção do sistema de educação do novo mundo. Esse papel vai exigir que ela faça cursos em educação, gestão da família moderna, saiba o que as crianças estão aprendendo, e trabalhe em conjunto com as autoridades. As mulheres terão de ser constantemente atualizadas sobre novos programas e treinamentos para fortalecer o núcleo interno de suas famílias, também.

Tudo depende da educação e formação, e se nós procuramos levar a humanidade a um nível humano, não teremos escolha a não ser fazer isso através das mulheres, através das mães. Nós não seremos capazes de fazer qualquer coisa com a próxima geração sem educação, sem dar valores, conteúdo e ferramentas que estas novas gerações irão guardá-los por toda a vida. Somente uma mãe pode suprir seus filhos dessa forma e equipá-los para a vida.

No final, 90% do que os homens / maridos fazem decorre da influência da esposa. Eles pretendem agradar suas mulheres. Portanto, se qualificarmos as mulheres na psicologia das relações humanas, elas descobrem que eles têm todas as ferramentas para dirigir o mundo.

Mas as mulheres perderam esse papel importante; elas perderam o seu núcleo, e toda a humanidade sofre como resultado. Começou na década de 1960, quando as mulheres começaram a ingressar no mercado de trabalho em grande número. Para suprir as necessidades da família moderna, as mulheres não tinham escolha a não ser conseguir um emprego, para ajudar na renda familiar. Há quem considere isto como sendo progresso, mas nem todos os desenvolvimentos humanos são a nosso favor, como podemos ver em muitas áreas de nossas vidas.

Há muitas razões por que as mulheres saíram da casa e entraram no mercado de trabalho. O sonho americano dominou nossas vidas, e a ideia de que uma família precisa de uma casa nos subúrbios, dois carros na garagem e ter todos os aparelhos eletrônicos móveis ou não, provocou uma onda crescente de mulheres correndo para encontrar empregos. Em sua maior parte, as mulheres começaram a trabalhar, porque não havia outra escolha.

A humanidade deveria avançar de geração em geração na educação, na cultura e nas relações familiares. Mas será que estamos realmente avançando nessas áreas? Isso é desenvolvimento?

Como podemos ver, as famílias estão sendo arruinadas, as crianças não conhecem seus pais, e os pais não sabem o que seus filhos precisam ou como dar isso a eles. Assim, ambos pais e crianças não são educadas para viver em casa, ou estar em um ambiente acolhedor, com proximidade, e que ofereça apoio.

Estamos perdendo a próxima geração. Se olharmos para as estatísticas do índice de criminalidade, depressão e outras doenças da sociedade, vamos entender o que podemos evitar se tornarmos as famílias em famílias novamente. A taxa de criminalidade cairá, e numerosos problemas domésticos serão resolvidos. A mudança vai projetar aconchego e gentileza em toda a sociedade, incluindo homens, mulheres e crianças. Tudo isso é possível, e depende da importância que atribuímos a isso. Na verdade, nós podemos fazer isso aqui e agora, em vez de esperar por uma crise ainda maior.

As mulheres precisam entender que elas também precisam se alinhar com a Natureza, porque no final, todos nós queremos ter uma vida boa. Precisamos aprender o que a lei da Natureza exige de nós, e ver se podemos nos alinhar com essas leis. Este é o único caminho.

Devemos contar com cientistas e psicólogos que entendam como o sistema de leis da Natureza opera. Podemos contar com economistas e estudos estatísticos para apresentar dados sobre a forma como estamos sofrendo uma "lavagem cerebral". Precisamos entender que os especialistas de opinião pública criam modas e tendências falsas, na verdade, enganando-nos e obrigando-nos a consumir e comprar em excesso, e nos convencem sobre certos pontos de vista sobre a vida.

Só as mulheres podem ver o quão ruim essa situação é, e só uma força feminina pode mudá-la. Se eles quiserem, as mulheres podem fazê-lo. Devemos explicar isso para todas as organizações de mulheres e que, com sua ajuda, é possível mudar a opinião pública. Cada organização vai trabalhar em sua própria área para aumentar a conscientização das mulheres sobre a família e para determinar o status da mulher como o centro da família e da vida.

Quando essa consciência permear a opinião pública, as mulheres podem exigir regulamentos que irão solidificar seu status. Se as mulheres se unirem, será uma enorme força que nenhum governo pode ir contra. As mulheres serão capazes de aprovar qualquer lei que queiram. As organizações de mulheres vão entender que a solução é simples: trazer à tona e exaltar as qualidades naturais das mulheres.

Para resumir, é preciso ressaltar que as mulheres precisam estabelecer para si mesmos cursos universitários, treinamentos e diversos cursos para adquirir conhecimento e se destacar em todas as áreas da vida, incluindo a educação, a cultura, psicologia e economia. Isto deve ser feito para que eles possam complementar a educação de seus filhos, além do ensino comum que recebem na escola, de modo que cada criança vai ser única em sua especialidade.

Se começarmos a corrigir a atual situação negativa na sociedade, que não está em sincronia com as leis da Natureza, e tender à ela corretamente, positivamente, inculcando a opinião pública com as explicações apropriadas, teremos imenso poder à nossa disposição o poder da força feminina, e a força masculina, também.

Capítulo Quinze

Prisões como Centros de Educação

COMO OS PRESOS PODEM AJUDAR A SOCIEDADE

Muitos estudos em criminologia duvidam da eficácia das penas de prisão como forma de prevenção do crime. A influência das prisões que os detentos sofrem, especialmente no que diz respeito à dissuasão e reabilitação, é um tema que requer ser repensado. Muitos países estão experimentando um aumento na taxa de criminalidade, tanto no número de incidentes quanto em sua gravidade. Além disso, os dados mostram que os presos libertados da prisão voltam a ela devido às acusações semelhantes.

Existem muitas causas para o aumento da atividade criminosa, mas o denominador comum é a incapacidade de nossa sociedade para fornecer educação adequada. De um lado, já que são muito jovens, as crianças são expostas ao crime, a violência, comportamento agressivo, e competitividade. Por outro lado, os institutos responsáveis pela educação das crianças estão negligenciando os valores e erroneamente se concentram em notas e testes.

Mas não são somente as escolas que contribuem para o problema. Quando nosso filho chega da escola, perguntamos: "Como foi a escola? O que você aprendeu? Como você foi na prova? " Em outras palavras, as notas também são a principal preocupação dos pais.

Ao mesmo tempo, as crianças estão sob constante pressão social na escola. Eles têm de lidar com a concorrência acirrada, a luta pelo status social, a inveja, a luxúria, violência e drogas, fenômenos que tratamos como "mal necessário". Mas eles são realmente assim?

Nossas escolas não estão tentando transformar jovens em seres humanos, ou educá-los em seres humanos.

Não queremos ver as crianças como modelos educacionais quando crescerem, como boas pessoas que sabem como se comunicar com os outros corretamente, que sabem a diferença entre certo e errado, bom e mau.

Espalhando violência tornou-se um dos maiores problemas da sociedade em geral, e das escolas em particular. Parece que as escolas tornaram-se focos de futuros condenados.

Onde erramos? Será que não estamos criando nossos filhos para serem humano desde o momento do nascimento? É possível que eles não estejam sendo educados para resolver problemas na família, e não recebem ferramentas e conhecimento para educar seus filhos no futuro?

Demasiadas vezes ouvimos falar de crianças sendo abusadas por seus pais. Mas o abuso emocional é ainda mais frequente, mas raramente relatados. A conclusão lógica seria a de que as pessoas nunca foram ensinadas a ser pais, ou entender o que as crianças estão e como eles devem ser tratados. Os pais não têm bons exemplos para dar aos filhos.

A inclinação do coração do homem pode ser má desde a sua juventude, como está escrito em Gênesis (8), mas as inclinações podem ser mudadas para o bem. Elas podem ser canalizadas para caminhos benéficos para a sociedade. Por exemplo, a teimosia pode ser transformada em tenacidade quando lutando para obter um objetivo digno, e a agressividade pode ser transformada em assertividade ao perseguir ideais pró-sociais.

Nas casas de hoje, as crianças crescem assistindo a filmes violentos e séries de TV, e jogando jogos de computador violentos. Eles estão expostos a histórias de crimes violentos e agressões sexuais. Na escola, eles são colocados em uma sociedade cruel que ameaça a sua segurança pessoal, onde o mais poderoso são mais bem sucedidos, e, no final, eles são julgados apenas pelas suas notas.

Além do mais, boas notas não são suficientes. Você precisa ter notas melhores do que os seus colegas para ser apreciado. É assim que o sucesso é medido. Aqueles que nascem com talentos naturais os usam contra os outros, de acordo com os exemplos que viram. O fraco usa sua astúcia e polidez. Eles são aparentemente bem comportados, mas eles não são realmente; eles simplesmente conhecem seus limites e dominaram a arte de conseguir o que querem, aparentemente legal, mas apenas como forma maliciosa.

As crianças não crescem em um vácuo. Os padrões de nossa sociedade e suas regras estão moldando essas crianças, e a culpa de como as crianças se tornam está sobre os ombros da sociedade.

Estamos negligenciando a coisa mais importante na vida, aprendendo a ser boas pessoas em uma boa sociedade. Por exemplo, não estamos educando as pessoas sobre como ser bons cônjuges, ou como manter uma vida familiar saudável e, de fato, as famílias estão desmoronando. Nós não estamos ensinando as pessoas como se relacionar com os outros, e não estamos dando-lhes o senso de que elas fazem parte de uma sociedade integral onde todos são interdependentes. Uma pessoa que não sente a dependência mútua agirá através do egoísmo e o que é bom para si, mesmo se é ilegal, e mesmo se souber que punição a aguarda depois do fato Tais pessoas não são coibidas, porque não recebem os exemplos corretos.

Em nossa sociedade egoísta, qualquer um pode fazer o que quer, desde que não seja contra a lei, desde que o mal permaneça dentro dos limites que a sociedade estabeleceu. Mas em uma sociedade integral, uma lei completamente diferente está no poder. A pessoa deve dar, ser integral, e ciente de suas conexões com tudo. Somente quando se mantém essa condição a pessoa pode ser definida como uma "cumpridora da lei".

A lei é a participação geral, responsabilidade mútua, porque todos são fiadores de todos os outros. É por isso que precisamos mostrar às pessoas como essas leis operam. Vemos que a Natureza, ecologia, e tudo o que acontece no mundo global integral está nos empurrando para nos tornamos parceiros. O fato é que não estamos recebendo a educação adequada, pois essa é a fonte de todos os nossos problemas.

Através da educação, podemos prevenir as pessoas de quebrarem a lei. Como parte da Educação Integral, podemos incutir modelos de boas conexões que serão ensinadas na escola, e até mesmo no jardim de infância. Ao invés de sentar em fileiras de carteiras na frente de um professor, as crianças vão se sentar em círculo, comunicando uns com os outros e aprendendo a entender uns aos outros. Vamos experimentar a subida acima dos nossos egos, para nos conectarmos e construirmos um grupo. Isso é semelhante a uma unidade de elite ou um time esportivo, onde as pessoas têm de se unir e entender um ao outro, a fim de ter sucesso, graças aos seus esforços conjuntos e os fortes laços.

Precisamos ensinar as pessoas como ser seus próprios policiais. Elas saberão o que têm que fazer, e isto se tornará um hábito, uma segunda Natureza. Cada incidente incomum em sala de aula deve ser tratado através de uma discussão como um júri. Na discussão, as crianças irão determinar o que estava certo e o que estava errado no incidente, e apresentar todos os argumentos sobre o assunto. No processo de análise, as crianças serão movidas e afetadas, ganhando, portanto, impressões. Até que as crianças passem por esse processo, elas não são educadas no sentido humano.

"Educação", no sentido humano significa que a criança recebe e experimenta exemplos de vida. As análises serão feitas através de discussões, júri, e de *role-playing*. Haverá um juiz, um advogado, um promotor e um júri. Todo o processo será filmado, e as crianças, mais tarde, assistirão ao vídeo e analisarão seus comportamentos.

Todos devem participar da discussão; os papéis das crianças devem ser mudados e a cena reencenada a partir de diferentes pontos de vista. A encenação irá mostrar às crianças quão opostas elas podem tornar-se do que elas apresentaram a momentos atrás.

É uma atividade muito enriquecedora, com as crianças "absorvendo" muitos papéis e personagens. Dessa forma, elas aprendem a compreender os outros, mesmo quando os pontos de vista são opostos. Quando uma criança experimenta ser ambos defensor e procurador, ela entende que pode existir outra opinião completamente oposta à dela, mas ainda assim válida.

Como parte da Educação Integral, as crianças não ficam na escola o tempo todo. Eles se divertem com passeios para lugares como bancos, hospitais, fábricas, usinas e até mesmo prisões para que elas vejam como as pessoas trabalham e o que as motiva.

Estes passeios também devem ser analisados em relação ao propósito de tais visitas. Através deste processo, as crianças vão aprender que o mundo inteiro está conectado, que todo mundo cria algo para outra pessoa. Desta forma, elas vão ampliar seus horizontes.

Se começarmos a tornar as crianças em seres humanos desta maneira, e persistirmos com a educação ao longo de seus anos escolares, vamos chegar muito mais perto de uma sociedade boa e equilibrada, onde a segurança pessoal será restaurada. Não temeremos mandar nossos filhos para a escola ou deixá-los na rua à noite.

Hoje, o problema é que certos elementos na sociedade lucram com filmes violentos. Mas este é um bom motivo para deixá-los corromper nossas crianças? As crianças são os seres mais impressionáveis, e nós, como pais somos encarregados de criá-las. Como pai, eu não deixo meu filho assistir filmes ou jogar jogos violentos ou ser exposta aos maus exemplos que acabamos de descrever. Eu não quero que ele estude em uma escola que incentiva a arrogância e a competitividade vil, que levam à violência. Eu quero dar-lhe bons exemplos. A pessoa aprende com os exemplos que ela vê, e não estamos dando para elas bons exemplos.

Portanto, para ter uma sociedade saudável, temos que fazer grandes esforços para mudar os paradigmas de ensino existentes. Se falarmos com professores e educadores, psicólogos e sociólogos, saberemos o que precisamos fazer, e quais as limitações que devemos impor na sociedade.

Quando assistimos TV ou navegamos na Internet, nós experimentamos muitas emoções relacionadas à violência, que moldam nossas mentes. Porque estamos conscientes dos efeitos negativos que essas imagens têm em nossas vidas, e porque já temos consciência integral comum para muitas pessoas em todo o mundo, podemos parar a distribuição deste tipo de conteúdo e proibir a sua distribuição através da mídia.

Uma sociedade integral é aquela que pensa nos benefícios para as pessoas, ao contrário de uma sociedade democrática que sustenta que se pode fazer qualquer coisa que a pessoa queira, desde que não seja prejudicial e, desde que a atividade não cause a anarquia. Uma extremidade da democracia é a anarquia, e a outra extremidade é a ditadura. Você precisa escolher onde você está, decidir qual é a finalidade das diferentes sociedades, e determinar a sua própria finalidade. A democracia foi concebida para manter o bem-estar das pessoas, mas como é que isso vai acontecer, se somos todos egoístas? O benefício do povo deve vir primeiro, antes de limitar o ego.

Em muitas prisões do mundo, não apenas as condições são vergonhosas e degradantes à dignidade dos internos, bem como não há qualquer esforço é feito para reabilitá-los e torná-los bons cidadãos. É por isso que as punições não conseguem alcançar seu objetivo. Os presos que completam sua pena retornam para o crime. Eles veem isso como um modo de vida. Mas se esse é o caso, por que as pessoas estão encarceradas? Deveria uma pessoa ser presa e apenas cumprir o seu tempo, ou somos também responsáveis por transformar essa pessoa em um ser humano corrigido? Qual é o papel das prisões?

No passado remoto, houve países nos quais a prisão nunca foi implementada. As pessoas de lá sabiam que era inútil. Havia cidades de refúgio para as quais os criminosos fugiam, e era proibido matá-los. Mas se uma pessoa foi pega roubando, essa pessoa tinha que trabalhar para pagar o roubo. Cada crime tinha sua punição correção adequada, mas nunca houve o encarceramento. Se quisermos realmente corrigir a nossa situação, a correção não está em condições materiais, mas sim na educação.

É por isso que as prisões devem se tornar escolas. Sempre que os presos têm tempo livre, eles devem ser educados. Eles devem aprender psicologia, história, e o que significa ser um ser humano. Como parte do tema de se tornar um ser humano, eles vão aprender sobre o atual mundo global, o que ressalta as conexões entre todos. E porque os presos são colocados sob a autoridade da prisão, devem passar por um programa educacional intensivo.

Hoje, as prisões realmente ajudam os prisioneiros a se tornarem melhores profissionais do crime! Presos se encontram com criminosos experientes e aprendem com eles como melhorar suas habilidades. Naturalmente, isso não corrige nada, ao contrário, só contribui para a corrupção. Apesar de todos os esforços de reabilitação pelas prisões, é sabido que apenas alguns detentos reformam-se após a sua libertação, e criam uma vida de normalidade. A maioria deles retornar ao crime.

As características humanas dividem-se em dois grupos principais: características internas, que recebemos por herança e estão em nós desde o nascimento, e externas, adquiridas através da educação, do ambiente, da mídia e da sociedade em geral. Nenhum desses elementos depende do indivíduo, mesmo que projete uma personalidade e determine o próprio destino. Portanto, um prisioneiro não pode usá-las já que o ambiente onde foi colocado, não fornece bons exemplos.

O quadro de reabilitação deve, portanto, mudar drasticamente. Por exemplos, os presos podem ser divididos em grupos de 15-20 pessoas e serem conduzidos por um psicólogo, que irá trabalhar com eles e orientá-los Eles vão assistir a palestras sobre temas como a estrutura da sociedade humana, a estrutura do ser humano, as relações humanas, psicologia humana, que estejam de acordo com quem somos, com a nossa percepção da realidade e de acordo com o nosso comportamento com o outro, o que é o ego que sempre nos governa, e como podemos olhar de fora para nós mesmos e criticar a nós mesmos.

Precisamos transformar cada preso em um bom psicólogo que possa entender a si próprio, e possa ver o mundo de ângulos diferentes. Após esse treinamento, um preso que sai da prisão pode se tornar um instrutor de jovens, porque ele ou ela passou pelo caminho negativo e foi reformado na prisão. Uma vez fora da prisão, essa pessoa se torna ativo para a sociedade por causa da capacidade de condoer-se profundamente com os dois modos de vida. Isso faz com que uma pessoa seja um elemento muito positivo e benéfico na sociedade.

Enquanto o preso não concluir o processo de correção e tornar-se benéfico para a sociedade, é melhor que permaneça na prisão e não cause mais danos à sociedade. Atualmente, libertamos os prisioneiros da prisão e, basicamente, aguardamos o seu retorno. Então, por que perdemos todos esses anos? Por que a sociedade investiu tanto dinheiro e esforço com esse preso? O que a sociedade ganhou? Quem se beneficia com o tempo do preso na cadeia se ele ou ela não corrigiu nada, e ainda retorna ao crime com maior eficiência depois de anos na "escola do crime" -Nossas prisões?

Portanto, os tribunais que a sentenciam pessoas para ir para atrás das grades devem tornar-se obsoletos. Punições não deve coincidir com a Natureza do crime ou a sua gravidade, mas o tempo que leva para mudar o criminoso em um elemento positivo na sociedade. Após a liberação do preso que, ele ou ela vai ser ensinado uma profissão e será enviado para onde o ex-presidiário pode trazer o maior benefício para a sociedade. Isso é chamado de "a correção da sociedade e a correção do homem."

Por exemplo, não há necessidade de prender uma pessoa que foi apanhada a roubando, pela primeira vez. Em vez disso, a pessoa pode estudar em casa ou em um colégio interno, e fazer os exames que comprovem a conclusão do treinamento. Além disso, não faz diferença se a pessoa desviou com o dinheiro dos clientes em um banco, ou é um batedor de carteiras que furtou algo da bolsa de alguém. O critério é determinado de acordo com o processo de correção necessário. Enquanto o criminoso não foi declarado corrigido pela sociedade, ele ou ela vai permanecer no treinamento. A ideia é proporcionar às pessoas correção eficaz, e essas pessoas vão se tornar as pessoas mais positivas e benéficas para a sociedade.

Os Estados Unidos são um exemplo perfeito de falha na construção de uma sociedade corrigida e pessoas equilibradas. Como um país, perdeu o seu tratamento adequado para com as pessoas há muito tempo. Na sociedade norte-americana atual, uma pessoa não pode se tornar uma pessoa de posses através do trabalho duro e honesto. Os valores do país mudaram radicalmente, e enquanto metade de um século atrás modéstia era um traço digno, provavelmente por causa da influência dominante da religião, hoje o que é valorizado é o oposto de modéstia.

No capitalismo clássico, uma pessoa trabalha duro e ganha uma vida decente. Isso dá um orgulho em ser uma pessoa que se fez. Mas hoje, os que ganham são aqueles que podem fazer "magia financeira". Estas são as pessoas mais respeitadas e poderosas da sociedade. Essa mudança simboliza a perda dos princípios que costumavam simbolizar América e do espírito americano.

Os cidadãos dos democráticos Estados Unidos possuem mais armas de fogo licenciadas do que qualquer exército no mundo, incluindo até mesmo o exército norte-americano. Ao todo, são cerca de 300 milhões de pessoas nos EUA, e um número semelhante de armas de fogo licenciadas no país, uma por cada homem, mulher e criança.

O número de indivíduos presos nos Estados Unidos também é alarmante. Cerca de um em cem moradores de os EUA estão atualmente atrás das grades. Este número é maior até mesmo do que o Irã e a China, ambos relativamente e em números absolutos. E, no entanto, o crime é não diminui.

Para efetuar a mudança neste vasto país, Educação Integral deve ser instituída por lei em todas as instalações de correção. Os presos devem ser treinados em ambos os grupos físicos, como mencionado acima, e através de cursos online, de modo que, eventualmente, eles mesmos se tornem educadores.

Um prisioneiro que treina para se tornar um educador já não é uma pessoa comum. Ele é uma pessoa especial, e é assim que deve ser treinado. Esta é a condição para a libertação.

No tempo que um detento está na cadeia, devem lhe mostrar que ele ou ela pode estar entre os jovens como modelo e no papel de educador. Este é o propósito e esta será a sua profissão após sua saída da detenção.

Não faz diferença se o presidiário é um financista que roubou bilhões, um mendigo ou um ladrão de bancos. Todo mundo vai sair da prisão como educador, porque isso é parte do processo de reabilitação do preso.

O preso terá que passar para os outros o que ele ou ela aprendeu dando assim bons exemplos. Por exemplo, o que se forma vai se juntar à equipe das instalações de delinquência juvenil, onde terão que mostrar pelos próximos seis meses se eles podem ou não educar os delinquentes, alterá-los e colocá-los na linha. Naturalmente, todas as suas ações serão monitoradas e examinadas porque é o seu diploma, o bilhete fora da cadeia.

Na cadeia, cada preso terá formação obrigatória em Educação Integral. Na verdade, não apenas em prisões, mas todo mundo vai passar por este treinamento. Sem esse treinamento, será impossível corrigir qualquer uma das crises que estamos atualmente experimentando na educação, economia, ou família. Estamos vivendo uma crise psicológica e uma crise na saúde, com um aumento surpreendente no abuso de drogas, depressão e desespero. Qualquer coisa ligada às vidas pessoais ou sociais das pessoas está atualmente em crise. Mas, enquanto não formos capazes de quebrar os interesses egoístas que lucram com a crise social global, não teremos sucesso.

As prisões podem servir como grandes exemplos para o mundo todo. Se formos bem sucedidos nesses lugares, também seremos bem-sucedidos na sociedade aparentemente "normal". Tornando prisões em universidades para construir seres humanos é nada menos do que uma revolução na percepção social. Os critérios para jovens e adultos, homens e mulheres são todos iguais. Seja qual for o crime cometido, a pessoa precisa apenas sentir, entender e considerar-se como parte integrante e interdependente do meio ambiente. Este é o fundamento a partir do qual um preso continua a crescer.

O número de pessoas atrás das grades nos Estados Unidos aponta para o fato de que a sociedade americana está gravemente doente. A América não pode se orgulhar de sua democracia, porque a democracia tem como finalidade trabalhar em favor do povo. Mas ter milhões de pessoas na prisão prova que esta democracia não está atendendo a seu povo como deveria. Na verdade, isso mostra que essas pessoas foram esquecidas e não estão sendo cuidadas. Apesar da tão falada igualdade de oportunidades, a sociedade americana está retratando desrespeito para os seres humanos e para a educação da próxima geração de americanos.

Na França, por exemplo, não há cultura, religião ou família- que são as fundações que mantêm as pessoas juntas. Não há orgulho nacional por ser francês. É uma única nação, ao contrário da América.

Devido à diversidade étnica da América, não há nada que os mantenha unidos. A disparidade profunda e falta de uma linguagem comum grandes dificuldades e precisam de uma revisão, uma transformação de atitude, perspectiva de vida e valores. E porque a Educação Integral transcende todas as diferenças que criam mal-entendidos, ela deve ser implementada nos Estados Unidos.

Acima de tudo, é preciso haver um "guarda-chuva" inclusivo, que diz: "Nós pertencemos a uma nação, a um país, a uma humanidade e um mundo. Mantendo a singularidade de cada pessoa, é preciso nos conectar acima dela, porque a Natureza nos está obrigando. " Esta é a abordagem correta de acordo com a lei da Natureza. É a Natureza que nos apresenta o nosso dever de nos conectarmos além de todas as diferenças do mundo integral, na sociedade integral. Estamos conectados queiramos ou não. Nós não temos escolha; não há outra maneira de ser salvo dos problemas, exceto pela união.

Se começarmos a agir desta forma em muitos lugares do mundo, vamos ver como isso afeta o mundo inteiro. Hoje, é difícil influenciar os líderes fanáticos e autocráticos, por isso a mudança depende de uma coisa, alguém que vai um passo à frente para servir de um modelo a ser seguido. Somente se este país educar as pessoas primeiro irá demonstrar a necessidade da Educação Integral.

Você não pode influenciar o mundo com os seus valores e princípios, quando o resultado é um comportamento corrupto. Portanto, se a América quiser ser um exemplo para o mundo, deve começar por reduzir o número de detentos, fazendo com que as pessoas sejam mais amigáveis e educadas, e pela redução da taxa de criminalidade. Quando a América se tornar um modelo em todos esses reinos, será capaz de "exportar" seus valores para o resto do mundo.

Nós não temos nenhuma intenção de mudar a lei nos Estados Unidos, porque isso seria impossível. Queremos apenas ver educadores com experiência em educação social serem permitidos nas prisões. Essas pessoas, hábeis em trabalhar com pessoas, irá levá-las a fazer o mesmo, conexão integral. Eles vão organizar aulas dentro das prisões, e os presos serão obrigados a participar delas. Esses estudos também podem ocorrer através de telas de TV, Internet, ou através da apresentação de informação em DVDs. Professores dariam palestras e conduziram as negociações com os presos, e os psicólogos iriam iniciar as atividades. Devemos preparar os educadores para esta abordagem agora, e obter permissões das administrações prisionais para transformar as prisões em escolas para a educação dos detentos.

O progresso dos presos será anunciado nos meios de comunicação e a sociedade vai ver o que ele precisa, a fim de corrigir-se. Desta forma, vamos aprender que não existe uma diferença tão grande entre os de dentro e os de fora, porque no que diz respeito às leis do mundo, da Natureza, ecologia e relações humanas, somos todos criminosos. Todos nós somos culpados pelo que está acontecendo no mundo. Não há vítimas aqui; somos todos igualmente responsáveis pelo bem e pelo mal.

Estamos vivendo em um mundo integral, que é redondo, sem princípio nem fim, então não há ninguém para culpar. Todos os fenômenos na sociedade humana são causados por todos. Temos que alcançar a Natureza de uma sociedade integral uniforme, e começa a se relacionar de forma diferente para nós mesmos, aos outros e à Natureza, que nós, assim como todo o resto criado.

Posfácio

Um novo motor para a Vida

Por milênios, a humanidade foi se perguntando: "Para onde estamos indo? Onde estamos evoluindo? O que devemos mudar para melhorar as nossas vidas? E para onde a Natureza humana está nos conduzindo?

Encontramos maneiras de nos desenvolver, mas estávamos sempre atraídos para a mesma direção.

Após milênios de desenvolvimento, chegamos a uma situação muito interessante: A força egoísta que nos motivou a nos desenvolver culminou, e começou a declinar. Essa força nos levou a aumentar o nosso nível de vida, aprender mais, entender mais, e lutar pela felicidade ou riqueza e fama. Mas por causa da diminuição da confiança do ego, uma sensação de fadiga e cansaço tomou conta, ao ponto de depressão e desespero generalizado.

Estamos vivendo o "agora", e não queremos desenvolver ou investir no futuro. Na verdade, nós já estamos mudando, mas nós estamos indo na direção oposta ao processo que sempre nos conduziu.

Estamos vivendo uma crise global que afeta todos os aspectos de nossas vidas. Esta crise não é exclusiva de um determinado país ou cultura. É uma crise global que afeta todos os aspectos de nossas vidas.

Parece que esgotamos nossas energias e habilidades, que temos em demasia. Chegamos espaço sideral e as profundezas dos oceanos, mas, ao mesmo tempo, estamos esgotando os recursos da Terra. Nós podemos destruir a vida na Terra com o apertar de um botão, mas ainda estamos à mercê da Mãe Natureza. Mas o pior de tudo, perdemos nosso rumo.

Não é como se a direção que íamos era boa, mas pelo menos estava nos empurrando ao desenvolvimento. Agora, nem mesmo isso existe. Estamos começando a perguntar: "O que está acontecendo aqui?" "Qual é o sentido da vida?"

As perguntas feitas nos dias de hoje são de todos nós, não apenas de filósofos ou pensadores. Chegamos a um ponto em que não podemos nos desenvolver mais, mas também não podemos ficar parados, porque ao fazê-lo, vamos perder o desenvolvimento que já alcançamos. A indústria que desenvolvemos ao longo dos séculos está desacelerando, a ciência tem chegado a um impasse, e a cultura e a vida social têm atingido o fundo do poço, como visto na TV, que reflete nossos valores atuais. Tecnicamente, não podemos fazer quase nada, mas o conteúdo que preenche nossa vida está diminuindo e se tornando fraco e superficial, em dissonância completa com as nossas capacidades tecnológicas.

A vida em família raramente foi pior do que é agora. As pessoas se sentem sozinhas, como se fossem cegas, procurando o seu caminho de parede em parede dentro de uma sala. Não estamos conhecendo ou encontrando outras pessoas, e não temos capacidade de nos conectar com outras pessoas de forma adequada, agradável e desejável. As pessoas estão adiando o casamento e a idade para ter filhos está sendo postergada. Estamos incertos sobre nosso futuro porque a nossa Natureza, o ego, esse mal geral que nos controla, já não nos tem como objetivo uma direção em particular.

Estamos passando por uma profunda crise e de grande desespero. A depressão é a doença mais comum em todo o mundo, a principal causa de muitas outras doenças. Estamos em constante incerteza sobre o presente, e tememos o futuro, quer por catástrofes naturais ou do ego humano que causa desastres, uma vez que está totalmente fora de controle.

Nós sabemos e entendemos tudo isso, e muitos cientistas já reconheceram estas tendências. Até mesmo que a maioria do público reconhece o que mencionamos acima. No entanto, além de diagnosticar os sintomas há pouco que podemos fazer. Somos impotentes quando se trata de resolver esta crise enorme.

Podemos pensar nesta crise como uma doença que afeta toda a humanidade. Seus sintomas são a disfunção em diversas áreas, como um corpo que está parcialmente funcional devido a algum desequilíbrio em seus sistemas. Da mesma forma, a sociedade humana não está funcionando corretamente; ela está em desarmonia e seus sistemas estão desequilibrados. No entanto, tudo o que podemos fazer é reconhecer que somos governados pelo egoísmo humano, má vontade, inveja, ódio, luxúria, e pela busca de poder e respeito. Nós somos como um ser que está prestes a destruir-se, juntamente com toda a civilização, mas não pode parar por si mesmo. É como se soubesse o resultado de sua conduta com antecedência, mas se inclina ao suicídio.

Devido à crise econômica, o desemprego está em ascensão. Temos indústrias que fabricam produtos feitos para suprir necessidades que realmente não existem causando o consumo redundante de produtos. Pior ainda, para aumentar os lucros fabricantes fazem produtos que param de funcionar muito mais cedo do que deveriam, apenas para nos manter comprando produtos novos.

A sociedade não pode acompanhar a produção, e quando a sociedade diminui seu consumo, os fabricantes entram em colapso junto com o sistema financeiro, os bancos, as companhias de seguros e as empresas de investimento. Especialistas acreditam que, no futuro próximo, apenas dez por cento da população mundial terá de trabalhar a fim de fornecer para as nossas necessidades, enquanto o resto do povo será redundante. Centenas de milhões estarão, portanto, fora do mercado de trabalho para sempre.

Os milhões que estão sendo expulsos do mercado de trabalho precisam ser aproveitados em uma nova ocupação relacionada com a sociedade. Eles precisam induzir uma mudança social, uma transformação no comportamento humano, e levar a humanidade a um equilíbrio com a Natureza. Nós devemos nos engajar na construção de um novo ser humano adequado para a nova era para qual estamos avançando. Se o único problema que podemos ver na situação atual é nosso ego, podemos supor que, na medida em que mudarmos, vamos subir para um nível mais elevado do que o ego.

Esta é a forma como a humanidade sempre evoluiu. Depois de cada crise, uma situação nova surgiu que parecia melhor, mais justa e mais avançada, e parecia oferecer uma nova vida. Posteriormente, uma vez já estabelecida na nova estrutura, encontramos mais uma vez que nem tudo era como esperávamos.

À medida que evoluímos, o nosso desenvolvimento nos traz estados de sofrimento e situações negativas. Quando as sensações negativas e discernimentos chegam a um ponto crítico, em que não podemos mais tolerá-las, nos revoltamos ou declaramos guerra. Alternativamente, podemos criar a mudança através de nosso intelecto através de novas percepções e consciência. Quando isso acontece, novos valores e filosofias surgem, permitindo-nos evoluir para uma nova fase.

Parece que agora estamos diante de tal situação. Nós já esgotamos a situação anterior, vemos e entendemos que a causa do nosso sofrimento é o ego, e não podemos continuar a deixá-lo arruinar nossas vidas. Portanto, a nossa Natureza exige mudança.

Esta é a singularidade da nossa situação. Nós nunca mudamos a Natureza humana, só mudamos para o próximo nível do nosso desenvolvimento, como mudanças de marcha em um carro. Estamos já na marcha mais alta, temos pressionado o pedal até o fundo, e o motor está perdendo a força.

Agora nós temos que mudar o nosso combustível ou mudar o motor. Temos que mudar nosso curso, os nossos valores e os nossos objetivos. O velho motor não vai funcionar na nova área para a qual estamos nos "conduzindo", então, precisamos de um novo. Ou seja, é preciso mudar a Natureza humana, o motor egoísta que até agora tem nos tem empurrado para o desenvolvimento, descoberta e percepção. Para resumir, temos que mudar a nossa Natureza.

Há duas forças da Natureza, a força de recepção, o nosso ego, e a força de doação. Estas duas forças criam a vida. As combinações, equilíbrio e harmonia entre eles vai tornar nossa vida melhor, mais pacífica, e movendo-se para a frente. Chegamos a um ponto em que a força de recepção, o ego, parou de funcionar, daí a sensação de desespero, que é sentida em todos os domínios da vida.

Cientistas e pesquisadores estão começando a perceber uma solução: Nós precisamos mudar o nosso combustível e adaptar o motor para trabalhar na força de doação, por isso a força de doação está na liderança, empurrando-nos para a frente, com a força de recepção sendo sua subsidiária.

A sociedade humana evoluiu. Nós desenvolvemos a educação, a cultura, a indústria e, especialmente, o comércio. Desta forma, utilizamos a força de doação como um meio para receber ainda mais.

Agora, estamos mudando para um novo modus operandi, onde a força de doação é o fator de destaque, e a força de recepção é apenas um meio para um fim. Ou seja, estamos nos movendo para um novo modo de trabalho, novas conexões e novos relacionamentos. Estamos mudando a força que lidera.

Precisamos construir este novo motor para que ele funciona de acordo com a força de doação. E uma vez que o motor é a sociedade humana, teremos que lidar com a mudança de cada pessoa, bem como a mudança da sociedade como um todo. Não precisamos mudar a indústria ou da ciência, mas as pessoas que estão envolvidas nelas e as relações entre nós, e então tudo ficará bem.

Para mudar a nós mesmos, precisamos primeiro de uma nova maneira de educar as pessoas. A nova educação vai ver as pessoas como indivíduos e como um grupo global chamado "humanidade". As perguntas que precisam ser feitas em relação à nova educação são: "Quem somos nós? O que somos? Como evoluímos ao longo dos milênios para o nosso estado atual, e como devemos evoluir a partir de agora? Que tipo de mudança devemos sofrer, e por quais meios? Como gradualmente deve essa mudança ser implementada em cada um de nós pessoalmente, e em todos nós nos níveis sociais, nacionais e internacionais? "Esta alteração irá afetar toda a civilização humana.

Além do aprendizado, para os quais contamos também com os estudos de cientistas, biólogos e sociólogos, precisamos desenvolver a parte educacional: como podemos mudar e por que meios. Em outras palavras, como chegaremos a uma situação em que a força de doação nos controla e nos impulsiona a avançar, ao invés da força de recepção? Como podemos perceber essas mudanças nas pessoas e na sociedade? Como, e em que ordem, devem ser feitas mudanças com crianças, adultos, homens, mulheres, e em cada sociedade de acordo com a sua mentalidade, a religião e tradição?

Hoje, milhões estão sendo demitidos das "lojas de suor" fabricação de produtos sem valor, redundantes. Essas pessoas irão mudar para um novo emprego, mudar a sociedade humana.

Vamos dividir o trabalho razoavelmente entre todos, para que todos possamos viver com dignidade, assim como animais sociais fazem na Natureza. Entre as formigas ou abelhas, por exemplo, algumas são trabalhadoras, algumas são reprodutoras, e algumas são responsáveis pelos alimentos. Quando dividimos tarefas entre nós da mesma forma, nós vamos ter que trabalhar apenas algumas horas por dia, talvez nem mesmo todos os dias. Vamos passar o resto do tempo, mantendo a sociedade humana boa, adequada e em um estado de bem-estar. Aqui, todos receberão o que precisam para uma vida digna. Mas a principal ocupação será a transformação pessoal de cada um de nós, e para todos nós enquanto sociedade.

Assim, vamos formar uma nova educação e uma nova sociedade. A mídia será preenchida com este novo conteúdo, e as indústrias de cinema e música, televisão, literatura e revistas serão preenchidos com notícias relativas a transformação do homem e da sociedade.

Hoje, este é o nosso dever, mudar a humanidade. É por isso que iniciamos uma série de livros publicados pela Ari Publisher, e estamos produzindo conteúdo de mídia visual, como videoclipes e filmes para crianças e adultos. Nosso objetivo é nos aproximar ainda mais das mudanças que todos teremos que nos submeter.

Sobre o Autor

Professor de Ontologia e Teoria do Conhecimento, Doutor em Filosofia, com mestrado em Ciências, em Medicina Cibernética, Dr.Laitman é o fundador do Instituto ARI, com filiais em toda a América do Norte, Central e América do Sul, assim como na Ásia, África e Europa Ocidental e Oriental.

Dr. Laitman se dedicada a promover mudanças positivas nas políticas e práticas educacionais através de ideias e soluções inovadoras para os problemas educacionais mais prementes do nosso tempo. Ele introduziu uma nova abordagem para a educação, a aplicação das regras de um mundo interdependente e integrado.

Um Guia para a Vida em um Mundo Globalizado

Dr. Laitman fornece orientações específicas sobre como viver na nova aldeia global, o nosso mundo cada vez mais tecnologicamente interconectado. Sua nova perspectiva toca todas as áreas da vida humana: sociais, econômicas e ambientais, com especial destaque para a educação. Ele descreve um novo sistema global de educação baseado em valores universais para a criação de uma sociedade coesa em nossa realidade emergente mais firmemente interligada.

Em seus encontros com a Sra. Irina Bokova, Diretora-Geral da UNESCO, e com o Dr. Asha-Rose Migiro, vice-secretário-geral da ONU, que discutiu os problemas da educação em todo o mundo atual e sua visão para a sua solução. Este, tema mundial crucial está em meio a grande transformação. Dr. Laitman sublinha a urgência de tirar proveito das recentes ferramentas de comunicação disponíveis, enquanto considerando as aspirações originais da juventude de hoje, e preparando-a para a vida em um mundo global altamente dinâmico.

Nos últimos anos, o Dr. Laitman tem trabalhado em estreita colaboração com diversas instituições internacionais e tem participado de vários eventos internacionais, em Tóquio (com a Paz Goi Foundation), Arosa (Suíça) e Düsseldorf (Alemanha), e com o Fórum Internacional das Culturas em Monterrey (México). Estes eventos foram organizados com o apoio da UNESCO. Nesses fóruns globais, ele contribuiu para as discussões vitais sobre a crise mundial, e delineou os passos necessários para criar mudanças positivas através de uma consciência global reforçada.

Dr. Michael Laitman tem sido destaque nas seguintes publicações, entre outros: Corriere della Sera, o jornal Chicago Tribune, o Miami Herald, The Jerusalem Post, e The Globe e na RAI TV e Bloomberg TV.

Dr. Laitman passou toda a sua vida explorando a Natureza humana e a sociedade, buscando respostas para o sentido da vida em nosso mundo moderno. A combinação de sua formação acadêmica e amplo conhecimento faz dele um dos mais requisitados pensadores e palestrantes. Dr. Laitman tem escrito mais de 40 livros que foram traduzidos para 18 idiomas, com o objetivo de ajudar as pessoas a alcançar a harmonia entre si e com o ambiente ao seu redor.

A abordagem científica do Dr. Laitman permite que as pessoas de todas as origens, nacionalidades e crenças possam superar suas diferenças e se unirem em torno da mensagem global de responsabilidade e colaboração mútua.

Sobre o Instituto ARI

NOSSA MISSÃO:
Para promover uma humanidade consciente globalmente para enfrentar os desafios do mundo interdependente de hoje.

O que fazemos:
- Encorajamos o diálogo entre cientistas, estudiosos e educadores
- Promovemos mudanças positivas nas políticas e práticas da educação
- Criamos um novo paradigma de educação integral para todas as pessoas

VISÃO GERAL:
O mundo de hoje está em uma encruzilhada. Há evidências no mundo todo que a instabilidade econômica, o fracasso político e a agitação social, denotam que a humanidade está passando por uma mudança global.

Como muitos especialistas já estão vendo, a Natureza dessa mudança é que estamos nos tornando tão interconectados e interdependentes que os sistemas antigos não estão mais funcionando.

Daí há também fortes indícios de que o termo "globalização" abrange muito mais do que a correlação entre os mercados financeiros globais, um significado mais preciso do termo deve abordar a Natureza interligada da sociedade como um todo. Estamos "globais" não apenas no sentido financeiro, mas também, e principalmente, no sentido social.

A agitação social que começou em 2011 e pegou fogo como um incêndio florestal global e demonstrou como chamas sociais, podem se espalhar através de continentes, passando de um ponto para o próximo através dos fios da Internet.

Estamos todos no mesmo barco, e quanto mais cedo todos nós percebemos o que realmente está acontecendo no mundo, uma transição mais segura e suave transpire.

Enquanto nós nos tornamos globalmente interdependentes, a mentalidade do egocentrismo ainda constitui o paradigma predominante. A nossa interdependência tornou-se um fato da vida. Mas, o nosso modo de pensar e nossos valores, ainda estão presos no velho paradigma. Portanto, o caminho para uma solução viável para a crise que a humanidade enfrenta hoje, deve começar a nos alinhar com as novas condições emergentes: é preciso nos educar e nos elevar para abraçar a nossa dependência e responsabilidade mútua.

Os problemas que parecem nos encurralar em cada canto não são as causas, mas os sintomas do nosso verdadeiro problema - a falta de solidariedade e responsabilidade mútua.

Muitas pesquisas já demonstraram o poder da influência social. A ARI está trabalhando para aproveitar o poder da educação e influência social para nos erguer da obsoleta mentalidade cão come cão, reconhecer a realidade de um sistema humano integrado, e nos ajustar em conformidade.

A realidade globalizada de hoje, ou todos ganhamos ou todos perdemos, porque somos interdependentes. Quando pessoas suficientes no mundo abrirem os olhos para os fatos da globalização e da responsabilidade compartilhada, uma grande mudança começará. Não haverá mais países e povos se explorando um ao outro; não haverá consórcios mamute explorando dezenas de milhões de trabalhadores mal pagos em todo o mundo; já não será permitido a crianças morrem de fome e doenças que podem ser tratadas com antibióticos comuns, e não haverá mais abuso de mulheres simplesmente porque são mulheres.

Em um mundo onde as pessoas percebem que o seu próprio bem-estar depende do bem-estar dos outros, e irão cuidar dos outros, que mais tarde se importam com eles em troca. Termos como

"primeiro mundo" e "terceiro mundo" deixarão de existir. Haverá apenas um mundo e as pessoas que vivem nele.

Educação significa informar as pessoas da nova era de globalização, dependência mútua e responsabilidade compartilhada, de que todos nós somos parte. As recentes crises financeiras mundiais, e as séries de levantes em todo o mundo são provas suficientes de que nós afetamos uns aos outros em todos os níveis da vida econômica, social, e até mesmo emocional.

A ARI está trabalhando para aumentar a unidade e solidariedade entre os indivíduos e as nações, em congruência com a realidade interconectada atual.

Como podemos aprender com a Natureza, a união, reciprocidade e responsabilidade mútua são pré-requisitos para a vida. Nenhum organismo sobrevive a menos que suas células funcionam em harmonia. Da mesma forma, nenhum ecossistema prospera se um dos seus elementos for removido.

A humanidade é também uma parte integrante do sistema natural. No entanto, nós somos a única espécie que, como um todo, ainda não segue a lei natural da dependência mútua e reciprocidade. O ARI mantém a ideia de que a humanidade está começando a perceber que nós, também, estamos sujeitos a interdependência e devemos jogar de acordo com essa regra, se quisermos sobreviver e prosperar no século 21.

Abraçando a nossa interdependência, em vez de ignorar ou resistir a ela, é a chave para o nosso sucesso na construção de uma realidade sustentável para nós e para nossos filhos.

Precisamente porque o mundo de hoje está em uma encruzilhada, o ARI se compromete com uma visão otimista e positiva de que temos uma oportunidade única de alcançar a transformação global de uma forma pacífica e agradável. À luz de tudo isso, a missão da ARI é promover uma humanidade consciente globalmente para enfrentar os desafios do mundo interdependente de hoje.

Leituras Adicionais:

A Psicologia da Sociedade Integral
Apresenta uma abordagem revolucionária da educação. Ao nosso redor, vemos a prova de que uma paradoxal mudança de paradigma está ocorrendo em nossa sociedade. Um mundo interligado e interdependente começou a emergir gradualmente, mostrando o sistema atual da sociedade construído a partir do egoísmo e excesso. Enquanto o mundo evolui, nosso sistema educacional está estagnado, baseado em ideais e necessidades do século XIX. Uma nova educação deve ser desenvolvida para estar de acordo com as necessidades de uma sociedade integral, em que todas as partes trabalham juntas para o bem estar e sucesso da humanidade. A sociedade vai, por sua vez, ser responsável por fornecer bem estar e sucesso a seus cidadãos, formando, consequentemente, um relacionamento baseado na necessidade mútua. Num mundo globalizado integral, essa é a única solução sensível e sustentável.

Neste livro, numa série de diálogos entre os professores Michael Laitman e Anatoly Ulianov, vemos o início do desdobramento de um novo sistema de educação. Ausência de competição, educação a partir de ambiente social, igualdade entre amigos, retribuição a filantropos e preparação dinâmica de aulas e instrutores são somente alguns dos novos preceitos apresentados neste livro essencial.

Um Guia para O Novo Mundo

Por que 1% da população mundial possui 40% da riqueza? Por que os sistemas de educação em todo o mundo produzindo crianças infelizes e mal educadas? Por que há fome? Por que os preços dos alimentos sobem quando há mais do que suficiente para todos? Por que há ainda países onde a dignidade humana e a justiça social são inexistentes? Quando e como estes erros serão corrigidos?

Em 2011, essas questões tocaram os corações de milhões de pessoas em todo o mundo. O grito por justiça social tornou-se uma demanda em torno da qual todos podem se unir. Todos queremos uma sociedade onde possamos nos sentir seguros, confiar em nossos vizinhos, e garantir o futuro de nossos filhos. Nesta sociedade todos irão cuidar de todos, e serem responsáveis pelo bem estar de todos.

Apesar de todos os desafios, acreditamos que a mudança é possível e que podemos encontrar uma maneira de para fazê-la. Portanto, o livro que você está segurando em suas mãos é positivo e otimista.

Nós temos agora uma oportunidade única para alcançar a transformação global de forma pacífica e agradável. Um guia para o Novo Mundo tenta nos ajudar a pavimentar o caminho para esse objetivo.

Os Benefícios da Nova Economia

Alguma vez você já se perguntou por que, para todos os esforços dos melhores economistas do mundo, a crise econômica se recusa a diminuir? A resposta a essa pergunta está com a gente, todos nós. A economia é um reflexo de nossos relacionamentos. Através do desenvolvimento natural, o mundo se tornou uma aldeia global integrado, onde somos todos interdependentes.

Interdependência e "globalização" significam que o que acontece em uma parte do mundo afeta todas as outras partes do mesmo. Como resultado, uma solução para a crise global deve incluir o mundo inteiro, pois se apenas uma parte do que está curado, outros, peças ainda em dificuldades, irá torná-lo doente de novo.

Os Benefícios da Nova Economia foi escrito por preocupação com o nosso futuro comum. Sua finalidade é melhorar a nossa compreensão econômica de hoje e as causas das turbulências, e como podem ser resolvidas, e qual o resultado esperado. O caminho em direção a uma nova economia não está na cobrança de novos impostos, na impressão de dinheiro, ou de qualquer remédio do passado. Em vez disso, a solução encontra-se em uma sociedade onde todos se apoiam uns nos outros e há responsabilidade mútua. Isso cria um ambiente social de cuidado e consideração, e a compreensão de que subiremos ou cairemos juntos, porque somos todos interdependentes.

Este livro contém treze ensaios "independentes", escrito em 2011 por vários economistas e financistas de diferentes disciplinas. Cada ensaio aborda um problema específico, e pode ser lido como uma unidade separada. No entanto, um tema conecta-los: a ausência de responsabilidade mútua como a causa dos nossos problemas no mundo global integral.

Você pode ler esses ensaios em uma ordem de sua escolha. Nós, os autores, acredito que se você ler pelo menos vários ensaios que você receberá uma visão mais abrangente da transformação necessária, a fim de resolver a crise global e criar uma economia sustentável, próspera.

Informações de Contato:

Dúvidas e informações gerais: info@ariresearch.org

EUA:
2009 85 St., Suite 51
Brooklyn NY, EUA -11214
Tel. + 1-917-6284343

Canada
1057 Steeles Avenue West, Suite 532
Toronto, ON - M2R 3X1 Canada
Tel. +1 416 274 7287
Israel
112 Jabotinsky St.,Petach Tikva, Israel 49517
i.vinokur@ariresearch.org